Heibonsha Library

水の音楽

ラリー

Heibonsha Library

水の音楽

オンディーヌとメリザンド

青柳いづみこ

平凡社

本書は二〇〇一年九月、みすず書房より刊行された。

目次

プロローグ

フランスの、とりわけ地方の国立音楽院のピアノ科などというものは、子供の行くところである。演奏家の卵たちは十二歳くらいで本科にはいり、十五歳くらいで卒業してしまう。十八歳で卒業できないのは、クビを切られる。あとはどうするのか、というと、花の都パリの音楽院に挑戦するか、ヨーロッパ各地の国際コンクールを受けまくるのである。

そこへ、日本の音大の大学院を修了した学生が留学したりすると、何とも妙なことになる。教授はもちろんある程度の年配だが、下手をすると助手よりも年上なんてことになりかねない。

そうしたとある音楽院のとあるピアノ科のクラスで、今からふた昔ほど前、ひときわひねた留学生が一人、なみいる子供たちを前にダダをこねていたものである。

「されどわが師よ、我オンディーヌなるもの、かのメリザンドの如しとみるも如何に？」

まさかこんなふうに言いはしないが、フランス語は日本語よりは少し感じが固くなる。

状況はこうであった。その留学生は、モーリス・ラヴェルのピアノのための組曲『夜のガスパール』から第一曲『オンディーヌ』をクラス・レッスンで弾いたところ、弾き終わったとたん先生に「もっと濃艶に歌って弾くように」と注意されたことが、はなはだ気にくわなかったらしいのである。

留学生自身は、この曲を高踏的に弾きたいようであった。できるかぎりおすまして、人に媚びず、にもかかわらず、オンディーヌそのものの美しさで聴く人を惹きつけずにはおかない、といったぐあいに。ちょうど、ドビュッシーのオペラ『ペレアスとメリザンド』のヒロイン、メリザンドのように。

何故そのようにオンディーヌをイメージしたのかということになると、理由はひと口では説明しがたい。音楽的直観、はたまた独自の解釈、などといえばきこえはいいが、ひょっとすると、それがその留学生にとって最も弾きやすいタイプの『オンディーヌ』だったからかもしれない。ピアニストには指先という実にじゃまっ気なものがあって、これが、ものごとを公平かつ鳥瞰的に判断することから彼らをひどく遠ざけているのである。

楽譜というのは、ピアノ技法についてはごく大ざっぱな情報しか伝えていないものである。たとえば、レガートでなめらかに弾くようにと指示されたひとつのフレーズがあるとする。それを、指先で練って弾こうが、重さを移動させる方法で弾こうが、ペダルを使って響かせてしまおうが、グレン・グールドやオリ・ムストネンのように、旋律線はそのまま、しかし音そのものはスタッカートで切って弾こうが、奏者の自由に任されている。

もちろん、演奏家はテキストに忠実な解釈を標榜していて、自分は作曲家の音楽思想や時代様式からおしはかって最も適切な「レガート」で弾いていると主張するのだが、それでも各自の手の個性によって千差万別のレガートになる。女が子宮で考える、とよくいわれるのと同じ意味で、ピアニストもまた、指先で考える動物といえばいえよう。

さて、「オンディーヌはメリザンド」といわれた先生はびっくりして、困りながらも面白がり、オンディーヌはメリザンド、ふむ、面白い、こんなことをきいたのははじめてだ、だけどね、お前、メリザンドってのは、きかれたことには答えないし、もう一度きくとそっぽを向いてしまうし、何かしてやろうとすると、「わたしに触らないで！」などと騒ぎ出すし、かといって放っておくと、いつまでもめそめそ泣いているし、やっとつかまえたかと思うと、すぐに喉をつまらせて死んでしまう小鳥みたいに厄介な女で、そこへいくとオンディーヌは、びしょびしょに濡れて（と、思わず衣装のぴったりはりついた身体のカーブを思い浮かべてゴクリと生唾を飲みこみ）蠱惑的だし、だいいちオンディーヌはきっとセイレーンの一種なのだから、向こうからおいでおいで、と誘うように歌うのだよ、だからここのところはもっとフワッと盛り上げて、ああ、お前も女性であることとなれば私はあえていおう、お前は欲望という言葉を知っているであろうか……。

大変な話になってしまった。たしかにその後留学生は、夏期講習会で、あるいは国際コンクールで、ヨーロッパ各地のステージで、老若男女さまざまな国籍のピアニストによるオンディーヌに出会う機会があったが、なかにはずいぶんおしりをくねらせて歩いているのもいたようだった。

ケチをつけられた彼女のオンディーヌは、といえば、しかし一ヶ月後には無事仕上がり、といっても全然街角の女ふうではなく、どちらかといえば、アンデルセンの『氷姫』のごとく聴く人々をふるえあがらせたらしいが、それはそれで、まとまってしまえば問題はない。

この世にことさら男を誘う女と誘わない女の二種類がいるとすれば、明らかにオンディーヌは前者であり、メリザンドは後者である。それでは、どうしてその留学生は、無意識にオンディーヌがメリザンドに似ていると思ってしまったのだろう？

『ペレアスとメリザンド』に水の精の物語を連想する人は多い。メーテルリンクによる原作台本の邦訳者杉本秀太郎も、解説で「メリザンドは水の化身、水の女神である」と書いてから、別に証拠があるわけではないことに気づく。よしんばメリザンドを水の精としたところで、ラヴェルのオンディーヌがメリザンドの性格をそなえているかどうかはまた別のことなのだけれども、このささやかな仮説は留学生の中に棲みついてしまったようであった。

水の精とはどういうものなのか、オンディーヌはその中でどの部類に属するのか、音楽は彼女たちとどうかかわっているのか、ドラマ『ペレアスとメリザンド』は水の精の物語とどのようなつながりがあるのか。そして、メリザンドは本当にオンディーヌなのか？

いろいろ考えてみることがありそうである。

第一章　水の精のイメージ

水の精というと、人はどんなイメージを思い描くだろう？　妙なる歌声で舟人を惑わすセイレーン、水面で金髪をくしけずる人魚、あまりの容貌の恐ろしさで見る者を石に変えてしまうメドゥーサ。いずれも海の暗礁、嵐や不漁の象徴である。水の精とは、水について人類がとりこんだものの擬人化にほかならないのだから、正邪二面あるはずなのに、圧倒的に負の印象のほうが強い。

水の精には、大まかにわけて三種類ある。神話や伝説に登場するもの、民間伝承のそれ、そして後世の文学作品にあらわれる水の精である。しかし、こうした区別もさほど明確ではなく、ある宗教が伝播するときにその土地の民間伝承を神話の中にとりこんでしまうこともあるし、いにしえの神話が民間伝承として語り伝えられていくこともあるだろう。キリスト教が伝播してからの北欧神話のように、神話そのものが宗教の影響を受けて形を変えることもある。また、ローレライのように、文学者の創作したものがいつの間にか民間伝承として伝わってしまうケースもないではないが、そうした創作自体も、神話や伝説の水の精にもとづいて書かれているのである。

水の精は、海、河川、湖沼や泉と、その棲息するところによってさまざまに姿を変える。性格も、住む土地の気候に準じているようだ。比較的おだやかなギリシャの海と、咆哮する北欧の海とでは、海の神々や水の精の気質もおのずから異なってくるにちがいない。ここでは、主にギリシャ神話と北欧神話の水の精について、そのなりたちと特徴を整理してみよう。

海の男神たち

一般に、神話、民間伝承に占める「水」の割合は、洪水伝説を除いては、天空や太陽、月、火、樹木などに比べて、決して多いとはいえない。現在のところ世界最古とされる古代オリエントやエジプトの民話にも、蛇や龍の姿をもつ水の精霊は登場するが、少なくとも彼らは、話の主人公ではない。神としての地位も低い。エジプトの神話では、太陽神オシリスがナイル河の神も兼ねているし、北欧神話の海神エーギルやニオルドは、主神オーディン、光の神バルデル、火の神ロキなどに比べて、格段に出番が少ない。

ギリシャ神話の海の神ポセイドンも、ゼウスやヘラ、アテナやディオニュソスと領地を争って負けるなど、オリュンポスの神々の間では、常に敗残者として描かれる。イギリスの宗教学者ジェーン・ハリソンはその理由を、ギリシャ人の海に対する考え方が現代人とは異なっていたためだ、と説明する。

わたしたちにとって、海は公益の公道であり、豊かな利益と生計の手段です。ところがギリシャ人にとって、海はつねに「収益をもたらさぬ」ものであり、耕すことも種撒くことも叶わぬような、塩水の荒涼たる広がりでした。それでも、生計の唯一の糧として魚類を産出しました。

（『ギリシアの神々』）

ギリシャ神話の根源的な水の象徴は、オケアノスである。古代ギリシャ人は、自分たちの住む世界は平たく円い島で、まわりを取り囲むオケアノスという流れの上に浮いていると信じていた。すべての河川はオケアノスに流れこみ、その果てに冥府の入口がある。オケアノス神はその流れの擬人化であり、天空の象徴ウラノスと大地の象徴ガイアの生んだ十二人の巨人族の長男だった。ティターンの戦いで神々が巨人族に勝利をおさめると、ゼウスが天空、ハデスは冥界、ポセイドンは海洋を治めることになり、彼らを象徴する武器として、それぞれ雷電、魔法の兜、三叉の戟を与えられた。

オリュンポスの神々というよりは、はるかに自然神の要素を多く残したポセイドンは、「大地を揺るがすもの」と呼ばれ、三叉の戟で地震や津波を巻き起こし、台風や龍巻を呼びよせた。ポセイドンはまた、馬の造り主でもあり、彼の二輪車をひく馬の白いたてがみは、海岸に泡立つ白い波を思わせる。

神話ではあまりエピソードのないポセイドンだが、ホメロスの『オデュッセイア』にはよく出てくる。一つ目巨人族の島に下船したオデュッセウス一行は、野蛮な人喰い男ポリュペモスの洞穴に閉じこめられた。オデュッセウスは奸計を案じて巨人のたった一つの目をつぶし、船に乗って逃げた。ポリュペモスはポセイドンの息子だったので、以降、オデュッセウスはポセイドンの怒りを買うことになる。ポセイドンは、オデュッセウスがカリュプソーの島から筏で脱出し、まさに故郷のイタケー島にたどり着こうというときにも暴風雨を起こして難破させ、パイアキア人の住む島に打ち上げた。ナウシカという王女の配慮で手厚くもてなされたオデュッセウスが、パイアキア人の船で無事本国に送りかえされると、ポセイドンは怒って、その船を岩に変えてしまった。

怒りっぽくて気まぐれなポセイドンに比べて、息子のトリトンはずっとおだやかな性格で、彼がほら貝の笛を吹くと、水がひいたり嵐がおさまったりする。民間伝承の人魚男を思わせるトリトンは、いるかの尻尾と緑色の髪と髭、鱗とえらをもった半人半魚の姿で伝えられている。

やはり半人半魚の海神グラウコスは、もとは貧しい漁夫だった。あるとき、とった魚を岸辺の草の上に置くと、魚は跳ねて海に戻ってしまった。不思議に思ってその草を口にしたグラウコスは、むやみに水が恋しくなり、海の中にとびこむ。ローマの詩人オウィディウスは『変身物語』で、海の神の末席に連なった彼の姿を、「緑青色のひげ、水中にたなびく髪、大きな肩、水色の腕、魚の尻尾のようにくねった脚の先」と描写している。

一説にはオケアノスの息子、また一説にはポセイドンの息子といわれるプロテウスは、「海の翁」とも「予言者」とも呼ばれ、ポセイドンのあざらしの世話を任されている。プロテウスは、ブルフィンチの『ギリシア・ローマ神話』が紹介している養蜂家アリスタイオスの話に出てくる。飼っていた蜜蜂を全部死なせてしまったアリスタイオスは、母で水のニンフのキュレネに助けを求めた。河底の宮殿にいたキュレネは、息子を自分のところに連れてくるよう、侍女に命令する。河は自ら開いてアリスタイオスを通し、その間、水は両岸に山か何かのように渦巻いて立っていた。

アリスタイオスは大河という大河の水源の横たわっている水の領土へ降りました。おびただしい水倉がありました。地上へ向って各方面から走りでている水を見ていると、どうどういう音で彼は聾になりそうな気がしました。

キュレネは息子に、海辺の洞穴に行き、海から上がったプロテウスが昼寝をしている間に鎖でしっかりしばり、蜜蜂の死んだ理由を力ずくで問いただすように指示する。アリスタイオスが予言者を鎖でしばると、彼は野猪になったり虎になったり、龍になったり獅子になったり、火炎になったり洪水になったり、さまざまに姿を変えたのち、本来の姿に戻った。プロテウスの説明によれば、アリスタイオスはエウリディケの死に責任があり、そのむくいを受けているのだった。

変身の話は、「海の老人」ネレウスにもある。ヘラクレスの十一番目の仕事は、ヘスペリデスの乙女たちが番をしている黄金のリンゴをとってくることだったが、このリンゴのありかを知っているのはネレウス一人だった。ヘラクレスは、うなぎ、あざらし、鱶（ふか）、かもめなど、さまざまな生き物に姿を変えるネレウスをしばって、リンゴの場所をききだしたという。

荒々しい海の男神とは対照的に、ギリシャ神話の水の女神たちは、水の清らかさ、優しさを具現している。河や泉をつかさどるニンフはナイアッドとよばれ、水の恵みを植物にもたらす豊穣の象徴として信仰された。

水の女神たち

ナイアッドたちは、いつも森の神パンに追いかけまわされていた。ギリシャ神話には、ナイアッドに関する重要な挿話はないが、のちに、十九世紀フランスの詩人バンヴィルやマラルメは、水の精に逃げられる半獣神のモティーフを発展させ、それぞれ詩劇『森のディアヌ』と長詩『半獣神の午後』を書いている。後者は、ドビュッシーの『牧神の午後への前奏曲』を生んだ。

ギリシャ神話の水の精にまつわる話で印象的なのは、アレトゥサの挿話である。もとは森のニンフだったアレトゥサは、河の神アルペイオスに追いかけられて泉になり、地底を通ってシチリア島に湧き出た。黄泉の女神ハデスにさらわれた娘ペルセポネを追ってシチリア島まで来たデメテルは、冥界へ下りる路のあるキュアネ河の岸で、アレトゥサに会った。泉の女神に姿を変えたアレトゥサは、地のいちばん底を通りぬけたとき、冥府の女王になったペルセポネをみかけたことを告げる。

オウィディウスの『変身物語』には、世紀末のフランスで流行した両性具有の象徴ヘルマフロディトスのなりたちが、水の精のエピソードとして語られている。ヘルメスとアフロディテの息子として生まれたヘルマフロディトスは、十五歳になって両親のもとを離れ、諸国をさまよい歩いたのち、ある澄んだ泉のほとりにやってきた。そこに住む水の精サルマキスはこの美しい少年に恋をし、水を浴びるために泉にはいったヘルマフロディトスを捕らえ、彼の身体に蛇のようにまきつき、彼と合体させてくれるように神々に祈った。祈りはききとどけられ、二人の身体はまざりあって男女になった。以降、この泉で水浴びをする者は例外なく雌雄合体の姿に変わったという。

ポセイドンの妻になった海の女王アンピトリテは、オケアノスの娘とも「海の老人」ネレウスの娘とも伝えられ、エーゲ神の明るい海の象徴、踊りが大好きな陽気な女神である。ポセイドンは、ナクソス島で彼女の踊りを見て激しい恋におちた。ポセイドンの粗暴な性格に恐れをなしたアンピトリテが海底に隠れたので、海の神はいるかを贈って彼女の気をひいたといわれている。アンピトリテの侍女役をつとめる海のニンフ、ネレイデスは、別名を「波の娘たち」といい、オケアノスの娘ドリスとネレウスの間に生まれた。五十人もいるネレイデスの中には、一つ目巨人ポリュペモスに愛されたガラテア、英雄アキレウスの母テティスなどがいる。

ガラテアは、森の神パンとナイアッドの間に生まれた美しい青年アキュスに恋していたが、彼女に横恋慕する一つ目巨人ポリュペモスは腹をたて、大きな岩を投げつけて彼を殺してしまう。哀れに思ったガラテアは、アキュスを河に変えた。

海岸の女性的な力の擬人化であるテティスは、ネレイデスの中で最も美しかった。ゼウスとポセイドンはともに彼女を妻にしたいと望んだが、彼女から生まれた子は父より強くなるというプロメテウスの予言をきいて、手をひいたという。結局テティスは、テッサリアの王ペーレウスと結婚した。求婚のときペーレウスは、ケンタウロスのケイロンの教えを守って、火、水、獣、と次々に姿を変える彼女をしっかりおさえつけ、もとの姿になるまで放さなかった。ペーレウスとテティスの結婚式のとき、争いの女神が投げこんだ黄金のリンゴが、トロイア戦争のもとになった。

海の怪物たち

海の神がさまざまな姿に変身するのは、海のもつ変幻自在な性質を象徴したものだろう。もっと直接的に水に対する恐怖を擬人化したのが、古代ギリシャ人の想像力が生み出した海の怪物たちだった。

ウラノスとガイアの間には根源的な水の象徴オケアノスが生まれたが、ガイアと「海の潮」ポントスの子孫には、おびただしい数の海の怪物がいる。これは、ギリシャ民族がエーゲ海域を征服する以前の土着の神々が神話にとりこまれたものらしい。

ポントスの二番目の息子タウマスは、嵐の精ハルピュイアの父親である。ハルピュイアは、鳥身女面のすさまじい怪物で、イオニア海のストロパデス諸島に住み、旋風のように襲いかかっては、鷲のような爪ですべてのものをさらっていく略奪者だった。

ハルピュイアは、金毛羊皮を求めて遠征したアルゴノートたちの冒険に出てくる。トラキアの海岸に到着した一行が、盲目の予言者ピネウスにこれからの航海の吉兆を問うと、ピネウスは、食事のたびに空からとんできて食物をさらっていくハルピュイアを退治してくれたら占ってやろうという。アルゴノートたちは、ハルピュイアをストロパデス諸島まで追いかけていって、ピネウスに害を及ぼさないことを誓わせた。

三番目の息子はポルキュスで、巨人族のケトとの間に白髪の乙女グライアイ三姉妹、ゴルゴーン三姉妹という怪物を生んでいる。泡立つ白い波頭を思わせるグライアイ三姉妹は、怪物たちの常として、かつて太陽の光のさしたことがない西の果ての島に住んでいると信じられていた。

ステノ、エウリュアレ、メドゥーサのゴルゴーン三姉妹は、髪の毛はからみあう蛇で、猪のように大きな牙があり、手は青銅でできていて、黄金の翼をもっていた。とくに容貌が恐ろしいのはメドゥーサで、ひと目見た者は石に変えられてしまう。

メドゥーサは、ポセイドンとの間に、翼のついた馬ペガサス、クリュサオルを生んだ。半身女、半身蛇のエキドナは、このクリュサオルの子供とも、ポルキュスとケトの子供ともいわれる。エキドナは、タイフーンの語源となった百の龍の頭をもつ風の神テュポーンと交わって、怪獣キマイラ、ヘラクレスに退治された水蛇ヒドラと冥界の犬ケルベロス、テーセウス伝説に出てくる半人半獣のスフィンクスなどの怪物たちを生んだ。

ヘシオドス『神統記』では、エキドナを「上半身は黒い目に美しい頬をもつ妖精、残り半分は恐ろしい怪物、多彩な色合いの巨大な蛇で、神の土地の洞窟の中で生肉を糧として生きている」と描写している。蛇女のイメージは、のちに民間伝承でさまざまに語り伝えられていく。

いっぽう、グライアイとゴルゴーン三姉妹は、ペルセウス伝説でおなじみである。

ゼウスが黄金の雨に姿を変えてダナエに生ませた英雄ペルセウスは、王の命令でメドゥーサの首をもってくることになる。ペルセウスが神に祈ると、アテナとヘルメスがあらわれ、まずグライアイ三姉妹を訪ねるようにいわれ、翼のついたサンダルと金剛の剣と青銅の楯を渡される。ペルセウスはグライアイのところに行き、彼女たちが共有しているたった一つの目とたった一本の歯をとりあげ、ヘスペリデスの園へ行く路をききだす。ヘスペリデスの乙女たちは、父親のアトラスにペルセウスの願いを伝えた。アトラスはゴルゴーンたちの居場所を教え、メドゥーサ退治に必要な魔法の品々を渡す。

とこやみの国でゴルゴーン姉妹を発見したペルセウスは、アテナに教えられた通り、青銅の楯に怪物の姿を映し、すばやくメドゥーサの首をはねて革袋に放りこむと、空中にとびあがって逃げだした。残りのゴルゴーン姉妹があとを追ったが、「魔法の兜」をかぶっていたペルセウスの姿は、彼女たちには見えなかった。

ペルセウス伝説には、もう一つ海の怪物が出てくる。首尾よくメドゥーサを討ちとったペルセウスが東方の国エティオピアにさしかかると、海辺の大きな岩に、一人の乙女がしばられているのが見えた。乙女は、その国の王ケペウスの娘アンドロメダであった。王妃カシオペイアが自分の美しさを海のニンフと争ったことに激怒したポセイドンが、巨大な蛇を思わせる海の怪物を送り、海岸一帯を荒らしてしまった。ケペウスが神託にうかがいをたてたところ、アンドロメダを怪物の餌食にさせるなら海の精たちの怒りはおさまり、災いがなくなるといわれたという。ペルセウスは、海からあらわれた怪物と戦って、これを退治する。

十九世紀末フランスのデカダン詩人、ジュール・ラフォルグは、『伝説的教訓劇』の一篇「ペルセウスとアンドロメダ」で、この伝説の強烈なパロディを書いている。

氾濫する河川、海の暗礁

アンドロメダの海の怪物が、海辺を襲う台風や津波の擬人化だとすれば、ヘラクレスの難業に出てくるヒドラは、日本のヤマタノオロチと同じように、氾濫する河川や湖沼の象徴であろう。ヘラクレスの第二の仕事として退治を命じられたヒドラは、アルゴリス地方のアミュモネという泉のそばの沼地に住み、あたりの牛や農作物を荒らしていた。ヒドラには九つの頭があり、ヘラクレスがいくら棍棒で叩き落としても、あとからあとから新しい頭が二つずつ生えてくる。ヘラクレスは従者の協力を得て頭のつけ根を焼くと、真ん中の不死の頭を切り落として、大きな岩の下に埋めた。

ヘラクレスと相撲をとった河神アケロオスの挿話もまた、降雨期になると氾濫するギリシャ最長の河アケロオスを象徴している。美女ディアネイラをめぐってヘラクレスと争ったアケロオスは、相撲で負けそうになると蛇に姿を変え、ついで牡牛となって闘ったが、ヘラクレスに放り投げられ、角を一本へし折られてしまう。敗北したアケロオスは河に身を投げ、以降河は彼の名で呼ばれるようになった。

金毛羊皮伝説やオデュッセウス伝説に出てくる海の怪物スキュラは、対岸のカリュプディスとともに、海の暗礁の象徴である。カリュプディスは、巨大な断崖の下にある恐ろしい渦で、日に三度、岩の裂け目に水が入っては吐き出される。このときに渦のそばに船が来ようものなら、ひとたまりもなく巻き込まれてしまうだろう。カリュプディスに気をとられている間に、もうひとつの断崖の洞穴からスキュラが恐ろしく長い六つの蛇の頭をのばし、ぎっしり詰まった歯で通過する旅人たちをむさぼり喰ってしまう。

スキュラは、メドゥーサの父ポルキュスの子（母親は別）という説、ヒドラと同じくエキドナの娘だという説などいろいろあるが、いずれにしても恐ろしい海の怪物であることに変わりはない。

スキュラは、もともとは美しい乙女だった。元漁師の海の神グラウコスは、スキュラに恋し、女魔法使いのキルケに彼女の心を自分に向けさせるように頼む。自分もグラウコスを憎からず思っていたキルケは、わざと頼みをきいたふりをしてスキュラの泳いでいる入江にいろいろな毒草からしぼった汁を混ぜ、きいたこともないような不可解な言葉をつらねた呪文を九度ずつ三回も唱えた。

イギリス後期ヴィクトリア朝の画家ウォーターハウスには、《嫉妬に燃えるキルケ》という恐ろしい絵がある。両手にガラスの鉢を捧げたキルケは、少しずつ傾けて中身を入江に注ぐ。青緑色の毒々しい液体が糸のような滝となって海の水に落ち、それをみつめる魔女のまなざしは獲物を射すくめる蛇のようだ。

オウィディウス『変身物語』でスキュラは、胸から上は人間だが腰のまわりに犬の頭が生えた怪物として描かれている。

やがて、スキュラがやって来て、腰のあたりまで水につかった。ふと見ると、吠えたてる怪物たちが下腹のあたりにとりついて、何とも格好が悪いのだ。はじめは、それらが自分のからだの一部であるとはおもいもしないで、逃げようとしたり、追い払おうとしたりした。犬たちの無遠慮な口が恐ろしかったからだ。が、逃げようとしても、彼らはついて来る。そして、腿や脛や足のあたりを手さぐりしてみると、それらのかわりに、まるで、地獄犬ケルベロスのそれのような、大きく裂けた犬たちの口にぶつかるのだ。つまり、彼女は、荒れ狂う犬たちに支えられて立っており、途中でちぎれた腰と、腹とで、下になった犬たちの背中を、上からおさえつけているという状態になっていたのだ。

イギリス・ロマン派の詩人キーツの『エンディミオン』では、グラウコスとスキュラのエピソードがロマンティックにつくりかえられている。キルケはグラウコスの頼みをきかず、「宿命の力」で誘惑し、すっかりスキュラのことを忘れさせてしまう。可憐な乙女のふりをするキルケに魅了され、しばし官能の歓びに溺れたグラウコスだが、動物に変えたかつての恋人たちに対するキルケの残虐なふるまいを目にして、恐怖のあまり逃げ出そうとする。激怒したキルケは、グラウコスに千年の間海底で老いと苦痛のうちに呻吟するさだめをいいわたし、スキュラを溺れさせた。グラウコスはスキュラの死骸を水晶宮に安置して海底に行き、溺れた恋人たちの身体を拾い集めて過ごしたのち、救世主のエンディミオンに救われて若さをとりもどし、スキュラもよみがえる。

北欧神話の水の精

水の恐ろしい部分はすべて怪物に託している感のあるギリシャ神話に比べて、北欧神話では、神々からしてすでに化け物じみている。海の男神エーギルは「誘いこむ者」という意味で、女神ラーンは「誘拐する女」「奪いとる者」という意味である。

ギラン編『ゲルマン、ケルトの神話』によれば、巨人族のエーギルは神としての位階をもっていなかったが、アスガルドの神々と友好的な関係にあり、彼らの宴会にも迎えられ、また海の底の宮殿にも神々を招待した。海の底に沸きかえる大釜をもち、船をひっくり返すのが何よりの趣味というエーギルの黄金の宮殿は、フレーセイ島の波の下にあり、難破船から略奪した財宝をすべて集めてあるので、ほかに照明を必要としないほど光り輝いていた。

妻のラーンは、岩礁に「溺死網」と呼ばれる魔の網をはり渡して、海を渡るすべての人間を捕らえては海の底にひきずりこみ、貢ぎ物が足りないと、永遠に海の館に閉じこめて、叩いたりなぐったりさせた。船を沈没させようとわざと波をたてて激しくぶつかりあわせるのもラーンで、彼女が与える恐怖はあまりに大きいので、ついに巨人族から女神にのぼりつめたという。こうしてみると、むしろラーンが「誘いこむ者」でエーギルが「奪いとる者」のほうがふさわしい。航海者は、エーギルやラーンのご機嫌を損ねないよう、懐中に小銭をしのばせておくのが常だった。

エーギルの大釜の起源は、力持ちで知られる雷の神トルの神話に書かれている。ある日、宴会に必要なビールがなくなっていることを知ったアスガルドの神々は、エーギルの宮殿を訪れ、ビールを醸造してくれるように頼む。エーギルは、十分に酒を醸せるような大釜をみつけてくることを条件に引き受けた。戦の神チルから、荒れ狂う海の彼方に住む彼の父ヒミルが、五マイルもの深さの巨大な釜を持っていることをきいたトルは、チルとともに巨人のところに出かけていった。

トルとヒミルは、海に船を出して釣り合戦をすることになった。まずヒミルが二頭の鯨を釣りあげると、トルは釣り針の先に牛の頭をつけて海に投げこみ、なんと、海底に棲む巨大な蛇ミッドガルドを釣りあげた。トルとヒミルは館に戻っても力くらべをつづけたが、ヒミルはトルの敵ではなかった。度肝をぬかれたヒミルは、トルに大釜を持って行け、という。大釜のふちをつかんだトルは、あまり渾身の力をこめてもち上げたので、床をふみぬいてしまった。トルは大釜を肩にかついで帰り、以降エーギルは、泡立つビールをいくらでも醸造することができるようになった。

エーギルとラーンには九人の娘がいて、「波乙女たち」と呼ばれていた。ギリシャ神話の「波の娘たち」と違い、北欧神話の「波乙女たち」は、海草を思わせる豊かな髪と豊満な肢体で航海する者の魂を魅了し、難破させては海の底に連れていく、明白な誘惑者だった。しかし、難破した人間が美しい若者だったりすると、乙女たちはエーギルと争ってまでその命を助けようとした。

彼女たちはそれぞれ、第一は天の輝き・天の海、第二は沈める波、第三は血まみれの手鉤、第四は高くせり上がる波、第五はたたきつける波、第六は重なる波、第七は取り囲む者、第八は漂流者をもてあそぶ大波、第九は押し寄せる大波という意味の名前をもっている。「波乙女たち」はまた、一説には光の神バルデルの母ともいわれている。

ケルトの民話には、『九番目の波』という、何ともいえない読後感をもった話がある。北の海の漁師によれば、海の谷間から湧き出す大波が世界のあらゆる岸辺に押し寄せるとき、それが第一の波になる。引き波がもはや起きないことを確かめたところで、潮は九つの長い波を押し出す。九番目の波はなかなかやってこないが、その波がめざす場所ではどこでも、「別れてこい、別れてこい、海がお待ちだ！　あとにつづけ！」という呼び声が響く。波の声が人間の魂に呼びかけたときは、その人間は死を免れない。そして、引き潮はひとつの荷物を海の底に運ぶことになる。

北欧のもう一人の海の神ニオルドは、穏やかな海の象徴である。海と風を支配し、航海者と漁猟者を保護する役目の彼は、当然のことながら、荒れ狂う海の神エーギルと気が合わない。

ニオルドは、日ごろは天上のアスガルドに住んでいるが、下界で暴風雨が起こると、それを鎮めるために大いそぎで海辺の館ノアトゥンに戻ってくる。ある日、はるか下の大地で海原がすさまじく荒れ狂い、白い浪が猛りたっているのを見たニオルドは、天空をはなれて人間世界に下った。ノアトゥンに来てみると、大波が押し寄せて、今にも家や丘をひと飲みにしてしまいそうな勢いである。ニオルドはいそいで海に出て、エーギルに呼びかけた。波の間からぬっと姿を見せたエーギルは、人間どもをかたっぱしから溺れさせるのが自分の仕事だ、余計な口出しをするな、という。これに対してニオルドは、おとなしく自分の家に帰らないと、ラーンの溺死網をずたずたにひきさいてしまうぞ、と脅かす。エーギルはその言葉をきくと海の底に沈み、それとともに、今まで荒れ狂っていた海がすっかり静かになった。

第二章　善い水の精と悪い水の精

ギリシャ神話の海の怪物たちは、自分たちにそなわった自然の猛威の象徴として、醜い姿や邪悪な性格などを示してみせたにすぎなかったが、水の精の中には、意図的に人間たちを誘惑し、自分たちの世界に同化させようという、いってみればもう少し積極的な、人間くさい目的意識をもったものもいた。

水の精たちの誘惑の方法には、いくつかのパターンがある。これを、たとえば、次のような四つのアーキタイプに分けてみよう。

⑴網をはる、⑵ひきずりこむ、⑶出かけていく、⑷何もしない

北欧神話の「網をはる女」、海の女神ラーンは、難破した船の乗組員を捕らえるために、岩礁に「溺死網」をはりめぐらせていた。

「網をはる」から派生して、むしろ「ひきずりこむ」ともいうべき恐ろしい水の精もいる。水辺に網をはって待つだけではなく、相手が否応なしに自分たちの世界にやってくるように、何らかの行動を起こすのである。行動には、直接的なものと間接的なものがある。北欧神話の波乙女

たちは、豊かな髪と豊満な肢体で船人たちを魅了し、海の底に連れていく。対して、ギリシャ神話のスキュラは、蛇の頭に犬の下半身という姿ではとても男を誘惑できないため、暗礁で待ちかまえてもっぱら力ずくでひきずりこもうとする。

民間伝承では、自分たちのほうから人間世界に「出かけていく」水の精も多くみられる。出向き方にも二種類あり、人間を自分たちの世界に同化させようとする場合と、自分を人間たちに同化させようとする場合がある。

このほかに、ゴルゴーン三姉妹のメドゥーサのように、自分から何ひとつ行動を起こすわけではないが、存在そのものが悪になるという、「何もしない」水の精もいるが、実はこれがいちばん厄介なのかもしれない。

セイレーンの系譜

人魚のルーツとなった「ひきずりこむ」水の精セイレーンは、紀元前八世紀に書かれたホメロスの叙事詩『オデュッセイア』で初めて登場する。

キュクロプスの島を経てオデュッセウスの一行が立ち寄ったアイアイア島には、スキュラを怪物に変えた魔法使いキルケが住んでいた。キルケは、島にやってくる船乗りたちを恋人にし、飽きるとライオン、虎、狼、豚などの野獣に変えてしまうのが常だった。オデュッセウスは、ヘルメスに教えられた魔よけのモリ（行者大蒜）に身を固めていたので獣にはならなかったが、キルケを愛して島にとどまり、一子をなす。彼がキルケと暮らしたのは、一年とも三年ともいわれる。

キルケは、出発を決心したオデュッセウスに、セイレーンたちの島を通過する方法を教える。

そなたはこれから先ず、セイレンたちの所へゆくことになるが、この者たちは自分に近付く人間はこれを悉く惑わす魔力を具えており、知らずして近付き、セイレンたちの声を聞いた者は、もはや家郷に帰って妻や幼な子に囲まれ、その喜ぶ顔を見ることはかなわぬ。セイレンたちは草原に坐って、すき通るような声で歌い、人の心を魅惑する。セイレンたちの周りには、腐りゆく人間の白骨がうず高く積もり、骨にまつわる皮膚もしなびてゆく。

オデュッセウスは、誘惑されることなしにその歌声をききたいものだと思い、船員たちの耳に蠟をつめ、自分の身体はマストの上にしばりつけさせて、何をいっても絶対に縄を解かないように命令した。穏やかな順風を背に船足を早めた船は、やがてセイレーンたちの住む島に着いた。船が呼べば声の届くほどの距離に迫ったことに気づいたセイレーンたちは、朗々たる声を張り上げて歌いはじめた。

「アカイア勢の大いなる誇り、広く世に称えられるオデュッセウスよ、さあ、ここへ来て船を停め、わたしらの声をお聞き。これまで黒塗りの船でこの地を訪れた者で、わたしらの口許(くちもと)から流れる、蜜の如く甘い声を聞かずして、行き過ぎた者はないのだよ。聞いた者は心楽しく知識も増して帰ってゆく。わたしらは、アルゴス、トロイエの両軍が、神々の御旨のままに、トロイエの広き野で嘗めた苦難の数々を残らず知っている。また、ものみなを養う大地の上で起こることごとも、みな知っている」

　美しい声を発してこういった。わたしは心中、聞きたくて耐らず、眉を動かして合図し、部下に縛めを解けと促したが、彼らは前に身をかがめてひたすら漕ぎ進める。ペリメデスとエウリュロコスの二人が、つと立ち上がると縄の数を増してさらに強く締め上げた。しかしセイレーンたちを行き過ぎ、もはやその声も歌も聞こえぬようになると、わが忠実な部下たちは直ぐに、わたしが耳に貼り付けてやった蠟を取り去り、わたしの縄を解いてくれた。


　ところで、オデュッセウスを惑わせたのはセイレーンたちの「美しい声」なのか、それとも言葉の内容なのか、ということが後世の物議をかもした。ローマの雄弁家キケロは、オデュッセウスほどの人物が単なる女性の甘い歌声に惑わされるはずはない、彼は彼女たちの伝える知識の内容に興味を示したのだ、と明言した。オデュッセウスが縄を解いてくれといったのは、セイレーンが歌いはじめてすぐではなく、われわれはすべてを知っている、という言葉をきいてからだというのがその根拠だが、この推理はなかなか面白い。のちに単なる肉欲の化身になってしまったセイレーンも、当初はかなりの知性派だったわけである。

　オデュッセウスの一行は、キルケの忠告によってセイレーンの島やスキュラ、カリュプディスなどの難所を無事通過したが、トリナキアという島に停泊したとき、船員たちが聖なる太陽の牛を食べてしまったためにゼウスの怒りを招き、ひどい暴風雨にあう。九日間の漂流ののち、オデュッセウス一人がカリュプソーの島にたどりついた。海のニンフ、カリュプソーは、オデュッセウスを愛して一子をもうけ、不死と永遠の若さを約束して自分のところにひきとめようとしたが、ゼウスに命令されて、やむなく彼を手放す。オデュッセウスがカリュプソーと暮らした期間は、五年とも七年とも十年ともいわれている。あまりに長い間故郷のイタケー島を留守にしたので、彼が家に戻ったとき、妻のペネロペーの許には、六十九人もの求婚者が殺到していた。

セイレーンたちは、アルゴノートの物語にも姿をみせる。コルキスに遠征したアルゴー船には、テッサリアの英雄イアソンを隊長に、楽人オルフェウスやヘラクレス、テーセウスなど名うての英雄たちも参加していた。コルキスの王女で魔法使いのメディアの助けで首尾よく金毛羊皮を手に入れた一行は、帰り道、セイレーンたちの住むアンテモエッサの島にさしかかる。

> 彼女らは破廉恥にも、口からすき透る声を勇士たちにも放った。かれらはすんでのことに、船から岸にもやい綱を投げるところだった。もしオイアグロスの息子、トラキア生まれのオルペウスがビストニアの竪琴の弦を自らの手で張り、軽快な曲の速い旋律をひびかせ、こうして同時にかきならす弦の音でかれらの耳をとどろかせなかったなら。竪琴が乙女らの歌を圧倒し、西風と、艫（とも）から起こった高鳴る波が同時に船を進ませた。乙女らの放つ歌はもはやはっきり聞きとれなかった。
>
> （アポロニオス『アルゴナウティカ』）

このとき、ブテスという隊員だけはセイレーンの澄んだ歌声の魅力に抗しきれず、海にとびこんで彼女たちのほうに泳いでいってしまったため、女神キュプリスがこれをあわれみ、渦にもまれていたブテスをさらってシケリア島西端の岬に住まわせたとある。

アルゴー船の乗組員には、もう一人水の精の犠牲者がいた。ヘラクレスの寵愛していた美少年ヒュラスである。コルキアに向かう途中、ミュシアの海岸で水を汲みにいったヒュラスは、彼の美しさに打たれた泉の精ドリュオペたちによって水の中にひきずりこまれ、溺れさせられてしまった。ヘラクレスが少年の行方を探している間に船は出発して、彼は置き去りになった。

前章で紹介したイギリスの画家ウォーターハウスには、この情景を描いた絵《ヒュラスと水の精》もある。左手に壺を持ち、暗緑色の水の上にかがみこむヒュラスの腕を、一人の水の精がとらえ、吸いこむようなまざしで下からみあげている。そのうしろに四人、若者の右側にも一人、さらに背後から一人、水の精が次々と睡蓮の葉の間から上半身をあらわす。長い髪に花を飾り、反り返った鼻、尖った赤い唇、細い顎はまだ少女のようだが、トランス状態にあるような目は完全に魔女のものだ。

鳥女から人魚へ

セイレーンの海を渡るオデュッセウスは、たびたび絵画の題材になった。十九世紀の絵画にあらわれるセイレーンたちは、裸体の美しい女性か、魚の尻尾をもつ人魚として描かれることが多い。スイスの画家ベックリンが鶏の下半身をもつセイレーンを発表したときは、グロテスクだと非難されたほどだ。しかし、この逸話を題材にした古代ギリシャ時代（紀元前四九〇）の赤絵の壺では、帆柱にしばりつけられたオデュッセウスに向かって歌いかけるセイレーンは、顔だけが人間でほかは鳥の姿をしている。

ホメロス自身はセイレーンの形態を明確にしていないが、アポロニオスの『アルゴナウティカ』（前二七五ごろ）は、はっきり「なかば鳥、なかば娘の姿」と書いている。紀元前二世紀ごろのアテネの学者アポロドーロスの『ギリシャ神話』によれば、セイレーンは河の神アケロオスとムーサイの一人メルポメネの間に生まれた三人姉妹で、太股から下は鳥の姿をしており、一人は竪琴を弾き、一人は歌い、もう一人は笛を吹く。ヘレニズム時代には半人半魚のセイレーンもみられたというが、紀元前四三年生まれのオウィディウス『変身物語』でも、まだ鳥の羽毛や足をもっている。『変身物語』はその理由を、以前はプロセルピナ（ペルセポネ）の仲間だったセイレーンたちが、冥界に連れ去られた友人を捜すために、翼の助けで波の上を飛びたいと願ったからだとしている。彼女たちの身体はみるまに金色の翼に包まれ、うら若い乙女の顔と巧みな歌声だけが残された。

紀元三世紀のアレクサンドリアで流布し、四世紀になってラテン語に翻訳され、ヨーロッパに広く伝播した動物誌『フィシオロゴス』では、セイレーンは死をもたらす動物で、頭からへそまでは人間、ほかの部分は鳥の姿、甘美な歌声で船人を眠りに誘い、寝入ったとみるや襲いかかってその肉をひきさく、と書かれている。

ヴィック・ド・ドンデ『人魚伝説』によれば、セイレーンに本格的に魚の尻尾がはえるのは、八世紀ごろのことであるらしい。イギリスの修道士アルドヘルムが書いたとされる怪物の本でセイレーンは、「人間のようだが、鱗におおわれた魚の尾を持ち、それを使って波間に身を隠す」「美しい容姿で船乗りたちを魅了する」と紹介されている。

この新説の登場で、動物誌の著者たちは大いに混乱した。『人魚伝説』には、セイレーンから人魚に発展する過渡期の面白い図版が紹介されている。ひとつはケンブリッジ大学図書館所蔵の『フィシオロゴス』の十二世紀ラテン語写本で、セイレーンは翼をもち、鳥の足をしているが、尻尾は魚である。一二五〇年刊のリシャール・ド・フールニヴァル『愛の動物誌』の図版には、「セイレーンには三つの種類がある。二つは半身が乙女、半身が魚。三つ目は半身が乙女、半身が鳥。三つそろって、歌を歌う。ひとつはトランペット、ひとつはハープを奏で、三つ目は美しい声で」と書かれている。音楽で眠らせて襲いかかるところは、『フィシオロゴス』と同じだ。もう一枚は、十四世紀初頭のマリー王妃の詩篇集の挿絵で、右側に鳥の足、左側に魚の尻尾をもつ両方のタイプのセイレーンが船人に襲いかかっている。

『人魚伝説』につけられた資料からも当時の混乱した状況がうかがわれる。セイレーンは、ときに翼やかぎ爪をそなえた脚をもつにせよ、往々にして、腰まで女で、その先は、ホラティウスの怪物のように、魚の尾になっていると描写されることが多い。たとえば、「尾は魚、上半身は女の姿」というように。フィリップ・ド・タオンの『動物誌』は二つの解釈を統合し、「腰まで女の姿をし、はやぶさの足、魚の尾」と書いた。ピエール・ダイイ『世界像（イマゴ・ムンディ）』では、「顔と首、乳房までは乙女の姿、下半身は魚で、鳥の翼、歌を歌えば甘く美しい」と描写されている。

セイレーンは、その姿形と同じく性格にもずいぶん変遷がある。古代ギリシャ時代には、死者の魂を運ぶハルピュイアと同一視されることもあり、邪悪なイメージが強かった。しかし、音楽を絶対視するピタゴラス学派の人々は、セイレーンたちを天界にひきあげ、天上のハーモニーを奏でる七つの天球に住まわせた。

プラトンによれば、宇宙には八つのはずみ車があり、全体がただひとつにみえるように生命の糸を紡ぐ紡錘にぴったりはめこまれ、それぞれ別の速さで別の方向に回転している。

紡錘はアナンケ（必然）の女神の膝のなかで回転している。そのひとつひとつの輪の上にはセイレンが乗っていて、いっしょにめぐり運ばれながら、一つの声、一つの高さの音を発していた。全部で八つのこれらの声は、互いに協和し合って、単一の音階を構成している。ほかに三人の女神が、等しい間隔をおいて輪になり、それぞれが王座に腰をおろしていた。これはアナンケの女神の娘、モイラ（運命の女神）たちであって、白衣をまとい、頭には花冠をいただいている。その名はラケシス、クロト、アトロポス。セイレンたちの音楽に合わせて、ラケシスは過ぎ去ったことを、クロトは現在のことを、アトロポスは未来のことを歌に歌っていた。

（『国家』第十巻）

新プラトン学派のプロクロスは、セイレーンを「天界に住むプラトン的セイレーン」「ポセイドンの領域にあるホメロス的セイレーン」「冥界のプルート的セイレーン」の三種類に分けた。ところが、キリスト教が伝播すると、セイレーンは善良なキリスト教者を甘い言葉で誘惑する異端者、世俗的快楽や肉欲の象徴とみなされ、みせしめのために教会の回廊や柱に彫りつけられるようになる。一一五〇年ごろ、オータンの司教ホノリウスは、説教の中で「三人のセイレーンは、罪を前にした人間をくじき、死の眠りに誘う三つの誘惑だ。歌っているのは物欲、角笛を吹くのは傲慢、竪琴を奏でるのは色欲を表す」と語ったという。

ダンテの『神曲』でも、セイレーンは怠惰の罪を犯した魂が行くとされている「煉獄編」第四圏に登場する。ダンテは、「私は優しいセイレーン、船乗りたちを波間に沈めるのは、私、耳に快い調べは、あとからあとから沸き上がって」という歌声に聴きいるが、導き手のウェルギリウスは女を捕らえて胸もとをひろげ、服をひきさき、腹をあらわにした。そこからたちのぼる腐臭でダンテは目を醒ました。

民間伝承の水の精

民間伝承に出てくる水の精には、セイレーンのように人間を誘惑して水の底にひきずりこむ「悪い水の精」もいれば、積極的に人間世界に出かけていって、人間の仲間になろうと努力する「善い水の精」もいた。

トマス・カイトリー『妖精の誕生』によれば、北欧の川の精は、地域ごとに発音が異なるものの、ネック、ネッケなどと呼ばれる。ネックは、一説には金色の巻き毛を垂らし、赤い帽子をかぶったきれいなかわいい少年で、夏の夜に水面に坐っている。ネックはすぐれた音楽家で、彼が水の上に坐って金色のハープを弾くと、その調べは自然全体に作用を及ぼした。

ニクスはネックのドイツ版である。女性形はニクセという。ドイツ・ロマン派の詩人ハイネは、『精霊物語』の中で、ニクスやニクセのことを次のように書いている。

> ニクセはエルフェと非常に似ているところがある。彼らは両方とも誘惑的で、挑発的でダンスを好む。〔……〕ニクセは池や川のそばで踊る。また溺死者がでる前夜にその水の上で踊るのもよくみうけられた。さらにニクセは人間の踊り場へあらわれることもしばしばあって、わたしたちとまったくおなじように人間と踊った。女性のニクセは白い衣裳のへりがいつもぬれているのでそれとわかる。そのほか彼女たちのヴェールの目のこまかい織り方や、彼女たちの高貴で優美な神秘的性質でもそれとわかるのである。男性のニクスは、まるで魚のとがった骨のような形をしたみどり色の歯をもっているのでそれとわかる。また男性のニクスのきわめてやわらかい、氷のように冷たい手にふれると、心の奥にぞっとおののきを感じてしまう。たいてい彼はみどり色の帽子をかぶっている。彼のことを知らないで無邪気にいっしょに踊った娘はあわれである。彼はその娘を自分の水中の国へつれていってしまう。

スラヴ民族は、溺れた若い娘の魂がルサルカという水の精になると信じていた。水と木の精霊である彼女たちは、水死人を思わせる蒼ざめた顔に緑色の眼を光らせ、夏のはじめの「ルサルカの週」と呼ばれる聖霊降誕節（復活祭後の第七日曜日から一週間）までは水中の国に住み、「ルサルカの週」の間に森の中に移る。

ルサルカはまた、住む土地の気候と空と水の色に応じて、その姿形と性格を変える。「青きドナウ」地方のルサルカは、優美で快活な若い娘の特徴をそなえた生き物で、軽やかな霧の衣装をつけてあらわれるが、氷に閉じこめられた北部ロシアのルサルカは、いつも裸で髪をふりみだしている。

南部諸地方のルサールカたちは、その美貌とやさしい声で旅人を誘惑する。北部のルサールカたちは、夜おそく川の土手を散歩する軽率な男や女を荒々しくひっとらえ、水中に突き落として溺れさせることしか考えない。太陽と青空の国のルサールカの腕のなかでは、死もほとんど快い。それは一種の安楽死である。北部地方のルサールカたちは、全く逆に、彼女らのいけにえたちに手のこんだ激烈な苦痛を味わわせる。

（ギラン編『ロシアの神話』）

水の精には、腰から下が馬や魚や蛇の形をしているもの、水の中にいるときだけあざらしの皮をかぶったあざらし人間などもいた。

あざらし人間ローンの話は、シェトランド半島やスコットランド高地にみられる。ある日、北国一のあざらし漁の名人ピーター・ルアックが、あざらし皮を注文しにきた男の馬車に乗って海の底の洞窟に行く。そこはあざらしの王国で、けがをした王さまがベッドに横たわっていた。王さまの腕につきささっているのは、ピーターの投げたナイフだった。ピーターがナイフを引き抜くと、王さまはすっかり元気になった。この地方では、傷は、下手人の手がふれると治ると信じられていたのである。ピーターは、今後一切あざらしはとらないという約束のもとに、たくさんの贈り物をもらって地上に返される。

あざらし人間はおおむね善良だが、水棲馬は性格が邪悪だった。アイスランドの海の精は、青灰色の馬の姿で海岸にあらわれるが、蹄が逆向きについているので、普通の馬と区別できる。誰かがうっかり馬の背に乗ると、彼は走り出して人を乗せたまま海にとびこむ。スコットランドの水馬ことケルピーも邪悪な水の精で、人間たちを背中に乗せては水の中にひきずりこみ、食べてしまったり、河や湖の水かさを増やして洪水を起こさせたりする。

イギリスの妖精学者ブリッグズは『妖精の国の住民』で、美しい若者の姿で誘惑する恐ろしい水棲馬の話を紹介している。

農夫の娘が小さな塩水湖のほとりを散歩していると、髪が黒く、背の高い美しい若者に会った。男の燃えるような黒い瞳は娘の心をとらえ、二人は一緒に腰をおろした。男は娘のひざに頭をのせて、髪の毛をとかしてくれるように頼んだが、男の黒い髪の毛の中に、湖に生えるてらてらした緑の水草がまじっているのをみつけた娘は、男が眠ってしまったのをたしかめてそっと頭をはずし、一散に逃げ出した。やがて背後にとどろく蹄の音がきこえ、ふりむいた娘は、荒れ狂った灰色の毛深い馬が、歯をむき、燃えるような眼をして迫ってくるのを見た。

アイルランドの海の精メローには男女の二種類があり、女はみるからにかわいらしく、下半身は魚の尾を、指の間に小さな水かきをもっている。男のメローは緑色の髪に緑色の歯、長く垂れた赤い鼻をしていて、腕はひれのように短い。

デンマークの人魚にも男と女がいて、男の人魚はわりあい善良で慈悲深いが、女の人魚には邪悪なものもいる。彼女たちは海原の岩に坐り、片手に鏡、片手に櫛を持って金髪をくしけずりながら歌を歌う。またときには、美しい乙女の姿で漁師たちのところへあらわれることもある。一般に、人魚の出現は嵐と不漁のしるしとされた。溺れて死体のみつからない人は、人魚のすみかに連れ去られたと信じられていた。

フランスのブルターニュ地方の人魚はモルガンといい、海または湖の底に金と水晶の宮殿をもっていて、うっかり水ぎわに近づきすぎた人をひきずりこむ。モルガンもまた、歌を歌いながら、金色の髪をくしけずる。ブルターニュはケルト系の民話が伝わった土地だから、このモルガンは、アーサー王伝説の悪いほうの水の精「モルガン・ル・フェ」のイメージをひきついだものだろう。そのさらに前身が、ケルト神話の戦いの女神、モリグーだった。彼女は、最初美しい乙女の姿で英雄ク・ホリンを誘惑しようとして断られ、鰻、海蛇、狼、角のない牛に変身して戦いの邪魔をしたという。ケルトの伝承には、アーサー王伝説の「湖の婦人」のように、水辺に住み、気がむくと人間の若者を誘惑して刹那的な恋をしかける妖精のヴァリエーションがたくさんある。

人間と結婚する水の精

民間伝承の「善い水の精」の中には、人間と結婚して豊かな恵みをもたらそうとするものもいた。ルース・マニング＝サンダーズの再話による『湖の人魚』は、ウェールズの「湖の婦人」グウレイグの話である。

若い羊飼いが湖のほとりで、湖上に坐り、湖面を鏡がわりに使って長い髪をとかしている美しい娘をみつけた。金のサンダルをはいて湖の上をすべるように歩いてきた娘に、羊飼いは手に持っていた焼いたパンを差し出すが、娘は、固いパンはいらない、という。次の日羊飼いは、今度は生のパンをもっていくが、それも拒否される。三日目、中くらいに焼いたパンを渡すと、娘は羊飼いと結婚するといった。水の中から老人があらわれ、持参金として、娘がひと息で数えられるだけの羊と牛と山羊をつけよう、ただし、土や鉄で娘をぶつようなことがあると、娘はすぐに、持参金をもって湖の底に戻ってくるだろう、と告げる。羊飼いと娘は夫婦になり、三人の子供も生まれて幸せに暮らしたが、妻をぶってはならないという約束が破られたために、人魚は湖の底に帰ってしまう。

イタリアにも、人魚の話がある。カイトリーの『妖精の誕生』によれば、シチリア王ロジェルの治世に、ある若者が海水浴中に人魚に出会った。若者は、若く美しい乙女の姿をした人魚の髪の毛をつかんで岸にひきずりあげ、家へ連れて帰った。若者と人魚の間には息子が一人生まれたが、困ったことには、妻はひと言も口をきかなかった。仲間に、お前の妻は妖怪だといわれた若者が、妻に正体を明かせとつめよると、妻は、あなたは私に無理に口をきかせたむくいで、よい妻を失うことになったのだといい残して姿を消す。数年後、息子が海岸で遊んでいると、母の精が彼を海にひきずりこみ、溺れさせてしまった。口をきかない人魚の話は、アンデルセンの『人魚姫』や、ドヴォルザークのオペラ『ルサルカ』の台本で発展させられている。

いっぽう、中世フランスには、ポワトゥーのリュジニャン家にまつわる有名な人魚メリュジーヌの伝説がある。

さて、クロンビエの森でイノシシ狩りをしている最中に、レモンダンは思いがけなく、伯父のポワチエ伯を殺してしまいました。彼は絶望のあまり森をさまよい歩き、「渇きの泉」、または「魔法の泉」とも呼ばれている泉にたどり着きました。まさにその場所にメリュジーヌと二人の《美しい貴婦人》がいました。レモンダンはメリュジーヌの美しさに目がくらみました。彼女は言いました。《わたしは神様の次にあなたを助け、逆境のさなかにいるあなたに現世で名誉と利益をもたらし、あなたの悪業を善行に変えることのできる者です》。そして、彼にいろいろな忠告を与え、もし結婚してくれるなら彼を富と権力の持ち主にしてやると約束しました。でも《名誉を重んじる男がなしうるかぎりの誓約によって、土曜日にはわたしに会おうとなさらないこと。わたしがどこにいるか探そうとなさらないことを誓ってください》。

（ジャン・マルカル『メリュジーヌ』）

二人は結婚して十人の男の子に恵まれたが、ある日、レモンダンの兄が城を訪れ、土曜日ごとにメリュジーヌが姿を消すのは彼女が不貞をはたらいているか、妖精の世界に行っているかにちがいないとそそのかし、弟の心に疑いの念をひきおこす。レモンダンは妻が土曜日ごとに閉じこもっている部屋に行き、鉄の扉に穴をあけて、彼女が入浴している姿を見てしまう。メリュジーヌの上半身は美しい女性だったが、下半身は白と青の横縞のついた蛇の尾で、その尾で水を叩き、かきまわしていた。

夫が誓いを破ったことを知ったメリュジーヌは、翼のはえた蛇の姿になって窓から飛び出し、悲痛な叫び声をあげて三回城の周囲をまわったあと空を飛んでいった。

この話は、わが国のトヨタマヒメの神話を連想させる。海幸彦のお嫁さんになったトヨタマヒメは龍宮城のお姫さまで、しばらく人間世界で幸せに暮らしていたが、本態のワニに戻って子供を生む姿を夫に見られて、海の底に帰ってしまう。

人間と結婚しようとする「善い水の精」は、夫たちがことごとくタブーを破ったために、結局は自分たちの世界に戻っていくさだめだった。

第三章　創作された水の精

こうして、人類の水に関する記憶の擬人化としての水の精も、だんだんと人間に近い性格をもつようになってきた。彼ら、彼女たちに想像力を刺激された文学者たちが、水の精を主人公に作品を書くまでの道のりは、さほど遠いものではなかった。

神話や民間伝承の水の精の性格を反映して、文学化された水の精にも、人間を誘惑し、水の底にひきずりこもうとする「悪い水の精」と、人間を愛し、人間たちの仲間になろうとつとめる「善い水の精」があった。人間を自分たちに同化させるため、あるいは自分を人間に同化させるために、何らかの形で誘惑を試みることに変わりはないが、友好的な「善い水の精」が心ならずも人間に危害を加えてしまう事態におちいることがあるのは、神話や民間伝承と違うところだろう。

創作された水の精とは、また、キリスト教化された水の精でもある。文学作品にみられる水の精のテーマは、肯定的に扱っているにせよ、否定的に扱っているにせよ、キリスト教的な魂の救済の考え方をぬきにしては語れない。

目的としての永遠の魂

キリスト教の伝播によって、水の精たちの誘惑の動機もずいぶん複雑になった。メリュジーヌの伝説は、十四世紀末にジャン・ダラスの手によって散文物語としてまとめられたが、土曜日ごとに腰から下が蛇に変わるメリュジーヌの呪いは、次のように説明されている。

メリュジーヌの父はアルバニア（スコットランド）国王だったが、狩りの途中、森の中でほれぼれするほど美しく、見事な声で歌う女性プレジーヌに出会い、求婚した。プレジーヌは、出産に立ち会わないという約束で結婚を承諾したが、王が約束を破ったため、三人の娘とともに姿を消す。父親の裏切りの話をきいた娘たちは、王をある山に閉じこめたが、夫を愛していたプレジーヌは激怒し、娘たちに呪いをかけた。メリュジーヌは、もしある男性と結婚すれば死すべき人間となり、最後の審判で救済されるが、土曜日の姿を夫に見られると、また蛇女に逆戻りしなければならない。

つまり、彼女が泉のほとりでレモンダンをまちかまえていたのは、呪いを解いてもらって天国での不死――永遠の魂を得るためだったということになる。

ドイツ・ロマン派の作家フリードリヒ・ド・ラ・モット・フケーの『ウンディーネ』（一八一一）のヒロインも永遠の魂をほしがり、永遠の魂を手に入れるために人間の男と結婚する。彼女にとって永遠の魂は、いうなれば、人間界との接触の、結果ではなく目的だった。

ドナウ河地方の城に住む騎士フルトブラントは、ある自由都市で出会った公爵の養女ベルタルダに求婚し、怖い噂のある森を探検する試練を与えられる。森の奥の湖に突き出している岬に迷いこんだ騎士は、岬に住む漁師の小屋に救いを求め、漁師の養女ウンディーネと出会う。十八歳になるウンディーネは、湖に落ちて行方不明になった漁師夫妻の娘の身がわりのようにしてあられた不思議な妖精めいた娘で、さまざまに姿を変える川の精キューレボルンを叔父にもち、自身も水のように気まぐれで気分が変わりやすい。森と岬を隔てる小川が氾濫し、漁師の小屋に閉じこめられた騎士は、やがてウンディーネの魅力の虜になり、二人は、湖で難破して岬に打ちあげられた司祭によって結婚式をあげる。

ウンディーネは、水の精のタイプとしては、典型的な「網をはる女」である。最初にフルトブラントに会ったとき、彼女はこういう言い方をする。

「本当にお美しくやさしいお客さま、とうとうおいで下さいましたのね」

それは、ペロー版『眠れる森の美女』のせりふと同じだ。

「あなたでしたの、王子さま。ずいぶんお待たせになりましたわね」

『ウンディーネ』の邦訳者深見茂は、解説「フケーのメルヘンとドイツ・ロマン派」の中で、この場面を次のように解釈する。

妖精ウンディーネを中心にして申せば、古来、炎やいばら、また魔の森に囲み守られて時満ちるまで待つ処女という設定は、北欧伝説のヴァルキューレや、『眠れる森の美女』の童話でよく知られていたものであります。そして今や定められた約束の時（ウンディーネ十八歳の時）に、選びだされた若者がついに到着したことを、ウンディーネが明確に意識して行動していることは、彼女の言動のはしばしから、わたしたちははっきり読みとるのであります。簡単に言えば、あたかも老漁夫が魚をすなどるごとく、周到にしかけられた妖精世界の網の中へ、人間フルトブラントがまんまとかかってきたわけであるとも表現できましょう。

『ウンディーネ』を発表した翌年の一八一二年、この話の出処をきかれたフケーは、十六世紀のスイスの錬金術師パラケルススがラテン語で書いた『水の精、風の精、土の精、火の精その他の精霊の書』（ズートホフ版全集、第十四巻）という論文をあげたという。

「この本の内容は四種の精霊たちを記述することにあることを知ってほしい。すなわち水の精、土の精、火の精、風の精がそれである」

その他にも怪物や海の精、あるいはそれに類した数々の精がある。それらは人間に似てはいるが、アダムから生まれたものではない。人間やその他の動物とは異なった、別の被創造物なのである。

「彼女らの棲家には四種ある。つまり四元素に従って、一つは水に、一つは風に、一つは土に、一つは火に。水に棲むのはニンフ達、風に棲むのはジルフ達、土にはピグミー達、火にはザラマンデル」。水の精ニンフはウンディーネとも呼ばれ、風の精ジルフはシルヴェストルとも呼ばれる。土の精である小人、つまりピグミーはまたグノームの別名がある。火の精ザラマンデルはヴルカンでもある。

このような妖精達の棲家は異なり、性質も違うけれども、彼ら、彼女らは人間に似ている。彼らの身振りは人間のようであり、話し方や振舞いも人間のそれと似ていて、姿、形も人間に近い。彼ら、彼女らは物を使用したり、知恵を用いたりする理性も備えている。彼ら、彼女らは獣であるが、人間の理性をもつ。ただし魂(ゼーレ)はもっていない。

(大橋博司『パラケルススの生涯と思想』)


魂をもたない妖精たちは、死ぬと太陽に照らされた雪のように消え去ってしまう運命にある。ウンディーネも、こうした妖精たちの仲間だった。ウンディーネという名前自体が、ラテン語で波をあらわす「ウンダ」からのパラケルススによる造語だったのである。

結婚の翌朝、ウンディーネは自分の素性を打ち明ける。彼女は、水晶の宮殿に住む地中海の水王の娘で、人間の男と結婚すると永遠の魂を得ることができる。水王は、一人娘のウンディーネだけは最後の審判の日に塵となって消えてしまわないようにと願い、人間世界に送りこんだのだ。

なかば水の一族の意向に添った感のあるウンディーネに比べて、二十六年後に書かれたアンデルセンの童話『人魚姫』(一八三七)のヒロインは、さらに積極的である。彼女は一途に永遠の魂を求め、周囲の反対を押しきり、万難を排して人間世界に出かけていく。

深い海の底の城に住む人魚姫は、まだ見ぬ海の上の世界の話をきくのが大好きだった。十五歳になってようやく海の上にのぼっていった人魚姫は、難破した船に乗っていた王子を助け、恋に落ちる。年寄りの人魚から、人魚の寿命は三百年ほどあるが、そのあとは海の泡になってあとかたもなく消えてしまうという話をきいた人魚姫は、恋しい王子と結婚して永遠の魂を得たいものだと思い、美しい声とひきかえに魔女の薬を飲み、人間の姿になる。

王子が首尾よく自分と結婚してくれればいいが、王子が人間の娘と結婚すると、その瞬間、人魚の心臓は破裂し、身体は海に溶けてしまうだろう。不運なことに、王子は、難破したとき、人魚姫のあとにやってきた隣の国の姫君を恩人と思いこみ、結婚を申しこむ。婚礼の日、心配した姉たちが、これで王子を刺せば元通りの姿に戻れるから、といって、魔女からもらってきた短剣をさしだすが、どうしても王子を殺せなかった人魚姫は、海の泡になることを選ぶ。

永遠の魂の起源

キリスト教が伝播する以前、古代ギリシャ時代の水の精は、当然のことながら、「永遠の魂」などにはいっこうに頓着せず、不老不死のほうがずっといいと思っていた。オデュッセウスをひきとめた海のニンフ、カリュプソーは、恋人に不死と永遠の若さを約束し、自分たちの世界にとどまるようにと説得したが、すげなく断られてしまった。人間と結婚した海の女神テティスは、我が子アキレウスを不死身にしようとして、夜中に火の中に寝かせているところを夫にみつかり、人間界を去る。同じように、ペルセポネを追ってある老人の家に立ち寄ったデメテルは、家中が寝静まったあと、その家の幼い子供を炉の灰に寝かせた。母親が驚いて子供を拾いあげると、女神としての正体をあらわしたデメテルは、「母よ、お前の息子に対するかわいがり方は残酷であった。私はお前の子供を不死の神体に作ってあげるつもりであったが、お前が私の邪魔をした」という。

異教が主流の民間伝承の世界では、水の精が人間を誘惑する目的は、永遠の魂とか恋とかいう抽象的なものではなく、もっと実際的な問題である。スコットランドのケルピーのように残酷な水の精は、人間をひきずりこんで食べてしまう。妖精が人間の女にお産を手伝わせるという話は多いが、水の精にも同様の話が伝わっている。イギリスのドラケイという水の精は、木の皿に姿を変えて流れ、人間の女がそれをつかもうとすると水の底にひきずりこみ、自分の子供の乳母にする。

ブルターニュの民話『人魚と漁師』の人魚は、冷静に自分たちの置かれた立場を分析する。

「わたしがあなたの命を救ったのには、二つのわけがあります」と彼女は言った。

「まず、わたしにはあなたに命を助けてもらった借りがありました。網にかかったわたしを殺そうと思えば殺せたのに、自由にしてくれましたね。つぎに、わたしたち人魚族がむかしアザラシと人間のあいだに生まれたという理由があります。でも、魚の状態に戻らないためには、人間と結びついて種を新しくしていかねばなりません。あなたの身に起こったできごとは、これまでほかの人たちにもあったことなのです。しかし、その人たちは人間界に戻らなかったか、戻っても秘密を守ってくれました」

いっぽう、キリスト教が支配的な地域では、最後の審判や永遠の魂について、あれこれ思い悩む水の精もいる。『妖精の誕生』でカイトリーは、次のように述べている。

北欧では、次のような考え方が一般的である。つまり、民間信仰に登場するさまざまな生きものは、みな昔もっと強い力をもつものと争って負けたもので、そのため最後の審判の日までそれぞれ指示された住み場所にとどまるよう宣告されたのだという。小人またはトロルは住みかとして丘を指定された。エルフは林や密にしげった木を指定された。ヘーグフォルク〔丘の人〕は洞穴や岩屋を、人魚とネックは海、湖、川を、ストレムカルル〔川の人〕は小さい滝を指定された。カトリックの聖職者やプロテスタントの聖職者も、人々がこれらの存在を嫌がり、憎むようになるよういろいろ手をつくしてきたが、効果はなかった。彼らは人間や自然に対してかなりの影響力をもつとみなされており、また今は不幸だが、おしまいには救済されると信じられている。〔……〕

アイルランドの民間信仰でも、フェアリーは天から落とされた天使の一部で、そう罪が重くなかったため地獄までは追い落とされず、地上に住むことを許されたのだという。彼らは最後の審判のあと自分たちがどんなことになるかについて、ひどく不安を感じていると考えられている。

ギラン編『ゲルマン、ケルトの神話』には、水の精がキリスト教の影響を受けて永遠の魂をほしがるようになった例が書きとめられている。二人の子供が家の前を流れる河の岸で遊んでいると、水面に一人の水の精が浮かび上がり、竪琴をとって、すばらしい腕前でそれを弾きはじめた。しかし、子供の一人が演奏をさえぎり、「そんなふうに弾いてなんの役に立つの？　おまえが永遠に救いを得ることなんかないのに」というと、水の精は涙を流し、竪琴を投げだして波間に沈んでしまったという。

永遠の魂を手に入れたいと願うことと、水の精たちが溺れた人間の魂を集めることとの間には、何か関連があるのだろうか？　ドイツでは、水の精ニクスが溺れた人の魂を壺の中に入れ、逃げられないようにさかさにして閉じこめておくと信じられていた。

あるとき、男のニクスと友達になり、水の下の豪華な宮殿のような家に招待された百姓がいた。小さな部屋で、壺がさかさに立っているのをみつけた百姓が、そこに何がはいっているのかとたずねると、ニクスは、溺れた人の魂を閉じこめて、逃げられないようにさかさにしてあるのだ、と答える。百姓が、ニクスが家をあけるのをみはからって壺を次々にひっくり返すと、魂は自由をとり戻し、無事、外の世界に戻っていった。

アイルランドにも、『メローと魂の籠』という、似たような話がある。メローという海の精と友達になったジャックは、ある日、メローにもらった赤い三角帽子をかぶって海の底の家に行った。みると、海老籠に似た柳細工の入れ物が長い列をつくって並んでいる。ジャックが何を入れているのかとたずねると、メローは、それは魂を入れる籠だ、と答える。上で大しけがあると、メローは海の底の砂の上にこの籠をばらまいておく。すると、主人をなくしたばかりで心細い魂がもぐりこんでくるのだ、という。

『妖精の国の住民』の付録として書かれた「妖精小辞典」でブリッグズは、「かなり多くの地方の民間伝承において、マーメイドやそのほかの水の妖精たちは、しきりに人間の魂を手に入れたがると言われている。その寿命は長いが、死が訪れると、一瞬にして、消えて無くなってしまう（『ウンディーネの伝説』とか『小さなマーメイド』などの物語は、こうした伝承に基づいて作りあげられている）」と記している。

タブーと結婚

「あいつらの所へ行くがよい、そしてわたしたち人間には、もはやかまうな。この魔法使の女めが」

（『ウンディーネ』）

「消えてなくなれ、この邪悪なヘビ！　人間を堕落させたやつめ！」

（『メリュジーヌ』）

《蛇だ！》かれの声はこだました、と言うが早く、その女蛇は、すさまじい悲鳴とともに姿を消した」

（キーツ『レイミア』）

「どけ！　なぐるぞ、この魔性の妖婦！　行っちまえ！　いまいましいやつだ」

（ハウプトマン『沈んだ鐘』）

人間と結ばれた水の精の結婚が破綻するきっかけとなる、男たちの決定的なせりふである。第二章であげたウェールズのグウレイグや、イタリアの人魚の例にみられるように、彼女たちは、タブーをおかした夫のために、心ならずも水の底に戻っていかざるをえなかった。

しかし、グウレイグも湖の人魚も、自分たちの国に帰ったあと、わざわざ人間の世界に夫を殺しにやってきたりはしなかった。民間伝承の水の精たちは、別れたあと、男たちが人間の女と結婚しようがしまいが、一切干渉しないことが多い。

たとえば、『大海原の王国』という民話がある。海のまんなかで嵐にあい、人魚の宮殿にむかえいれられた若い水夫は、人魚の女王と結婚して王さまになる。しかし、ある日水夫は、広間の奥に置いてある小さな立像にさわってはならないという約束ごとを破ったために、王国から追い出されてしまう。人間の世界に戻った水夫は、海の底の王国からもってきた宝石で農場を買い、村の娘をお嫁さんにもらって幸福に暮らした。

また、ブルターニュの民話『人魚と漁師』では、難破した漁師が、以前助けたことのある人魚に導かれて洞窟にやってくる。漁師は人魚にかしずかれて楽しい日々を送り、魚の姿をした子までなすが、月日がたつにつれて人間の世界が恋しくなる。人魚は金貨のつまった胴巻を漁師に渡し、金持ちになって幸せになるように願いながら妻のもとへと送り返してやる。

そこへいくと、創作された水の精は、はるかに残忍である。水の精にかかわり、タブーをおかした男たちは、しばしば死を宣告されている。

『ウンディーネ』の場合、水の精との結婚には、二つの禁止事項があった。水のそばで妻をののしると、妻は水中の世界に戻ってしまう。これは民間伝承ではおなじみのタブーだが、その後夫が人間の女と結婚すると、水霊界の掟によって、妻は夫を殺しにやってくる。
永遠の魂は得たものの、夫の心が異界の出である自分をはなれてベルタルダに傾いていくのをみたウンディーネは、必死で頼みこむ。

水の上にいるときはもちろん、ほんの水辺に近い所にいるような折でも、おお、どうか、そうしたときだけは、決してわたしをののしり下さいませぬように。よろしゅうございますか、そのようなことが起ると、わたしの眷族どもは、わたしの身を自由にする力を得てしまうのです。彼らは自分たちの一族が侮辱されたと思いこみ、怒りの余り容赦なくわたしをあなたの手元から奪い返してゆきましょう。そしてわたしは生涯を水の底の水晶宮で送らねばならず、もはや二度とあなたのもとに昇って参ることは許されません。あるいは、もしわたしが再びあなたのもとに送り出されるようなことが万一あるとすれば、おお、そのときこそは、それはそれは恐ろしい事態となりましょう。

ウィーンへの旅に向かう途中、ドナウ河下りの船の上で夫からののしられたウンディーネは、水の精の掟を忠実に守り、悲しみながらも河の中へと消え去っていった。騎士がベルタルダと婚礼の式をあげた直後、ウンディーネは井戸から水柱のようになってあらわれる。あなたにはもう命がない、と告げるウンディーネに、騎士は、お前に接吻をされて死ねたら本望だ、という。

恋しい思いと、死の予感におののきつつ騎士が彼女の方に身を傾けると、ウンディーネは天にも昇る思いの接吻をあたえてくれたのであった。しかし彼女はもはや夫を離そうとはせず、いよいよ心をこめて抱きしめてゆきながら、まるで魂も失せんばかりに泣くのであった。彼女の涙が騎士の目に入り、愛の痛みに彼の胸が波うちつつ、やがてとうとうその息はとだえ、美しい腕の中から、今はむくろとなって臥床(ふしど)の上に静かに倒れて行った。

パラケルススは、先にあげた『精霊の書』の中で、夫が水の精の妻を裏切ると殺されてしまう例として、中世の貴族の家系にまつわるドイツの伝説を引用している。

ペーター・フォン・シュタウフェンベルクという騎士が、森のそばで美しいニクセに出会う。ニクセは、騎士に指輪をさしだし、自分と契りをむすぶならできる限りの加護を与えよう、ただし、騎士が決して人間の女を娶らないことが条件で、約束を破ったら、結婚式の三日後に騎士は死ぬことになるだろう、という。騎士は指輪を受け取り、美女と同棲生活を送るが、女の正体は悪魔だと主張する僧侶たちのすすめで、国王の姪との結婚を決意する。

のちにアルニムとブレンターノ『少年の魔法の角笛』に収録され、フケーも参考にしたと思われるこの伝説は、ハイネの『精霊物語』でも言及されている。

騎士のペーター・フォン・シュタウフェンベルクが婚礼の祝宴をはっているとき、ふと目をあげると小さな白い足が広間の天井(てんじょう)からあらわれたのが目に入った。彼はその足が、自分がそのむかし甘い恋のきずなで結ばれていたあのニクセのものであることがわかり、この前徴をみて、自分の不実のゆえにみずからの人生をふいにしてしまうことがよくわかった。彼は聴罪師（ちょうざいし）をよびにやり、聖餐式（せいさんしき）をしてもらって死の準備をする。この話についてはドイツではまだまだたくさん語られているし、歌にもうたわれている。一説によれば、侮辱をうけたニクセは自分を裏切った騎士を目に見えず抱きしめて、その抱擁（ほうよう）のあいだにしめ殺したということである。

ハウプトマンの戯曲『沈鐘』（一八九六）のヒロインの妖精ラウテンデラインも、愛する男を自分の手で殺すさだめにある。『ウンディーネ』やメーテルリンクの『ペレアスとメリザンド』に影響を受けて書かれたといわれる『沈鐘』は、厳密にいえば水の精の物語ではない。それは、人間の男につくしたあと棄てられ、心ならずも水の精と結婚することになった妖精の悲しい物語である。

山の上に建てられた教会の塔におさめる鐘を運んでいた鐘つくりのハインリヒは、途中で、妖精たちの妨害にあって鐘を谷底の湖に落としてしまう。自分も谷底に転落したハインリヒは、ようやくはいあがってきた山中の草地の小さな小屋で、妖精めいた娘ラウテンデラインに出会う。森の魔女に育てられたラウテンデラインは、森の精や水の精や小人たちと友達であり、自身も魔法を使って、瀕死の重傷を負ったハインリヒを介抱する。

生き返ったハインリヒは、妻子を棄てて、ラウテンデラインのもとで小人を使って新たな鐘をつくろうとするが、なかなかうまくいかない。そのとき、二人の息子の幻が、谷底の湖に身を投げて死んだ妻の流した涙の壺をもって上がってくる。湖の底では、妻の死体が沈んだ鐘を鳴らす音がひびきわたる。そのとたん、ハインリヒは現実に戻り、ラウテンデラインに唾をはきかけて立ち去る。ラウテンデラインは、古いはねつるべ井戸に身を投げる。

再び小屋に戻ってきたハインリヒは、井戸の底からラウテンデラインのかすかな声をきく。彼女は、以前から思いをよせられていた醜い水の精ニッケルマンと結婚して水の底にいるのだ。もう一度彼女に会いたいというハインリヒの願いをききいれた森の魔女は、白と赤と黄色の酒のはいった三つの杯を渡す。一杯目を飲むと身体に力がわき、二杯目でラウテンデラインの姿がみえる。しかし、三杯目で死を覚悟しなければならない。ハインリヒは、ラウテンデラインに会いたい一心でそれを飲み、愛人の腕の中で息絶える。

『ウンディーネ』から百二十八年を経て書かれたメルヘンの現代版解釈ともいうべきジロドゥの戯曲『オンディーヌ』(一九三九)には、水の精とその一族を水のそばでののしってはいけない、という定番のタブーは出てこないが、水の精を裏切った男は死ぬさだめにあるという水霊界の掟は、立派に生きている。夫ハンスの心が元婚約者ベルタに移りかけていることを敏感にさとったオンディーヌは、夫の命を救うため、自分が詩人ベルトラムと通じて夫を裏切ったという話を捏造して、姿を消す。ハンスとベルタの婚礼の日、自分を殺しにやってきたオンディーヌに指輪をさしだすのは、ハンスのほうだった。

「さあ、この指輪をお受けとり。水の底で、ぼくの本当の未亡人になっておくれ」

しかし、水界の王が三度オンディーヌを呼ぶと、彼女は記憶を失ってしまう。ここのところは、『沈鐘』の三杯の酒に影響されたのかもしれない。

異教的な水の精

フケーの『ウンディーネ』とジロドゥの『オンディーヌ』の間には、基本的な筋だてに大きな変化はないが、オンディーヌがウンディーネより三歳下という年齢差を除いても、両者にはいくつか違っているところがある。ひとつは、ウンディーネが婚礼の次の朝、「自分は水の精です」と騎士に素性を明かすのに、オンディーヌは、その事実を最後まで隠しておこうとすることである。オンディーヌが秘密を打ちあけるのは、ものごとを見透す能力のある王妃に向かってであり、彼女は、ハンスに真実をいってしまおうか、と相談するオンディーヌに、こう答える。

「それは一番いけないことよ。ハンスにとって、いまのところ、お前ってものは、水の精みたいなもの、とは思っているだろうけど、水の精だとは思っていないだろうから、ハンスにとって、本当の水の精は、お前じゃなくて、仮装舞踏会かなにかで、鱗のついたズボンをはいているベルタだろうから」（ジロドゥ）

したがってオンディーヌは、自分または一族を水のそばでのしったりなぐったりしてはならないというタブーをハンスに伝えることもできなかった。もうひとつの、最も重要と思われる相違点は、「十五にあと一月。生まれてから何百年。あたし、死ぬってことがないんです」と誇らしげに叫ぶオンディーヌがハンスと結婚したのは、永遠の魂を得るためではないということである。

ジロドゥの戯曲では、より評価されるのは水の男たちの「大きな魂」のほうである。ハンスと別れて水の中に消えてしまえ、と忠告した王妃は、オンディーヌとの間にこんなやりとりをかわす。

王妃　あの青年は、お前には合わない。あれの魂は、小さいから。
オンディーヌ　あたしには、魂がない。だからもっと悪いわ！
王妃　それはお前だけじゃなくって、人間以外の誰にも関係のないことよ。本当の魂というものは、鼻の穴や、えらを通って、吸い込まれたり、吐き出されたりしている。だけど人間は自分だけの魂がほしいと思って、共通の魂を細かく切って分けてしまったの。愚かなことよ。人間には魂なんてありゃしない。ほんのかけらぐらいの、小さな分け前があるだけで、そこから貧弱な花や野菜が芽をふきだすだけ。〔……〕

創作された水の精でも、永遠の魂をほしがらず、積極的に人間の男女を誘惑しようとするものは、民間伝承の水の精の底知れない不気味さをそのままに受けついでいる。ギリシャ神話に取材したキーツの長詩『レイミア』（一八二〇）は、コリントの若者を愛し、結果的に彼をとり殺してしまう蛇女の物語である。

『レイミア』のモデルになった半女半蛇の怪物ラミアは、もとは美しい娘だったが、ゼウスに愛されたためヘラに復讐され、恐ろしい姿に変えられてしまった。性質も容姿とともに醜くなり、一説には旅人、一説には泣く子を捕らえて喰うようになったという。
キーツの詩は、美しい妖精を求めて下界にやってきたヘルメスが、むせび泣くレイミアの声をきくところから始まる。若き哲学者リシアスに恋をしたレイミアは、どうしてももとの女の身体に戻りたい、と願う。ヘルメスの目を通して、とぐろを巻く蛇身のレイミアが描写される。

それは　朱いろの斑点のある、金いろと　緑いろと
青いろの　眩しいような色合いの　もつれ巻く姿だった。
縞馬のような縞、豹のような斑（まだら）、
孔雀のような目、そして深紅の条（すじ）がはいっていた。
白銀の月光のように、煌めく斑模様は、呼吸すると
消えたり、また眩しく輝き、その光輝は
くすんだ地色のつづれ織りと　混ざり合った――
このように　紅いろに脇腹を彩り、悲哀の色をみせて、
その女蛇は　悔悛する女の妖精、
悪魔の女、または悪魔そのものとも見えた。

ヘルメスの魔法の杖で美しい女の姿になったレイミアはリシアスに近づいて誘惑し、首尾よく結婚までこぎつける。しかし、婚礼の宴で老哲学者アポロニウスに正体を見破られ、蛇の姿に戻

ってしまう。リシアスの「蛇だ！」という声とともに彼女は消え去り、残された男は息絶える。このレイミアは、典型的な「出かけていく女」だった。

いっぽう、「みつけたあの子は私のものだ」と叫ぶアンデルセンの『氷姫』は、『雪の女王』と並んで魔界に君臨する恐ろしい「網をはる女」である。

『氷姫』の主人公ルーディは、幼いころ、母親とともにスイスの山の町近くの大氷河を渡っていて、氷の裂け目に落ちる。人々は男の子をクレバスの底からひきあげたが、それより早く、氷河の女王の氷姫が子供にキスしてしまっていた。美しい男の子を奪われた氷姫は、それから二十年間、ルーディを追いつづける。氷姫がついにルーディを捕らえたのは、モントルーの教会で結婚式をあげる前の日、婚約者をつれてレマン湖の小さな島に行った彼が、綱のとけたボートを追って湖に泳ぎだしたときである。

氷河から流れてくる水は、氷のように冷たく、青緑色に澄んで、深くたたえていました。ルーディは底のほうに目をやりました。ちらりと一目見ただけでしたが、なんだか金の指輪がきらきら輝きながらゆらめいているのが見えたような気がしました。——ふと、山でなくした婚約の指輪が思い出されました。すると、その指輪はみるみる大きくひろがってきて、きらきら輝く大きな輪になりました。そして、そのなかに澄んだ氷河が光っていました。「……」氷姫が明るく透きとおった水底にすわっていましたが、やがてルーディのほうに浮かびあがってきて、その足にキスをしました。氷のような死の戦慄が、まるで電気のショックのように、ルーディの全身をつらぬきました――氷と炎！　ちょっと触れただけでは、そのあいだの区別がつくものではありません。

「わたしのもの！　わたしのものよ！」という声が、ルーディのまわりにも、内にもひびきました。「おまえが小さかった時、わたしはおまえにキスした。おまえの口にキスしたのだよ。いまわたしは、おまえの足の指とかかとにキスをした。これでおまえはすっかりわたしのものだ。」

そして、ルーディの姿は澄んだ青い水の下に見えなくなってしまいました。

『氷姫』は、生まれたときに異教世界にとらえられた者は、結局そこに帰っていく、ということを人間たちに思い知らせる。

第四章　魔界と人間界

人魚姫が無心に信じた異教世界に対するキリスト教世界の優位は、幻影にすぎなかった。ロマン派から近代文学に至る流れの中で、魔界と人間界が相互に交換可能なものとして認識されると、水の精の物語でも、選択の問題が大きな位置を占めるようになる。二つの世界にひきさかれ、魔界と人間界の往復を余儀なくされる水の精や人間もいたし、一つの存在の中で、二つの世界が激しく対立することもあった。

「網をはる」「ひきずりこむ」「出かけていく」などの区分けも、さらに複雑化する。人間のほうが永遠の魂を捨てて水の世界に出向くこともあったし、邪悪な「出かけていく」水の精が誘惑に失敗してしずくと消えることもあった。また、本来「ひきずりこむ」はずの水の精が、詩人の想像力によって「何もしない」水の精に変貌してしまう例もみられる。

二つの世界

あれほど水の一族から望まれ、また自分でも永遠の魂をほしがったウンディーネだが、いざ魂を得ようとするときになると、屈託のなかった妖精時代の自分をなつかしんで、こんなせりふを吐く。

魂って、可愛いものらしいのね。でもまた、何かとても恐ろしいものに違いないわ。司祭さま、本当に魂なんか、いつまでも無い方がいいんじゃないかしら？〔……〕魂って重い荷物に違いないわ。とても重いものに違いないわ。だって、そのかたちが近づいてくるだけでも、もう私には居てもたってもいられないような心配や悲しみが影のように覆いかぶさって来るんですもの。いつもはあんなに軽い、楽しい気持でいられたのに。

（フーケー『水妖記（ウンディーネ）』）

いっぽう、人間なのに、魂などという邪魔っ気なものは少しもほしくない、と思ったのが、ワイルドの童話『漁夫とその魂』の主人公である。毎日、夕方になると海へ漕ぎだしていた若い漁師の網に、ある日、美しい人魚がかかった。漁師は、人魚が歌をきかせてくれるなら放してやろう、と約束する。漁師は、それから毎日、人魚を呼び出した。

そして人魚は世にもふしぎな歌を歌うのでした。というのは、魚の群れを洞穴から洞穴へと追い、小さな魚の子を肩にのせていく海の族のこと、長い緑のあごひげをつけ、毛深い胸をして、王さまのお通りのとき、ねじれた法螺貝（ほらがい）を吹く半人半魚神（トライトン）のこと、透明なエメラルドの屋根と、光り輝く真珠の床のある、何から何まで琥珀（こはく）ずくめの王宮のこと、一日じゅう大きな金属のすかし細工をほどこした珊瑚（さんご）の扇がそよぎ、魚が銀の鳥みたいに走りまわり、いそぎんちゃくが岩にくっつき、はまなでしこが畝（うね）のある黄色い砂地に芽を出す海の庭のことなどを、人魚は歌ったからでした。

人魚の歌にすっかり魅了された漁師は、自分と結婚してくれるように頼むが、人魚は、漁師が人間の魂をもっている間は結婚できない、と答える。男が魂を捨てる、というと人魚はよろこぶが、どうしたら魂が捨てられるのか、魂のない小さな人魚にはわからない。漁師は、いろいろな人に尋ね歩いたあげく、入江の奥深くに住んでいる若い魔女のもとを訪れる。魔女は漁師に、人間の魂は影にやどっているから、月夜の晩、海辺で月を背にして立って、足のまわりから影を切りとるように教え、緑色をした蝮（まむし）皮の柄のついたナイフを渡す。

いわれた通り影を切りとった漁師は、海の中にとびこんで人魚と一緒になり、海辺では、一人とり残された哀れな魂が、すすり泣きながら沼地を去っていった。

こうして、漁師の心と体は海の底、魂だけが人間界に残り、一人の人物が、文字通り二元にひきさかれる奇妙な事態を招いたわけである。

同じような状態は、アンデルセンのもうひとつの水の精の物語『沼の王の娘』にも見いだされる。デンマークの奥地にある沼のほとりに、エジプトの王さまの三人のお姫さまたちが、白鳥の姿で飛んできた。彼女たちは、王さまの病気を治すために、水底に咲いている花をつみにきたのだ。一人のお姫さまが、白鳥の衣をぬいで水の中で花を捜している間に、残りの二人は、お姫さまの羽衣を嘴でひきさいて飛び去ってしまう。残されたお姫さまは、沼の王によって沼の中にひきずりこまれ、水の底にぶくぶく沈んでいった。

やがて、お姫さまは一人の赤ん坊を産み、睡蓮の花にのせて水の上に浮かべる。ことの一部始終をみていたコウノトリが、赤ん坊をヴァイキングの夫婦の家にはこび、まだ子供のいなかった奥さんの胸の上にのせた。子供はヴァイキングの家で美しい娘に成長するが、娘には不思議な魔法がかけられていた。昼間は、美しい容姿に残忍で荒々しい性格をそなえ、夜になると、醜いヒキガエルの姿に変わるが、心はやさしく思いやりに満ちている。娘は、沼の王とエジプトのお姫さま、水の底と陸の上、いわば魔界と人間界の性質を分裂した形で受けついでいたのである。

二つの世界の往還は、民間伝承、文学作品を問わず、いつも水の精の物語の中心テーマだった。アンデルセンは、『人魚姫』の前身となった詩劇『アグネーテと人魚』（一八三三）の序文で、こう語っている。

少年のころから、私は古い民謡『アグネーテと人魚』、そしてこの二つの世界、陸と海に、心を惹かれていた。成人してからは、その中に大きな人生の画面を見るようになった。すなわち、決して満足することのない心の願望を、新しい他の存在へのふしぎな憧れを。

（山室静『アンデルセンの生涯』）

デンマークのバラッド『アグネーテと人魚』は、男の人魚の妻になって海の底の家に住み、七人の子供を生んだアグネーテが、子供をあやしているときに教会の鐘の音をきき、夫と子供を捨てて人間世界に戻るという話である。これをもとに、アンデルセンは同名の戯曲を書いた。

漁師の娘アグネーテは、父親の死後、母とともに浜辺の廃屋で貧しい暮らしをしていた。そこへ、親戚の富裕な男が訪ねてきて、結婚を申しこむ。アグネーテは承知するが、何か満たされないものを感じて、海辺に行く。すると、人魚の男が騎士の姿であらわれ、自分と結婚して海の底の宮殿に住まないか、と誘う。もともと、海辺の難破船の中で産み落とされ、満ち潮にあやうくさらわれそうになったせいで、海にあこがれをもっていたアグネーテは、海の男の腕にとびこむ。七年後、アグネーテは、海の宮殿で夫と二人の子供と幸せに暮らしていたが、ある日教会の鐘の音が水底まできこえてくると、急になつかしくなり、夫に頼んで地上の世界に戻る。しかし、海の底では七年でも地上では五十年がたっており、すっかり老人になった元の求婚者が、昔と変わらぬアグネーテをみて、「お前はわれわれとイエスの属している人間ではない」と叫ぶ。アグネーテは教会に入っていくが、聖者たちの像は顔をそむける。ふたたび海辺に戻ったアグネーテは、夫の声にさそわれて海にとびこもうとして息絶える。

『アグネーテと人魚』にヒントを得て書かれたもうひとつの作品が、ヴィクトリア朝時代のイギリスの詩人マシュー・アーノルドの長詩『棄てられた人魚男』(一八四七—四九ごろ)である。アグネーテと同じように人魚男と結婚して海の底で幸せに暮らしていた人間の娘マーガレットは、ある日、末の子供をあやしている最中に教会の鐘の音をきき、人間世界がなつかしくなる。彼女は、復活祭に教会に行ってお祈りしないと永遠の魂がなくなる、という口実をつくって地上に戻り、二度と戻ってこない。待ちくたびれた人魚男は子供たちを連れて教会に行くが、窓越しにみるマーガレットは、聖書をみつめたまま見向きもせず、母を恋しがって名をよぶ子供たちの声も彼女には届かない。あきらめた人魚男は、子供たちにこうよびかける。

さあ、いとし子よ、海底へ帰ろう
もう母を呼ぶのは　およし！
白壁のまち、風ふく海辺の小さい
灰色の教会を　見おさめして　帰ろう！
日ぐれまで　叫びつづけても
もう母は帰ることはない。

（松浦暢『水の妖精の系譜』）

松浦暢『水の妖精の系譜』によれば、『棄てられた人魚男』を書いたアーノルドは、自身も科学と宗教の二元対立のはざまで「懐疑的に苦しんだ」人物である。同じように、実生活でも、妻と愛人、ロマン主義と自然主義の間で揺れ動いていたハウプトマンにとって、キリスト教世界と異教世界は、自らをひきさく二つの価値観の象徴だった。前章で妖精の悲しい物語として紹介した『沈鐘』では、魔界と人間界の対立そのものが、作品の主要なテーマになっている。

『沈鐘』は、妖精の性格や全体の構造はウンディーネの物語に似ているが、ウンディーネが夫に従って人間の世界に出向き、人間とともに生活しようと試みるのに対して、ラウテンデラインは、ハインリヒの命を救うためにやむをえず里に降りていく以外は、徹底して異教世界にとどまる。彼女の意識には、キリスト教世界に対する異教世界の優越がある。ハインリヒ一人が、魔界たる山の上と人間世界の間を行ったり来たりする。

ハインリヒは、いつも傷だらけで、息もたえだえになりながら、山の上の草地にのぼってくる。一回目は、教会のためにつくった鐘を谷底に落としてしまったときだ。牧師と教師が、ラウテンデラインのつくった魔法の輪をといて彼を担架にのせてふもとの村に下ろすと、ラウテンデラインは女中に化けて彼の病気をなおし、ふたたび山につれもどす。今度は異教の神々のための鐘をつくろうとしたハインリヒは、異端の所業をいさめに来た牧師に向かって、恍惚として演説をぶつ。ラウテンデラインはハインリヒを光の神バルデルにたとえてはげますが、小人に邪魔されて仕事のはかどらない彼は次第に懐疑的になっていく。三回目に山の上によじのぼってきたとき、ラウテンデラインはすでに水の精ニッケルマンの花嫁になり、ハインリヒが建てようとしていた鐘つき堂は、燃えて灰になってしまった。

オンディーヌとナイアッド

ラヴェルのピアノ曲『オンディーヌ』のインスピレーション源になった小ロマン派の詩人アロイジウス・ベルトラン『夜のガスパール』のオンディーヌは、人魚姫やレイミアと同じように

「出かけていく女」だが、その目的は、永遠の魂でもなければ、人間の女に化けて花嫁になることでもない。ラウテンデライン以上に異教世界の優位を信じる彼女は、人間の男を婿にむかえて水底の国の繁栄をはかるために、わざわざ男の部屋までやってきて、青い窓ガラスの外でこうよびかける。

――《聞いて下さい！――聞いて下さい！――私です、オンディーヌです、淡い月光に照らされた響くような菱形(ひしがた)の窓に、雫(しずく)となって軽く触れているのは。波の衣装(いしょう)を纏って、星のまたたく美しい夜と、眠りについている美しい湖を露台から見つめている水のお城のお姫さまです。

どの波も流れを泳ぐ水の精、どの流れも私のお城へうねってやって来る小径、そして私のお城は、湖の底、火と大地と空気の織りなす三角形の中に、流れる如く建てられています。

聞いて下さい！――聞いて下さい！――私の父は、緑の榛木(はんのき)の木枝で立ち騒ぐ水を打ち静め、姉たちは泡の手で、草が茂り睡蓮(すいれん)やグラジオラスの咲く清々しい小島を愛撫したり、釣糸を垂らしている老いて髭の生えた柳を揶揄(からか)ったりしています！》

水の精はささやく声で歌いながら、男に哀願する。彼女の指輪を受けとり、湖の王として宮殿をともに訪れようと。しかし、男が、自分は死すべき人間の女のほうが好きだと答えると、オンディーヌは、幾しずくかの涙を流したかと思うと、突如甲高い笑い声をあげ、窓ガラスに白々と流れる水滴となって消え去ってしまう。

モーリス・ラヴェル（一八七五―一九三七）はベルトランの詩集の第三の書「夜とその魅惑」から『オンディーヌ』を、ベルトランの遺稿をサント＝ブーヴがまとめた「断章」から『絞首台』『スカルボ』の二篇を選び、「ピアノのための三つの詩」と副題をつけ、組曲『夜のガスパール』（一九〇八）として出版した。楽譜の扉には、それぞれの詩の全文が掲載されている。

ベルトランについては、『夜のガスパール』の年譜、ボードレールとその時代を綴った河盛好蔵『パリの憂愁』など限られた資料しか手もとにないが、一八〇七年、ナポレオン軍の憲兵の息子としてイタリアで生まれた彼は、八歳のとき、ナポレオンの失墜にともなってディジョンに移住している。十六、七歳のころから詩を書きはじめ、二八年五月には友人と小型新聞『ル・プロヴァンシアル』を創刊、ここに発表した散文詩が『夜のガスパール』の母胎となったといわれる。同年秋、パリに出たベルトランは、ユゴーやシャルル・ノディエのサロンに顔を出し、サント＝ブーヴの知遇を得る。貧窮のため三〇年には故郷に帰ったが、二九年から三三年にかけて仏訳された『ホフマン全集』全二十巻からは大きな影響を受けた。『夜のガスパール』の副題となっている「レンブラント、カロー風の幻想曲」は、ホフマンの『カロー風の幻想画集』からとったものである。

三三年、再度パリに出たベルトランは、『夜のガスパール』の原稿を出版社に預けたが出版に至らず、生活は貧困を極めた。三六年には出版契約がむすばれ、決定稿が準備されたが、またもや実現せず、四一年、ベルトランは肺結核のため三十四歳で亡くなった。遺稿はサント＝ブーヴの序文つきで翌四二年に出版されたものの、わずか二十一部しか売れなかったという。ちょうど二十年後の一八六二年、ボードレールはのちに『パリの憂愁』としてまとめられる散文詩集の序文で、この詩集にふれている。

君にちょっと意中を洩らせば、アロイジュス・ベルトランのかの有名な『夜のガスパール』を（君も、僕も、また僕らの友人の幾人かが充分に認めているこの書物を、有名なと呼んでももちろん構わないでしょうね？）恐らくは二十遍目ぐらいに読みかえしている時でした。僕もまたこれに倣って何か一つやってみたいという考えが浮かびました、ベルトランが驚くほど絵画的になしとげた昔の生活の描写方法を、現代生活一般の、というより僕一個の現代生活の、より抽象的な描写に応用してみようという考えが。（「アルセーヌ・ウーセイに寄す」）

以降、『夜のガスパール』は象徴派の詩人たちの間で知られることになったが、ボードレールの推薦も一般読者には効き目はなかったものとみえ、マラルメが書店に注文したとき、二十余年を経てまだ在庫があったという。現在では、この初版本はビブリオマニア垂涎の書物となっている。

シュザンヌ・ベルナールは『ボードレールから今日までの散文詩』（一九五九）で、ベルトランの『オンディーヌ』を、一八二五年に仏訳された『イギリスとスコットランドのバラード、伝説、民謡』におさめられた『ナイアッドの歌』に関連づけている。

私の住処は、波の懐
水の百合が私の寝床
そして、川のころがす最も輝かしい真珠が、私の胸と頭にからみついている。
魚は私の褥のまわりでのんきに泳ぐ
しばしばそのふるえるひれが私の額をかすめる
そして、浪が彼の上で静かに渦巻く間に、そのエスプリは音もなく立ちのぼる。
私がお前に向かって開いている腕の中に、来なさい
この魅力的な胸の上に来なさい、そして、銀の波の間に間に、お前は私の絹の髪を梳くだろう。
私は、精霊の接吻で封印された川藻の指輪をもっている
私は、この水の蜜月の輝きと共にお前と結婚するだろう……
ああ！　私の愛の勝利のために来なさい。

このナイアッドのほうが、ベルトランのオンディーヌより数倍恐ろしいことはいうまでもない。

ローレライとメドゥーサ

セイレーンの妹格のローレライは、「網をはる女」だろうか、それとも「ひきずりこむ女」だろうか？　ヴィクトル・ユゴーの旅行記『ライン河幻想紀行』（一八四二）には、言い伝えのもととなったローレライの岩の話が出てくる。この大岩は、いくたびもくりかえす山びこのために、船乗りたちの間で昔からよく知られていた。

《猫城》の上からは、《州（バンク）》と呼ばれているラインの有名な暗礁群を見下ろすことができる。《州》とザンクト・ゴアルスハウゼンの四角い塔のあいだには、狭い水路が一筋あるだけだ。片側は暗礁群、反対側は塔の土台の岩礁。ラインには何でもあるのだ。カリュプディスもスキュラも。〔……〕

《州》よりわずか向こうに、ひときわ険しい岸壁が両側から迫っている、流れの曲がり角がある。そこに、まるで崩れた階段のような外観を呈して重なりあっている無数の花崗岩である、あのローレライの伝説の岩山が、ラインに垂直に落ちこんでいる。そここそ、声をかけたり歌を歌ったりする人に七たび答えると言われる名高い木魂（こだま）の場所だ。

この木霊の名声を傷つける人間と思われるのを恐れずに言うならば、正直言って、この木霊はわたしには五回以上は答えてくれなかった。

その昔、神話の中で多くの王侯や伯爵たちに言い寄られたローレライの妖精は、今や声も枯れて、疲れ始めている。

十年後、小ロマン派の詩人・作家ネルヴァルはドイツ旅行記『ローレライ』（一八五二）を書く。ここで彼をひきずりこもうとしているローレライは、訳者の篠田知和基によれば、「この作品の第一部初稿を発表したのちに」彼を襲うことになる精神の病の象徴だった。

友よ、あのラインの妖精――ロールリー、あるいはローレライのことなら、私同様、よくご存知だろう。コブレンツの近くのバッカラの濡れた岩に、滑りもせずに身を支えているその バラ色の足――身を傾けながら、しなやかな首と頭をのばしたその姿は見たことがあるにちがいない。彼女の金の布の裏打ちをした真紅のビロードの被りものは、遠くからでも、エデンの園の老いた龍の血まみれのとさかのようにきらめいている。

長い金髪は、右の肩の白い肌の上に落ちかかり、緑なす川の流れにひろがるもうひと筋の川とも見まがう。立てた膝の内側にはきらびやかな錦の衣の裏はのぞかれるが、肌は、身体にぴったりついた緑色の衣の襞に隠されて見えない。

左の手はチューリンゲンの老いたミンネジンガー（吟遊詩人）たちのマンドラ（大型マンドリン）を軽やかにかかえる。バラ色に染まった両の乳房のあいだには、きらめく金のリボンが亜麻布のチュニカの襞をゆるやかに結ぶ。そのほほえみの魅力に勝てるものはなく、軽く開いた口からは古代のセイレーンの歌が洩れてくる。〔……〕

そうだ、友よ、この霧の中に光り輝く妖精、ハインリヒ・ハイネ歌う北方のニックスの例に洩れずに恐るべき水の精が、私につねに合図を送りつづけ、ふたたび私を引きよせるのだ！

しかし彼女の見せかけの美しさには警戒をしなければなるまい。――なにしろその名前自体が、魅惑と嘘（ルアーとライ）とを同時に表わしているのだ。

ユゴーもネルヴァルも、ローレライを伝説だと思いこんでいる。しかし、実はローレライは、ドイツ・ロマン派の詩人ブレンターノが、ライン河のこだまする岩山に住むと信じられた山の精霊と、ギリシャ神話のセイレーンや民間伝承の人魚のイメージを合体させて創作した物語詩『ルーレライ』の主人公である。ここでローレライは、魔的な官能美のために、自分もまわりの男をも滅ぼす魔性の女として描かれている。

立川希代子『ローレライは歌っているか』によれば、一八〇一年に発表されたこの詩は、ごく短期間に伝説の仲間入りをした。すでに一八一一年のフォークト『ライン物語、伝説集』にローレライの物語がとりいれられ、翌一二年には、シュライバーが『ライン旅行案内』で、「ルールライの乙女」という物語を書いている。この旅行案内を、ハイネがボン大学の図書館から借りていたことまでわかっているらしい。一八二一年には、ブレンターノの友人レーベンが、水の精ローレライとファルッ伯の息子フークベルトの恋物語を軸とする『ローレライ、ラインのある伝説』を発表したが、その序詩として書かれた『ローレライの岩』の一部がハイネのものとよく似ているという。こうして、ハイネがローレライ詩をつくった一八二三年ころ、ローレライ物語はすでに「最新流行の、語り伝えになりつつあるメルヘン」となっていた。

「なぜだかわからぬまま、ひたすら悲しい」で始まる『ローレライ』の第一節には、「昔からの語り伝えが、思い浮かぶことしきり」とあるから、ハイネもこれを伝説だと思いこんでいたふしがある。夕陽をあびて輝く山の頂きに、とびきり美しい娘が坐っている。金色の髪を金色の櫛でくしけずりながら歌う乙女の調べには、ふしぎな魔力がこもっている。小舟をあやつる舟人は、その歌をきいて心うばわれ、波に隠れる岩の裂け目にも気づかずただ上ばかり見ている。こうして、舟は暗礁にひっかかり、舟人は舟もろとも波にのまれてしまうだろう。

「ローレライの歌の力がそうさせたのだ」という結尾の句には、破滅させられる漁師に対する共感と、破滅させるに足る歌の力への自負、起こったこととこれから起こるであろうことすべてを客観的にみつめる詩人の目が、複雑にからみあっている。

フォークトのローレライ物語は、山びこを女の声にみたてている。シュライバーはローレライに歌を歌わせ、その歌声に魅せられて遭難する若い漁夫を登場させた。レーベンのローレライは、歌声とともに射るような瞳の輝きで船頭を誘惑しようとする。ハイネのローレライは、金色の髪の美しさと不思議な歌声の魔力で漁師の心を激しく揺さぶる。

世紀があらたまって、アポリネールの詩集『アルコール』(一九一三)におさめられた「ローレライ」では、ローレライと呼ばれる金髪の女魔法使いは、男を誘惑するために歌も歌わず、髪もくしけずらず、輝く瞳でじっとみつめる必要もなかった。彼女は「ひきずりこむ女」ではなく、「網をはる女」ですらなく、存在そのものが悪になる恐ろしい「何もしない女」である。

昔バカラシという所にブロンドの魔法使がひとり住んでいた
近くに住む男たちをひとり残さず恋死（こいじに）させた
僧正さまが裁（さばき）の庭に彼女を呼び出しなされたが
あまりにも美人すぎて調べずに放免なされた
〈宝石でいっぱいな目をした美しいローレライよ
どこの魔法使からそなた魔法は習ったか〉
〈わたくし生きるのが厭（いや）になりました　この目は呪（のろ）われておりまする
僧正さま　ひと目わたくしを見た者は　ただそれだけで死にました
わたくしの目は炎です　宝石ではありません
こんな魔法なぞ炎に投じてくださいまし〉
〈その炎がわしの身をこがすのじゃ　おお　美（うるわ）しのローレライ
ほかの誰かにそなたの処罰はしてもらおう　わしはそなたに魅入られた〉

のちの章で述べることになるマシュー・グレゴリー・ルイスの『マンク』に登場するきわめつけの「魔性の女」マチルダは、わざわざ自分の似姿をマリア像に描かせ、見習い僧に変装して修道院にはいりこむような手のこんだまねをして、ようやく高徳の僧の誘惑に成功したというのに、このローレライは、ただ存在するだけで、僧正をも動かすのである。

〈騎士たちよ　あの高い岩にわたくしを登らせてくださいまし
もう一度あの美しい自分のお城が見とうございます
もう一度河に水鏡がしとうございます
そのうえでわたくし処女と後家さんたちの修道院へはまいります〉

岩の上に立ったローレライは、「ラインの水に映ってる美し（うるわ）のローレライを／水色の目を／太陽（ひ）の色の髪の毛を見た科（とが）で」、つまり、ひと目見た者はただそれだけで死んでしまう自分自身の姿を水鏡で見たために、そのまま俯伏（うつぶ）してラインの水に落ちていく。

ローレライは絶世の美女だが、ひと目見た者に死をもたらす点では、哀れなメドゥーサを連想させる。あまりに美しすぎることは、あまりに醜いことと同じなのだろうか？

『サランボー』をもじってポルノ小説『一万一千本の鞭』を書いたアポリネールのことだから、

このあたり、きっとメドゥーサを念頭において書いたにちがいない。そして、おそらくわれわれのメリザンドをも。

第五章　音楽になった水の精

神話、民間伝承に占める水の割合が天空や太陽、月、火、樹木などのそれに比べて少ないことは、第一章で書いた通りである。しかし、こと音楽に限っていえば、水を題材にしたオペラやバレエ音楽、歌曲、ピアノ曲は枚挙にいとまがない。天空、太陽、火、樹木などと並べてみると、水は群をぬいて音楽と相性がよいのである。

水は、実にさまざまな音を出す。おまけに水は、千変万化である。ピアノの高い音域でトレモロ（その場でふるわせる）やグリッサンド（鍵盤をすべらせる）を使えば、小川のせせらぎにも滝の奔流にもなる。オーケストラ総動員でアルペジオ（分散和音）をうねらせれば、たちどころに大海原の感じが出るだろう。ハープをかきならす音は、波のしぶきを連想させる。寄せては返す波は、それ自体に音楽の根源的なリズムを秘めており、音楽の規則正しい呼吸にぴったり合致する。長三和音や属和音の透明感のある響きは清冽な流れにむすびつき、にごったうす気味の悪い沼のイメージも、半音程や減音程を組みあわせれば十分音になる。音量と緩急とひびきの調節次第では、どんな状態の水の表現も思いのままだろう。

ゆったりした水のイメージは、八分の六拍子か四分の六拍子のアルペジオであらわされることが多い。ワーグナー『ラインの黄金』の序奏では、すべての生命の根源である水を象徴するホルンの「生成の動機」が提示され、次第に厚みを増したところで、ファゴットが経過音をともなう「ラインの動機」を奏すると、それに重なるように「波の動機」がはいってきて、とうとうたる河の流れが沸きおこるさまが描かれる。この手法を海の表現でひきついだのが、ブルターニュ伝説にもとづくドビュッシーのピアノのための前奏曲『沈める寺』である。行きつ戻りつする三連音符のアルペジオがつくり出すカオスの間から、和音のつらなりが上昇し、密度を増す波のモティーフにのってせりあがっていく。

荒れ狂う海のイメージは、やはりドビュッシーの前奏曲『西風のみたもの』で十全に表現されている。波を模した急速なアルペジオが上下行をくり返し、牙をむく白い波頭を思わせる左手の装飾音がときおりギラリと光る。やがてアルペジオはすさまじい津波となって襲いかかり、大きな水のもりあがりは和音のトレモロで、とどろく波音は三連音符の連続であらわされる。

水の精も、水に準じた特徴をもっている。長い髪は流れのようで、着物からはしずくがぽたぽた垂れている。これが、音楽のさまざまなフレーズによく似合う。性格も、水のように気まぐれで、かわいらしかったり突然癇癪を起こしたり、煽情的だったりいたずらっぽかったり、あるいは意地悪で冷酷無比だったりする。これが、音楽のさまざまな律動に自然にのっていく。そして何より水の精は、波のようにしなやかに踊ったり、人魚のように、この世ならぬ透明な声で歌ったりするのである。作曲家たちがこぞって彼女たちの歌声や踊りを作品に再現させたいと願ったのも、何の不思議もないこととといえよう。

歌い踊る水の精

ハイネの『ローレライ』は、一八三八年にジルヒャーがメロディをつけたものが広く愛唱されている。ハイネがユダヤ人だったため、ナチス政権下では読み人知らずの民謡として扱われたという。この詩ではフランツ・リスト（一八一一―一八八六）も歌曲を作曲しているが、一八六〇年に作曲者自身の手でオーケストラ伴奏つきに書きあらためられ、さらに翌年ピアノ独奏曲に編曲された。短い序奏のあと、「なじかは知らねど、心わびて」を含む第一節がレシタティーヴォ（朗唱）の形で語られ、ゆれるようなリズムにのった旋律が、岩山の上で金髪をくしけずるラインの乙女の姿を甘美に歌いあげる。ローレライの歌がはじまるあたりから雲行きがあやしくなり、フラット系の変ニ長調からシャープ系の嬰ヘ短調に移行すると場面ががらりと変わり、激しい連打音とクロマティック（半音階的）な進行で舟人の危機が暗示される。やがて舟は岩礁にぶつかり、不気味な響きのアルペジオとともに波間に姿を消す。エピローグでは、ふたたびレシタティーヴォが「歌声でそれをしてのけたのはローレライ」という一節を歌う。

一八五四年生まれのイタリアの歌劇作曲家カタラーニには、『ローレライ』（一八九〇）というオペラがあり、この第三幕の『水の精の踊り』が「不滅のトスカニーニ」シリーズの「イタリア管弦楽集」に収録されている。カタラーニの力添えでイタリア・デビューを飾ったトスカニーニは、恩義を感じて、二人の子供にもカタラーニのオペラの登場人物の名をとってつけたというから、この選曲もうなずける。『水の精の踊り』の第一部はト短調で、ハープの序奏についで、トライアングルでアクセントをつけたヴァイオリンの走句ではじまり、クロマティックな動き、急速なグリッサンドなど、軽快な中にもときどきぞっとさせるような魔性の片鱗をみせる水の精の踊りがくりひろげられる。ト長調の第二部は、一転して波打つゴンドラのリズムにのった優雅なワルツで、この二面性はなかなか興味深い。

フランスの人魚メリュジーヌは、ドイツ人の手によってオペラ化された。ロマン派時代の作曲家・指揮者クロイツァーの『メルジーネ』（一八三三）がそれである。ウィーンの台本作者グリルパルツァーはベートーヴェンに作曲を依頼するつもりだったが、交渉がうまくいかず、当時ウィーンに住んでいたクロイツァーのもとに話がいった。このオペラのベルリン初演の際、たまたま一連の上演のひとつを観ていたメンデルスゾーンは、序曲がアンコールされたことに不満をおぼえ、「聴衆にアンコールを求められることはないかもしれないけれども、心の琴線にふれるような、そんな序曲をひとつ書いてみよう」（姉への手紙）と思い、演奏会用序曲『美しいメルジーネの物語』を作曲した。この作品は、三四年四月、ロンドンのフィルハーモニー協会で初演されたが、メンデルスゾーンは改作する必要を感じ、翌年十一月、音楽監督に就任したばかりのライプツィヒのゲヴァントハウス管弦楽団で再度初演を行った。このとき、作曲家自身が指揮をすることになっていたが、父親の急死によって果たせなかったというエピソードがある。

曲は、おそらくメルジーネをあらわすのだろう、木管楽器ではじまり弦楽器にひきつがれる「波のような魔的なフレーズ」（シューマン）が支配的なへ長調の部分と、闘争的な人間界を象徴するようなヘ短調の部分とのせめぎあいからなっている。メルジーネの主題は再現されるたびに悲劇的な色あいをおび、途中で人間界のモティーフが威嚇するようにわりこんできて、夢想的な気分に水をさす。激しいクライマックスのあと、音楽はふたたび夢幻的なヘ長調に戻り、さざ波のようなトレモロの中でメルジーネの主題が静かに消えていく。

北欧神話の水の神のイメージを残したアンデルセンの『氷姫』は、チャイコフスキー没後三十五年を記念して書かれたストラヴィンスキーのバレエ音楽『妖精の口づけ』と、それにもとづく演奏会用のディヴェルティメントの題材となった。原曲のバレエはロシアの舞踊家イダ・ルビンシュタインの依頼で作曲され、一九二八年十一月、パリのオペラ座で初演されている。

『火の鳥』『春の祭典』などでパリ楽壇にセンセーションを呼び起こしたストラヴィンスキーは、一九二〇年ごろから新古典主義的な作風に転じた。スコアに「チャイコフスキーの詩想に霊感を得た四場の諷刺バレエ音楽」と記された『妖精の口づけ』も、チャイコフスキーのピアノ曲や歌曲から抽出した旋律をストラヴィンスキーふうにアレンジした、一種の模作といってよい。ストーリーはおおむね『氷姫』にもとづいているが、主人公の男の子に接吻する氷姫は、バレエの台本では「雪の妖精」となっている。スイスの山奥で、生まれたばかりの赤ん坊を母親から奪い、額に「魔法の接吻」を与えた雪の妖精は、二十年後、成人して婚約者との結婚を控えた若者の前にふたたびあらわれ、接吻を与えて現世を忘れさせ、永遠に妖精の王国に連れ去る。ストラヴィンスキーの音楽は、独特な和声と鋭角的なリズムでチャイコフスキーの甘さを消し、物語にふさわしい底冷えのする印象を残す。

音楽になったギリシャ神話の水の精としては、ポーランドの近代作曲家シマノフスキによるヴァイオリンとピアノのための『神話』(一九一五)の第一曲『アレトゥサの泉』があげられる。ショパンやスクリャービンの影響を受けたシマノフスキの作品は、極度に洗練された透かし模様のようなテクスチュア、神秘的な恍惚感に特徴がある。『アレトゥサの泉』では、透明感を失わないまま刻々と色あいを変えるピアノのトレモロに、ハーモニックス(倍音奏法)を巧みに使ったヴァイオリンの音色がからみあい、非現実的な雰囲気をかもしだしている。シマノフスキは同じ年、オデュッセウス伝説に取材した『シレーヌの島』『カリュプソー』『ナウシカア』の三曲からなるピアノための組曲『メトープ』も書いている。

ギリシャ人を両親としてルーマニアに生まれた現代作曲家クセナキスの『エヴリアリ』も、水の精と関係の深いピアノ曲である。この作品は作曲された年の一九七三年にニューヨークで初演され、フランスのピアニスト、マリー＝フランソワーズ・ビュケに捧げられた。エヴリアリとは、ゴルゴーン三姉妹の次女のことで、メドゥーサと同じように猪の牙、青銅の頭、蛇の髪をもっていた。インドネシアの民俗音楽「ケチャ」に触発されたといわれる『エヴリアリ』は、ゴルゴーンの髪を思わせるように幾筋にも分かれ、蛇行する旋律線と、暴力的ともいえる同音反復のモティーフ、突然の休符の挿入などからなっている。その立体的かつ難解な書法は、テキストを読み解こうとする者をも石に変えてしまうかのようだ。

ボロディン『海の女王』とリムスキー＝コルサコフ『サドコ』

ロシア国民楽派の作曲家たちも、熱心に水の精を音楽化している。一八五六年にはアレクサンドル・ダルゴムイジスキーが、プーシキンの詩によるオペラ『ルサルカ』をペテルブルクで上演し、大成功をおさめた。国民歌劇の新しい典型といわれる『ルサルカ』は、バラキレフやムソルグスキーをはじめとする五人組に大きな影響を与えた作品である。

五人組の一人ボロディンは、歌曲『海の女王』(一八六八)で、旅人を水底にひきこもうとする海の精の誘惑を歌った。ある若い女性に心惹かれ、それを思い切るために作曲家みずから書いたという詩の中で、海の女王は若い旅人に「夜になったら、わたしのところにおいでなさい。ここ、水底は、ひんやりとして、穏やかです。あなたはここで憩いなさい、甘い眠りに就きなさい、ゆらゆらと波に揺られて」とよびかける。

海の波をぬって、
海の女王が自ら、君を求めて泳いで来る!
女王は招き、歌い、
自分の方へと、君を呼ぶ……

(井上和男『ボロディン/リムスキー＝コルサコフ』)

うっかり誘いにのると死を招くことは、すべての水の精の物語と同じだ。

やはり五人組の一員リムスキー＝コルサコフのオペラ『サドコ』は、海の王の娘によって巨大な富を得た商人の伝説にもとづいている。一八九八年一月七日、モスクワで初演された『サドコ』は、大規模なオーケストラや合唱、バレエを使い、全七幕、上演時間三時間近くを要する華やかなオペラである。

海を想起させる雄大なアルペジオの序曲のあと、ファンファーレとともに第一幕があき、ノヴゴロドの商人たちによるにぎやかな祝宴の場面となる。キエフの吟遊詩人がグースリという弦楽器の伴奏で彼らの英雄の叙事詩を歌い、喝采を浴びる。ノヴゴロドの貧しい歌い手サドコは、遠い国へ船出し、ロシアの商人たちのために新しい道を開拓する夢を語るが、誰もとりあわない。

第二幕は夏の夜、グースリを片手に湖のほとりで淋しく歌うサドコの前に、白鳥の群れがあらわれ、やがて海の王女と海の精たちに姿を変える。海の王女がシラブルを長くのばし、するどいリズムでこぶしをきかせながら歌うシーンは、何とも煽情的だ。驚いたサドコが、「あなたは誰なのか、このすばらしい娘たちは誰なのか?」ときくと、王女はハープのアルペジオと海の精の合唱をバックに、「あなたの歌は海の底まで届いた。あなたの歌に魅せられた私は、人間の男と結ばれる運命にある」と歌い、自分の身分を明かす。すでに妻のいるサドコだったが、こんな悩ましげな歌声でくどかれたのでは、ついつい愛を誓ってしまうのも仕方あるまい。夜明けが近づいたころ、王女はサドコに、「あなたに金の鱗をもった三匹の魚をあげよう。あなたが網を投げると、それがつかまるだろう。そしてあなたは金持ちになるだろう」と告げる。

第四幕、サドコが王女の指示通りに湖に網を投げると、きらめく三匹の魚がかかり、その魚は魔法の力で金の塊に変わった。民衆の英雄になったサドコは、かねての希望通り船を買って旅に出ることを考え、異国の商人たちに自分たちの国について語ってくれと頼む。このとき歌われるのが、オペラ中もっとも有名な「インドの歌」である。

第五、六幕は、十二年後に設定されている。サドコは富裕な商人になるが、海の王に貢ぎ物をするのを忘れている。怒った海の王は、サドコを生贄にと望む。サドコは海の底の宮殿に行き、王から叱責されるが、王女のとりなしで結婚を許される。サドコの奏でるグースリにのって愉快な祝いの踊りがはじまるが、その最中に激しい嵐が起きて海の王の力は失われ、サドコと王女はツバメのひくほら貝に乗って沈みゆく海の王国を脱出する。

第七幕、サドコは湖の岸辺の葦の中で眠っている。彼との結婚をあきらめた王女は、サドコの栄光と幸福を願い、赤ん坊のように恋人を揺らしながら「私は軽やかな霧となって広がり、急流に姿を変え、緑の草原を走り、黄色い砂漠を散歩し、切り立った崖の上で休むだろう」と歌う。やがて暁をむかえ、王女は朝の霧のように溶け消える。

ドビュッシー『シレーヌ』

モーリス・ブランショが『来るべき書物』の中で、「ひとたび耳にされるやあらゆることばのなかに深淵を開き、否応なく人を誘ってそこに姿を消させる深淵の歌である」と評したセイレーンの歌は、クロード・ドビュッシー(一八六二―一九一八)の管弦楽曲『夜想曲』の第三曲『シレーヌ』を生んだ。

『雲』『祭り』『シレーヌ』からなる『夜想曲』の起源は、一八九二年にさかのぼる。当時『牧神の午後への前奏曲』を作曲中だったドビュッシーは、友人の詩人アンリ・ド・レニエの『古代ロマネスク詩集』(一八九〇)から十篇の連作詩篇『黄昏の情景』にもとづく『三つの黄昏の情景』の作曲を思いたった。この作品は相当進んでいたようだが、翌年二月にふり出しに戻り、現在のところ、作曲帳で二ページのスケッチが残されているにすぎない。

ついで構想されたのは、ヴァイオリンとオーケストラのための『夜想曲』である。一八九四年九月、ドビュッシーは作品を献呈するつもりだったヴァイオリニストのイザイに宛てて、「第一部は弦楽器、第二部はフルート群、四本のホルン、三本のトランペット、二つのハープ。第三部はこれら二つのグループの組み合わせからなっています。要するに、いろいろなアレンジの中でただ一つの色彩を得るための研究で、絵画の手法でいうなら、たとえば灰色の習作とでもいいましょうか」と書いている。この計画も、ドビュッシーの女性問題でイザイとの親交が絶えてしまったため、たち消えになり、九七年末にようやく女声合唱をともなうオーケストラ作品という形に落ち着いた。

『夜想曲』のうち最初の二曲は一九〇〇年に初演されたが、『シレーヌ』を含む全曲初演は、一九〇一年十月二十七日、カミーユ・シュヴィヤール指揮コンセール・コロンヌによって行われた。初演の際のプログラムに、ドビュッシーは次のような言葉を寄せている。

「シレーヌ」。それは海とその数かぎりないリズムであります。ついでそれは、月光で銀色に輝く波間に、海の精たちの神秘な歌声が聞こえ、笑いさざめき、通りすぎてゆくものとなります。

オーケストラがつくり出す光と影の微妙なゆらめきのなか、八人ずつのソプラノとメゾ・ソプラノがAの音で歌う波打つようなヴォカリーズ（母音唱法）が、セイレーンたちのこの世ならぬ歌声を喚起させる。

『シレーヌ』で画期的なのは、ドビュッシーが試みた「人声を器楽的に扱う」手法だった。最初にヒントを与えたレニエの『黄昏の情景』には、「フリュートとヴィオールの切れぎれの節、／黄金のかぼそい弦に震える楽弓の吐息が漏れきこえてはいるが、／弱まっていく合唱の中から、背景幕をつらぬいて、／なにか嗚咽のような声がほとばしり出れば、それも止んでしまう」（川瀬武夫訳）という一節がある。

エドワード・ロックスパイザーは『ドビュッシー――その生涯と思想』で、『夜想曲』のイメージ源のひとつにイギリス耽美派の詩人スウィンバーンの同名の詩をあげている。一八七六年、マラルメの校閲によって『文芸共和国』誌にフランス語で発表された『夜想曲』には、ドビュッシーの『シレーヌ』を思わせる「言葉をもたない女声合唱」という表現がみられるという。「スウィンバーンの『夜想曲』もまた海の詩、むしろ海にたちあらわれるシレーヌに象徴された愛の詩である」とロックスパイザーは書いている。ドビュッシーは、一八九一年に『詩とバラッド』を翻訳することになる友人の詩人ガブリエル・ムーレイを通して、スウィンバーンの詩に親しんでいた。ドビュッシーはまた、一八八九年暮れに詩人アラン・メルシエの家で彼の翻訳したキーツ『エンディミオン』の朗読をきく機会をもっているから、「シレーヌの犠牲者の朽ちゆく白骨の重なる凄惨な磯辺」に影響されたところもあるかもしれない。

ホフマン『ウンディーネ』とロルツィング『ウンディーネ』

フケーの『ウンディーネ』は、刊行されて五年後にE・T・A・ホフマン（一七七六―一八二二）によってオペラ化された。

ドイツ後期ロマン派文学の巨匠ホフマンが、実は人生の大半を音楽家として過ごしていることは、あまり知られていないだろう。ケーニヒスベルク大学で法律を学んだホフマンは、学業はそっちのけで作曲、ピアノとヴァイオリンに熱中した。卒業後もベルリン大審院に勤務するかたわら音楽の勉強をつづけ、一七九九年には自作台本による歌劇『仮面』を作曲している。翌年、ポーゼン（ポーランド）上級裁判所の判事補に任命されたが、余暇には歌劇や器楽曲を作曲、一八〇五年には「音楽協会」の設立に尽力して副会長となり、崇拝するモーツァルトにちなんでアマデウス・ホフマンと改名する。翌年、プロシャ敗戦で裁判所は機能を停止、職を失ったホフマンは、作曲家、指揮者、劇場支配人補佐、音楽評論家、音楽教師などで生計をやりくりすることになる。一八〇九年に『一般音楽新聞』に寄稿した「騎士グルックの物語」が好評で、同紙にたびたび音楽評論を執筆、翌年には「楽長ヨハネス・クライスラーの音楽的悩み」も発表された。

この年ホフマンが書いたベートーヴェンの『交響曲第五番』についての論評は、音楽美学のひとつの源流として評価されている。

川村二郎『白山の水』によれば、一八一二年、『ウンディーネ』のオペラ化を考えたホフマンが出版社に台本作者について問いあわせたところ、思いがけずフケーが執筆するといってきたので、作曲家としては無名だった彼は感激したという。ホフマン自身が作家に転身するのは、指揮者として招かれたライプツィヒの劇場を解雇された一八一四年からである。以降、『金の壺』『悪魔の美酒』『カロー風の幻想画集』などが次々と発表された。一四年八月『ウンディーネ』完成、九月に官職復帰、一六年にはベルリン大審院判事に任命される。この年の八月三日、プロシャ王の誕生日を祝ってオペラ『ウンディーネ』がベルリン王立劇場で初演され、ウェーバーによって「同時代の最も輝かしい作品のひとつ」と絶賛された。

このオペラは、場と場の合間に登場人物の会話が挿入されているのが特徴で、物語の背景はすべて会話によって説明される仕組みになっている。オペラというよりは、音楽をともなったドラマというべきか。まだライトモティーフの発想などない時代だが、ホフマンによって描きだされるウンディーネは、清純で可憐な面と水王の娘としての毅然とした一途な面をあわせもっている。

一八一六年といえば、ベートーヴェンはすでに八番までの交響曲を書き終え、『フィデリオ』の決定版も初演してしまい、後期ピアノ・ソナタの最初の曲、作品一〇一を完成した年である。ドイツ・ロマン派歌劇の発端となったウェーバーの『魔弾の射手』の初演は、五年後の一八二一年に迫っている。音楽語法の面からいえば、『ウンディーネ』は時代に逆行しているといわれても仕方ないだろう。序曲はモーツァルトの『ドン・ジョヴァンニ』(一七八七)によく似ているし、川の精キューレボルンの登場する場面も、やはり『ドン・ジョヴァンニ』の石像となった騎士長の威嚇するようなレシタティーヴォを連想させる。しかし、テキストの読みとその音楽的な処理の仕方では、日常性の中に幻想を闖入させたホフマンらしい特徴がそこここに見受けられる。
構想当初に書かれた手紙を読むと、ホフマンは、ウンディーネと騎士フルトブラントの悲恋物語よりは、むしろ、原始的な自然神のイメージを多く残すキューレボルンに興味をいだいていたようだ。

嵐、雨、滝のように降る水は、私にいつもキューレボルンのやつを思い起こさせた。私は自分の部屋のゴチック様式の窓から、大声で「静かにしていろ」とよく命じたものだが、あいつは育ちが悪いので私のことなど少しも気にかけなかった。そこで私は、人が音符と呼ぶあの神秘的な記号の助けを借りてあいつをとじこめようと決心したのだ。ほかの言葉でいうなら、このウンディーネは、オペラにすばらしい素材を提供してくれる！

（一八一二年七月一日、ヒツィヒ宛ての手紙）

いっぽう、ドイツの作曲家ロルツィング（一八〇一—五一）が同じ物語を脚色・作曲した『ウンディーネ』（一八四五）は、はるかにロマン的色彩の濃い作品である。このオペラでも、合間に登場人物の会話が挿入されており、ディアローグの分量はホフマンのものよりずっと多い。
序曲が終わると、第一場の短いアリアのあと第二、第三場の会話で、その日の朝がウンディーネと騎士フーゴの結婚式であることが語られる。第四場で喜びに満ちた登場をするウンディーネは、ホフマンのウンディーネよりずっと女性らしく、声をひそめて、自分にはまだ魂がないと嘆いたり、ベルタルダの存在に嫉妬して、「あなたのほうから言い寄ったの?」などとすねてみせたりする。ここでベルタルダとキューレボルンは、ウンディーネとフーゴの恋の障害となる存在として対に扱われている。いうなれば、ホフマンは妖精側の味方だが、ロルツィングは人間側に肩入れする、といったところか。

フケーの物語は、ドビュッシーのピアノのための前奏曲『オンディーヌ』(一九一三)のイメージ源にもなった。この作品は、イギリス世紀末のイラストレーター、アーサー・ラッカムが描いた『ウンディーネ』の絵本(一九〇九)に想を得ている。ラッカムの繊細にしてグロテスクなタッチは、水の精の表面的な優美さといじわるな性格をあますところなく描き出す。ドビュッシーのオンディーヌも、指輪をこいねがうベルトラン=ラヴェルのオンディーヌに比べて、はるかに土着の水の精に近く、ひっかくような装飾音と素早いアルペジオで気まぐれにはねてみせ、リディア旋法(教会旋法のひとつ)でいらだたしげに歌う。どうも私には、このオンディーヌは緑色の髪をして沼地に住み、気まぐれで怒りっぽく、小さな悪さをしてニヤリと笑うと、前歯が一本欠けたりしているくせに、妙に色気があるような、そんな水の精に思えてならない。

このほか、ドイツの現代作曲家ウェルナー・ヘンツェも、バレエ音楽『ウンディーネ』(一九五八)を作曲している。わが国の三善晃にも、女声四部合唱と特殊編成のオーケストラ、独奏オンド・マルトノ(電子楽器)と電子音による音楽詩劇『オンディーヌ』(一九五九)がある。せりふはフケーの原作を岸田衿子が翻案したもので、旋律化されず音楽にかぶさるようにして朗読される。

『沈鐘』と『人魚姫』

ハウプトマン『沈鐘』は、ラヴェルがオペラ化を試み、最終的に全五幕のうち三幕の半分までは書きすすめられていたはずだが、未完に終わった。幻想的な話が大好きだったラヴェルは、このことをのちのちまで残念がっていたという。ドイツ語で書かれた脚本をフランス語に翻訳したのは、マラルメの火曜会の出席者だった象徴派の詩人フェルディナン・エロルである。

耽美的なピアノ組曲『鏡』を完成した翌年の一九〇六年、ラヴェルは『沈鐘』の作曲に着手した。弟子で友人のモーリス・ドラージュ宛ての手紙には、「二週間というもの全力を尽くしてこの仕事をしています。今までこんなに熱中して仕事したことはありません」（六月十二日）という一節がみられる。八月には、同じドラージュに宛てて、一時中断していた『沈鐘』に再びとりかかっている、あなたがご存じの第一幕のほかに、すでに第二幕の大部分ができている、と書いた。一九〇九年にはデュラン社との楽譜の出版契約もむすばれたが、結局完成に至らず、スケッチの一部は二つのオペラ『スペインの時』（一九〇七―〇九）と『子供と魔法』（一九二〇―二五）に転用されることになった。ロラン＝マニュエルによれば、『子供と魔法』の第二幕の木のテーマや蛙のコーラスには『沈鐘』の素材が使われているという。

『沈鐘』は一九二七年、『ローマの松』などローマ三部作で知られるイタリアの作曲家レスピーギによってオペラ化された。河童（かっぱ）を思わせる水の精ニッケルマンの鳴き声は、原作のせりふ通り旋律のないせりふ「ブレケケ　ケクス」で表現されている。制作年代を考えると作風はそれほど現代的ではないが、近代オペラに特徴的な朗誦の手法が用いられ、他の水の精のオペラに比べると散文的な印象がある。

全体は四幕からなり、第一幕の序奏では、鐘の音を模したトレモロの下に、いかにも優柔不断なハインリヒを象徴するように、行きつ戻りつする動機が奏される。ついで、装飾された軽快なモティーフに導かれてラウテンデラインが登場し、「おじさん」のニッケルマンをいいようにあしらう。ニッケルマンの鳴き声は不気味な半音階や全音音階（すべての音が全音関係にある）で和声づけされている。おてんばなラウテンデラインも、ハインリヒが山に上がってくると少ししとやかになる。彼女の澄んだ声に魅せられた男が、「そんな声を鐘に鋳こみたいと思ったがうまくいかず、何度も血の涙で泣いた」と歌うと、妖精は「涙ってなに？」とききかえす。ラウテンデラインには軽やかなコロラトゥーラが想定されており、気絶したハインリヒを蘇生させるために魔法の輪を描きながら「好きな人……」と歌うペンタトニック（五音音階）のヴォカリーズは、とりわけ美しい。

アンデルセン『人魚姫』は、ウィーン世紀末の作曲家ツェムリンスキー（一八七一—一九四二）によって音楽化されている。交響詩『人魚姫』は一九〇三年に書かれ、〇五年、シェーンベルクの交響詩『ペレアスとメリザンド』とともにウィーン「音楽創造家協会」で初演された。内容は、アンデルセンの物語に忠実な標題音楽である。

第一楽章の冒頭では深い海が描写され、ティンパニーのひそかなとどろきの上に木管の旋律がゆらゆら揺れながら下りていく。音楽は突然イ長調になり、上昇する独奏ヴァイリオンが、人間世界にあこがれる人魚姫のモティーフを奏でる。独奏ヴァイオリンと独奏チェロのからみが急激なクレッシェンドに発展して嵐の場面へと導き、トランペットのするどいひびきが加わって船の難破するさまが描かれる。嵐がおさまったあと、王子に恋をした人魚姫がやすらぎに満ちた旋律を歌う。

第二楽章の不気味な導入は、人魚姫が海の魔女のところに行く場面にあたる。ティンパニーの轟音とともに切りとられる人魚姫の舌。海の泡のようなハープのモティーフ。場面はすぐに王子と隣国の姫君との結婚式に切りかわり、華やかな舞踏会の音楽と、人魚姫の気持ちを反映した哀愁に満ちた音楽が交錯する。

第三楽章は、短三度で下降するヴァイオリンの合奏ではじまり、悲嘆にくれる人魚姫の主題が短調であらわれる。人魚姫の主題はさまざまに変奏されて、対位法的にからみあう。弦楽器とハープで眠る王子夫妻が描写されるが、人魚姫はどうしても王子を刺すことができない。第一楽章の海の主題の再現とともに、人魚姫の捨てたナイフは海の底深く沈んでいく。

ドヴォルザーク『ルサルカ』『水の精』

チェコ国民楽派の作曲家ドヴォルザーク（一八四一―一九〇四）は、水の精の悲恋を扱ったオペラ『ルサルカ』（一九〇〇）で大成功をおさめた。若い同国人のクヴァピルが書いた台本には、アンデルセンの『人魚姫』やフケーの『ウンディーネ』、オペラの四年前に初演されたハウプトマンの『沈鐘』のイメージが色濃く反映されている。ドヴォルザークの音楽は、印象派ふうの豊かな色彩と哀愁に満ちた詠嘆的なメロディーで、ルサルカと王子の悲しい宿命をきめ細やかに描き出している。

第一幕。導入部の不気味な連打音は、異教的なものの象徴として、全体を通してさまざまに変奏される。水の精のおじいさんを象徴するこのモティーフは、『沈鐘』のニッケルマンの鳴き声を音符化したものともいわれる。もっとも、この水の精の性格は、『ウンディーネ』のキューレボルンや『沈鐘』のニッケルマンに比べるとはるかに善良で、ルサルカの父親的な役割を果たしている。幕があき、月明かりの中で嫋々たるアリアを歌う湖の精ルサルカは、水浴に来た王子に心奪われ、湖の世界を捨てて人間になりたいと願う。これをきいた魔女イエシババは、ひとたび人間になったら最後、彼女はその美しい声を失い、しかも王子によって裏切られ、絶望のうちに湖の底に戻ることになると予言するが、ルサルカはききいれない。仕方なく魔女は、謎の呪文を唱えながらコミカルな音楽にのって魔法の薬をつくる。

第二幕。希望通り人間になったルサルカは、王子にみそめられ、めでたく婚礼の式をあげることになるが、心はずむトランペットの音とともに登場した王子の心は、ものいわぬ娘からすでに離れ、式に招かれたさる公爵夫人に向けられている。湖のほとりで抱擁する二人を見た水の精のおじいさんは、王子に、ルサルカを裏切った罪によって水の中に連れていかれる運命を告げる。恐怖にかられた王子は、公爵夫人に助けを求めるが、夫人は知らぬ顔をしている。

第三幕。人間にかなわぬ恋をしかけたルサルカは、そのむくいで狐火になっている。魔女は、王子の血を身体にかければ呪いがとけると教えるが、人魚姫と同じように心やさしいルサルカには、とてもそんなまねはできない。物語の終わり、公爵夫人に捨てられ、罪の意識にさいなまれた王子は、湖のほとりにやってきてルサルカを呼ぶ。湖の中からあらわれたルサルカは、接吻を求める王子に、それが死をもたらすことを告げるが、王子はかまわず抱擁し、「このくちづけこそわが喜び、幸せのうちに私は死ぬ」といらアリアを歌いながら息絶える。

ドヴォルザークには、邪悪な水の精を扱った、チェコの国民詩人エルベンの詩集『花束』にもとづく交響詩『水の精』（一八九六）もある。

母親の反対をおしきって水界の王の支配する湖のほとりに洗濯にきた女が、誘惑されて王の妻となり、かわいらしい赤ん坊を生む。子供を人間の子守歌であやしているのを夫にとがめられた女は、懇願して母親のもとに里帰りさせてもらう。王は愛児を水界に残すことを条件に里帰りを許すが、女の母親は、約束の時間になっても娘を返そうとしない。怒った王は妻の実家までやってきて扉を叩き、開かないのをみて嵐をまき起こす。嵐のさなかに大きな物音がしたので女が戸をあけてみると、かわいいわが子が首を切られて捨てられていた、という残虐な話である。

曲は、水界の王を象徴するはねるようなフルートのロンド主題ではじまる。娘とその母親をあらわす素朴な副主題はクラリネットで奏され、やがてロンド主題の変形がこれにからまり、このあたりで娘が誘惑されたのだろうと推察される。金管楽器群が威嚇するようにロンド主題を奏し、それが唐突にたちきられるところは、おそらく子供が惨殺されたシーンにあたるのだろう。ドヴォルザークの意図は、ドラマティックな詩の筋をそのまま音楽に移しかえていくことにあったようだが、コミカルな感じのするロンド主題のために、原作ほどの陰惨な印象はない。

ショパン『バラード』

ツェムリンスキー『人魚姫』やドヴォルザーク『水の精』は、いわゆる「標題音楽」である。あらかじめ定められたプログラムがあり、作曲家がそれをできるだけ忠実に音で表現しようとするのである。しかし、オペラや歌曲などテキストをともなう場合はさておき、概念を固定できない音楽がどこまで話の筋や情景を描写できるのか、また、それを試みることにどれほどの意味があるのか、いろいろ考えさせられる問題ではある。

それでは、標題音楽ではない器楽曲と「水の精」とのかかわりは、いったいどういうことになるのだろう？ その問題を提起しているのが、ポーランドの作曲家フレデリック・ショパン（一八一〇—四九）の『バラード第二番』と『バラード第三番』である。

この二曲は、ショパンと同郷の詩人アダム・ミツキェヴィッチ（一七九八—一八五五）の『バラードとロマンス』の中の詩にヒントを得たといわれてきた。ショパンは十五歳のころからミツキェヴィッチの詩を愛読し、学生時代には数篇の詩に音楽もつけている。このうち『私の見えぬところに』は一八三〇年に改訂され、三七年にも『私のいとしい人』という歌曲が作曲された。

一八三六年夏、恋人のマリア・ヴォジンスカに会うためにマリエンバードに赴いたショパンは、一家とともにドレスデンに行き、九月十一日、パリに帰る前にライプツィヒに寄ってシューマンに会っている。このときショパンは、出版されたばかりの『バラード第一番』を弾いているが、まだ構想段階の『第二番』をシューマンに聴かせたのも、おそらくこの折のことと思われる。『バラード第二番』はそのころいったん着手されたが、一八三九年初め、ジョルジュ・サンドとともにマジョルカ島に滞在中にふたたびとりあげられ、少なくとも三月には完成されていた。楽譜の出版は翌四〇年だが、献呈されたシューマンは「音楽新報」の記事で、ショパンがここで演奏してくれたときは曲がヘ長調で終わっていたのに、今度はイ短調に変わっている、と書いている。次の一節、「彼はそのとき、このバラードを書くためにミツキェヴィッチのある詩からインスピレーションを受けたと言っていた」というくだりが、数々の論議を生んだ。

一九九五年にワルシャワで出版されたバルバラ・スモレンスカ＝ジェリンスカ『ショパンの生涯　決定版』は、次のように総括する。

ピアノ音楽にバラードの様式や形式を使うという発想がショパンに生まれたのは――彼自身が一八三六年ライプツィヒでシューマンに語ったところによれば――やはり少年時代から傾倒していたミツキェヴィチのバラードがきっかけだった。もちろん、それはミツキェヴィチの特定の作品に曲をつけるという種類のアイディアではなかった。しかし長い間そうであると信じられてきたのも確かで、ショパン研究者のなかには、彼のバラードが具体的にミツキェヴィチのどのバラードに該当するのか、音楽のどの部分が詩のどの内容を語っているのかというようなことを真剣に考えた者もいた。そうではなく、ショパンが試みたのは、あくまでもこの文学ジャンルに固有の雰囲気、色調、表現の性格をとらえて、それを音楽世界に導入することであった。

今となっては、いつごろから、誰が「ミツキェヴィッチ＝バラード説」をとなえたのか追跡するのは困難だが、かなり早い時期の書物としては、ポーランドのピアニスト・研究家ヤン・クレチンスキの『その傑出した作品にみるショパン』（一八八六）が、このことにふれている。

バラード創作のきっかけが、ミツキェヴィッチのバラードに違いないと同じく、バラード第三番も明らかに『シフィテジャンカ』に霊感を受けたように思われる。優しいテーマは、あたかも水の精の歌「我が美しき若者よ。我がうら若き若者よ」を思わせ、コーダは、ついには若者を飲み込んでしまう深淵の恐怖を鮮やかに描いている。

（寺門祐子訳）

一八三七年生まれのクレチンスキは、ショパンに師事したことはないが、パリ滞在中にショパンの弟子たちを通して情報を収集した。彼の著書の記述には、弟子から直接伝えられたものと、他人の説が混ざっているといわれている。

いっぽう、ショパンの資料蒐集家としても知られるフランスのエドワール・ガンシュは、『フレデリック・ショパンの思い出』（一九二五）の中で、しばしば『バラード第二番』とむすびつけて語られるテキストとしてミツキェヴィッチの『バラードとロマンス』から『シフィテシ』をあげ、その全文を紹介している。シフィテシは、ミツキェヴィッチの生まれ故郷リトアニアのノヴォグルデクの南にある湖で、彼のバラードもこの地方に伝わる伝説にもとづいている。

深い森に囲まれたシフィテシの湖には、しばしば怪異の物音がする。この神秘の湖の秘密を解こうとした領主が、大小の舟を使った大がかりな網をつくらせ、たぐってみると、かかったのは魔物ではなく、世にも美しい乙女だった。乙女は、あたり一帯をおさめていたトゥハン一族にまつわる悲しい話を物語る。その昔ロシア皇帝がリトアニアに侵攻したとき、男たちは戦場に赴き、城には女たちが残された。やがてロシア軍は城を攻撃し、虜われの身となるよりは死を、と領主の娘が神に祈ると、大地は消えて城も町も湖となり、女たちは白い花に姿を変えた。ロシア皇帝とその部下が淵の上で咲き誇るこの花に手をふれると、恐ろしい疫病に冒されたという。語り終わった乙女が姿を消すとみるまに、奈落はうなり、大波が岸にうちよせ、湖は底までさけたのち、ふたたび波におおわれた。

ガンシュが『バラード第二番』のイメージ源として『シフィテシ』を紹介したのは、「詩の内容がショパンの作品を啓発し、そこに意味と深さを与える」という理由からだったが、いうまでもなく、そこにはさしたる根拠はない。イギリスの研究家アーサー・ヘドリーが、「シューマンの発言からいかに多くの問題が生じてきたことであろう！　作曲家がミツキェヴィッチの詩から「刺激され」、「励まされ」て彼の楽想が与えられたというこの何気ない話から、まったくこじつけのような結末がつけられたのである」（『フレデリック・ショパン』一九四七）と嘆いたのも、致し方のないところだろう。

現在でも翻訳で読むことができる書物としては、フランスの研究家カミーユ・ブールニケルの

『ショパン』（一九五七）が、「ミツキェヴィッチ＝バラード説」肯定派である。
『バラード第三番　変イ長調』（作品四七、一八四一年刊）では、水辺の環境と、女性と死のイマージュから由来する流麗な魅惑が、ミツキェヴィッチの詩『オンディーヌ』と同じく、ハイネの『ローレライ』にも関係している。この波の精（オンディーヌ）の主題は、ラヴェルにまでいたるなかなか強い生命力をもち、これがショパンの印象主義にひそかに響き合っていることを指摘する必要はおそらくあるまい。

こちらは、もう少し象徴的にこの問題を扱っているようだ。ここでブールニケルが「オンディーヌ」と書いている詩は、ルサルカと同じく水辺に出没する水の精を歌った『シフィテジャンカ』のことである。

シフィテシの湖には、夜になると美しい娘があらわれ、森の中をさまよったあと鬼火のように消えてしまう。この娘と恋仲になった森の狩人は、素性をあかそうとしない彼女に永遠の愛を迫り、決して心変わりしないという誓いをたてる。娘と別れた狩人が湖畔を歩いていると、銀色の水の面に白鳥のように輝く湖の精があらわれ、尻軽な森の乙女など忘れて自分と一緒になろうと誘惑する。たちまち心を動かされた男が、女の白い手をにぎろうとした瞬間、女が森の娘と同一人物だったことを知る。狩人はその場を逃れようとしたが、ときすでにおそく、湖はははげしくさわぎ、逆巻く水が奈落の口をひろげて娘と狩人をのみこんでしまった。

『バラード第二番』が『シフィテシ』、『第三番』は『シフィテジャンカ』に想を得たという説は、ジェイムズ・ハネカー（一九〇〇）やヘルベルト・ウェインストック（一九四九）などの著書でも伝えられている。いっぽう、ズジスワフ・ヤヒメッツキ『フレデリック・ショパン、その生涯の概要と作品』（一九二七）では第二番が『シフィテジャンカ』、第三番はハイネの『ローレライ』となっているが、いずれも半世紀以上前の書物で、その後は否定する意見が大勢を占めている。

『バラード』を明確な物語に縛りつけるのは、いわれのない、惑わしにみちたことである。〔……〕純粋に音楽的な機構から、注意がそらされてしまうからである。

（アラン・ローソーン「バラード、幻想曲、スケルツォ」、ウォーカー編『ショパン　その人間と音楽』所収）

ショパンのバラードは「現実的」物語や「標題」とは関係がない。何かを明らかにしようとする（ミツキェヴィチとの関係を論じようとする）註釈者の努力など虚しい。情熱的な音を知っても、ショパン作品を語るにはやはり「抽象的」であることが肝要だ。

（アンドレ・ブクレシュリエフ『ショパンを解く！』）

あまり頭ごなしに否定されると、かえって反撥したくなる。たとえば一九七五年のショパン・コンクールに優勝したポーランドのピアニスト、クリスティアン・ツィメルマンは、『バラード』

を収録したディスクのライナーで、『第二番』を『シフィテジャンカ』に啓発されたとして、次のように解説している。「シフィテシ湖上では乙女たちが夜踊り、昼には消えてしまいます。彼女たちは一緒に踊るように少年たちを誘い、彼らを深い水底へと引き込んでしまうのです」。

筆者自身、初めて『バラード第三番』を弾いた中学生のころ、楽譜に書きつけられた神秘的な水の精の物語に胸おどらせ、はるかリトアニアの湖に思いをはせた経験がある。だからといって、テキストの読み方が歪められただろうか？　演奏解釈とは、そんなものではないように思う。まずテキストから得る直感があり、文字資料はその裏づけでしかないのだから。筆者にとっては、テキストのもたらす印象が、ミツキェヴィッチのバラードの物語にぴったりだったのである。

標題音楽という問題

バラードの起源はどうあれ、ショパンとほぼ同時期にパリに出てきたハイネやミツキェヴィッチが、各サロンで作曲家としばしば顔を合わせていたことは、事実である。一八三〇年十一月のワルシャワ動乱の報をウィーンできいたショパンは、翌年九月末、ワルシャワ陥落のため故郷に帰れなくなり、パリに居を定める。その年の五月、故国でのたび重なる弾圧に耐えかねたハイネは、前年に起きた「七月革命」の報に誘われ、パリに移住してきた。以降ハイネは、フランスとドイツの相互理解をめざして奮闘することになる。本書でも引用した『精霊物語』の第一部は、フランス人にドイツ古来の文化を知らせるために、まずフランス語で一八三五年に発表されている。

ハイネは、ショパンが最初に住んだジョッセ・ダンタン街五番地のアパルトマンにも、リストとダグー伯爵夫人がショパンとジョルジュ・サンドをひきあわせたラフィット街のオテル・ド・フランスのサロンにもやってきた。ショパンの即興演奏に魅せられたハイネは、レーヴァルトへの親書の形をとった「フランスの舞台について」（一八三七）の中で次のように語っている。

彼がピアノを前にして即興演奏するとき、私は、愛する故郷から誰か同郷人がやってきて、そして、留守中に彼の地で起こった摩訶不思議なことをこの人から話してもらっているような気持ちになるミツキェヴィチ……ときおり私は、同郷人の話をさえぎって、こんなことを尋ねたくなってくるのだ。銀色のヴェールを緑の巻毛にあんなにうまくコケティッシュに巻きつけた、あの美しい水の精はいまも元気でしょうか。べた惚れした白髭の海神が、気の抜けたような恋心に駆られ、あいもかわらず彼女を追いまわしているのでしょうか。故郷のバラたちは、いまもまだ誇らかに炎のように燃えているのでしょうか。木々はいまなお、月光を浴びて美しい歌を歌っているのでしょうか？……（木庭宏訳）

『バラード第三番』をハイネとむすびつける説があるのは、おそらくこの文章が拡大解釈されたものだろう。

ミツキェヴィッチが最終的にパリに亡命するのは、一八三二年七月のことである。その年、亡命ポーランド芸術家の団体「ポーランド文芸協会」が発足し、ショパンも入会した。以降二人は

「ポーランド倶楽部」や各サロンの夕べに出席し、ミツキェヴィッチの即興詩に触発されてショパンがピアノに向かい、即興演奏をすることもあったし、ショパンのピアノが詩人に霊感を与えることもあった。一八三六年のクリスマス・イヴには、ミツキェヴィッチの誕生日を祝って亡命ポーランド人の集まりが催され、ミツキェヴィッチの詩の数々が朗読され、ショパンが自作のピアノ曲を弾き、即興演奏を行ったことが記録されている。

ショパンが、かねてからミツキェヴィッチと親交のあったジョルジュ・サンドの愛人になった一八三八年以降は、交流はさらに深まった。もっとも、この愛国詩人は、ハイネほどにはショパンの特質を理解していなかったようである。ミツキェヴィッチは、しきりにポーランドの国民的オペラを書くようにすすめたが、音楽と文学の融合に批判的なショパンはききいれなかった。

研究者たちが「ミツキェヴィッチ＝バラード説」に異議をとなえる理由には、伝聞のふたしかさとともに、ショパン自身が、シューマンやリストなど同時代の作曲家たちの文学的性向を軽蔑し、物語のある音楽や、性格描写的小品を敵としていたことがあげられる。イギリスの出版社ウェッセルが『スケルツォ第一番』に「地獄の宴」という標題を勝手につけて出版したとき、激怒したショパンは抗議の手紙を送った。シューマンは、かの有名な「諸君、帽子を脱ぎたまえ、天才だ」の記事で、さして名曲とも思われぬ『ドン・ジョヴァンニ』の二重唱にもとづく『変奏曲作品二』を絶賛し、作曲家自身が考えもしなかった幻想的なドラマを想定して「分析」し、すっかりショパンの度肝を抜いてしまった。

もちろんショパンは、モーツァルトのオペラから取った主題をもとに変奏曲を書いたのだが、その際オペラの内容自体や情景、人物との関連などは一切念頭になかったのである。自分の音楽を何らかの文学的な筋立てと結びつけようという発想に対する彼の嘲笑的ともいえる反論には、さらに深い、根本的ともいえる理由があった。音楽の自律的な力を信じ、音楽的な内容は音楽を通じて表現されるべきだと考えていたショパンは、この頃ちょうど流行しはじめつつあった、いわゆる「標題音楽」の理念には与しないというのがその基本姿勢だったからである。

（『ショパンの生涯　決定版』）

この「標題音楽」理解に、そもそもの問題があるようだ。リスト研究家野本由紀夫によれば、標題音楽とは、リストが一八五五年に論文「ベルリオーズと彼の『ハロルド交響曲』」の中で命名した用語で、ある詩的なプログラムを音楽化したものでもなければ、いわゆる「音画」を意味するものでもなかった。当時は、あらゆる芸術が「言語」とみなされており、詩は言葉、彫刻は形態、音楽は音の言語で表現すると考えられていた。「ポエジー」にも二重の概念があり、文字通りの詩という意味もあるが、同時に「芸術の本質」を意味する総体的な概念でもあった。

各芸術は「ポエジー」の異なる局面とはいえ、各分野の勢力は対等ではなく、ロマン派時代には詩こそが最高の芸術であると考えられ、音楽はより低いランクに甘んじていた。こうした背景のなか、十九世紀の聴衆は、どんな器楽曲も勝手に「詩化」して聴く習慣があり、とんでもない物語を捏造される危険があった。リストはこれを防ぐため、聴衆のイメージをある程度方向づけできる「標題」をつける必要性を感じた。

いっぽう、「標題音楽」の対語として使われることが多い「絶対音楽」は、ワーグナーが『オペラとドラマ』（一八五一）の中で否定的に用いるまでは存在しない用語だったという。カール・ダールハウス『絶対音楽の理念』によれば、「絶対音楽」の語をワーグナーを攻撃するために用いることによって、結果的に、テキストやプログラムを一切もたない音楽こそ本来の姿だという「絶対音楽神話」の形成に寄与したのが、オーストリアの批評家ハンスリックだった。

つまり、ショパンが『バラード第二番』『第三番』を作曲した一八三〇年代末から四〇年代初めにかけては、「標題音楽」も「絶対音楽」も、概念そのものが存在しなかったということになる。

『ショパンの生涯　決定版』の表現に従うなら、ショパンが、「作品に文学的『標題』を冠して、音によって情景を描き、音によって出来事を物語るのであると思わせ、時には内容を説明する、短くもない詩的なコメントを作品に付与すること」を嫌っていたのは本当である。しかし、これは、先ほど書いたような時代背景、すべてを「詩化」して聴くのが当たり前だったロマン派精神を抜きには正しい判断はできないだろう。彼の気質を知っているはずのジョルジュ・サンドですら、娘のソランジュの回想によれば、『二十四の前奏曲』一曲ごとにタイトルをつけ、楽譜に書きこんだというのだから。

これが二十世紀になると、全く逆の現象が起きる。つまり、「絶対音楽」が「標題音楽」よりも高く評価されるようになり、音楽は言葉から切り離され、純粋に音による芸術として分析的・

構造的に聴かれるようになったのである。その結果、ロマン派の音楽がもともと内蔵していた「ポエジー」までも無視される事態を招きはしなかったろうか？　この傾向は、すでに二十一世紀にはいったこんにちでもつづいているように思われる。演奏会のプログラムの曲目解説は、一般の聴衆には異界言語でしかない専門的な楽曲分析用語で埋めつくされることが多い。先に引用した「抽象的」「純粋に音楽的な機構」「音楽の自律的な力」というような表現も、こうした考え方に発したものだろう。

しかし、同時代人のハイネが書きとめた「ショパンは自らの心に息づくポエジーを表象化することができる。彼は音の詩人なのだ。ピアノを前にして即興演奏するとき、彼がわれわれに与えてくれる喜びは比類のないものである」という言葉は、無視できない重みをもっている。即興演奏に秀でていたショパンは、自分がピアノで弾いたものを楽譜に起こすたびに大変な苦労をした。弾いているときはさほど気にならなかった書法上の問題が、書いてみるとわき出てくるのだ、とジョルジュ・サンドは回想している。推敲を重ねてもなお、彼の和声は当時の作曲語法の範囲をはるかに超え、ときにドビュッシーの響きにまで到達する。ショパンは、本質的に何かに感興をおぼえて作曲するタイプであり、彼の作品は、和声的にも構造的にも、紙の上の分析をすりぬけてしまう困難さがある。そんな彼がいかに「文学的標題」を嫌っていたとしても、単なる楽曲分析による抽象的な解釈を求めたとは思えない。ちょうど、小説の読者が、文法と構造の分析だけで小説を読むことはないように。

ショパンは、弟子たちのために書きかけた『ピアノ奏法』の草稿に、いくつかの言葉を残している。たとえば、「音によって表現される芸術は、音楽と呼ばれる」「人間の定かならぬ（模糊たる）言葉、それが音である」というような寸言は、「ポエジー」を否定するのではなく、むしろ肯定するものとして読むべきではないだろうか。「詩化」を恐れてあえて標題をつけたリストにせよ、「詩化」を恐れてあえてつけなかったショパンにせよ、すべては、芸術的本質としての「ポエジー」を前提とした上での話である。この点で、ブールニケルの「この吟遊詩人は物語をこまかく説明しなければならないとは考えなかった。それでも、これらのことばのない伝説、題名のない伝説、内部の声が壮大な暴力と対話しつづける伝説は、詩であることをやめないのだ」という解釈は、ショパンの音楽のありようを正確にいいあてている。

ドラマティックな『バラード第二番』とロココ趣味に満ちた優雅な『第三番』は、それぞれまったく性格が異なる作品だが、共通する点がひとつだけある。強烈な対比である。それは、ミツキェヴィッチのバラードにみられる水とそれを象徴する水の精の変容、むしろ突然の豹変ともいうべきものと重ねあわせて考えることができよう。

『バラード第二番』は、八分の六拍子のリズムにのった牧歌的な主題と、交替であらわれる激しい落下の主題の二つの要素からなっている。微妙に色あいを変えながら坦々と進む牧歌的な主題が夢のように消えたあと、突然奈落の底に落ちていくような落下の主題が出現したときのショックは、口では表現しがたいものがある。とりわけ、激しいクライマックスのあとに、また何事もなかったかのように牧歌的な主題が戻ってきて静かに曲を終わるところでは、人類にやすらぎと平安をもたらす恵みの水と、災いをもたらす恐怖の水の二面性をまざまざとみせつけられる。

いっぽう、水の精のもつたおやかで煽情的な魅力と、本来の性質である恐ろしい残忍さの双方を象徴的に表現しているのは『バラード第三番』である。

曲は、叙事的な導入部ではじまる。ひとしきり物語の背景が語られたあと、水の精が登場し、薄絹を思わせるヘ長調の色調の中で、八分の六拍子の誘うようなリズムの波にのって媚態を示す。三拍目から強拍へとひっかけられたメロディが、次の五拍目で急にとぎれ、また六拍目ですくいあげられる。こうして次々にくりだされる音楽の波は、たしかに水の精の踊りを連想させる。波はやがて華やかな、いかにもショパンふうの右手のパッセージに発展し、ここで水の精は、思う存分彼女の魅力を誇示しながら、しなやかに舞い踊る。変イ長調の明るいひびきには、一見何の不安もないようにみえる。あなたも踊りに参加しないかと誘う水の精。しかし、ここで誘惑されてしまったら、身の破滅なのである。

テーマの再現のあと、舞台は一変して水が真っ黒になる。この部分のフラット系からシャープ系への転換は、光り輝く水から魔物の棲む水への移行を演出して見事である。ブールニケルは「第三の絵屛風のところで、雰囲気はがらりと変わる」と書いた。コーダへの推移では、泡だつ水を思わせる左手のクロマティックな動きの上で、本性をむきだしにした水の精のモティーフがあわただしくくり返される。

音楽は大きな水柱が林立するようなクライマックスを迎え、誘惑に成功して男を水の底にひきずりこんだ水の精が、高らかに勝利の歌を歌って終わる。

第六章　『ペレアスとメリザンド』とおとぎばなし

「音楽になった水の精」の章に入れてもらえなかったメリザンドは、悲しがっているだろうか？　そもそも彼女は、本当に水の精なのだろうか？

プロローグで書いたように、『ペレアスとメリザンド』に水の精の物語を連想する人は多い。たとえば、メリザンドが塔の上で、長い髪をとかしながら不思議な歌を口ずさむシーンがあるが、民間伝承では、金髪をくしけずりながら歌を歌うのは人魚と相場が決まっている。オペラの冒頭で、「わたしに触ると、水の中にとびこみます」と叫ぶメリザンドは、もしかすると、水辺でいわれなく水の精にふれると、水の底に帰ってしまうという水界の掟を忠実に守ろうとしているのかもしれない。死の床のメリザンドは、ゴローに刺された「小鳥でも死なない傷のせい」というよりは、タブーを犯した夫たちのせいで罪なく人間世界を去っていく「善い水の精」たちの姿に限りなく似ている。しかし、この物語はトリスタン伝説にも、ダンテの『神曲』地獄篇の「パオロとフランチェスカ」の挿話にも、インドの古典劇にも中世の伝説にも、また、ありとあらゆるメルヘンにも酷似しているのである。

作曲の経緯とあらすじ

『ペレアスとメリザンド』は一八九三年五月十七日、リュニェ＝ポーの演出によってブッフ・パリジャン座で舞台初演された。メリザンド役はサラ・ベルナールである。マラルメとともに上演に接したドビュッシーは、このときか、あるいはこの前後かに戯曲を購入し、「一読して感動し、音楽をつけることを考えた」という。

原作者のメーテルリンクは、一八六二年、ドビュッシーとわずか七日違いでフランドル系ベルギーの町ガンに生まれた。一八八五年、弁護士修業を口実にパリに出てきた彼は、翌年三月には『ラ・プレイヤッド』の創刊に参加し、ブリューゲルの絵に想を得た自然主義的な散文「幼児虐殺」を発表している。パリ滞在中にマラルメの火曜会に出入りし、文学カフェ「ブラスリ・プウセ」ではヴィリエ・ド・リラダンの知遇を得、象徴主義の洗礼を受けた。二年後にガンに戻り、弁護士を開業するが、八九年に第一詩集『温室』と戯曲『マレーヌ姫』を発表した。九〇年八月、手刷りでたった三十部印刷しただけの『マレーヌ姫』が、マラルメの推薦によって世紀末作家オクターヴ・ミルボーの手に渡り、『フィガロ』紙の第一面で二段抜きで絶賛される。

思いもよらない成功は、しかしメーテルリンクを困惑させたらしい。ガンから七キロほど離れた運河沿いにあるオスタケルの別荘にひきこもった彼は、ラファエロ前派のバーン＝ジョーンズや象徴派のオディロン・ルドンの絵画に囲まれた書斎で、『闖入者』『群盲』『ペレアスとメリザンド』など初期の戯曲を執筆した。

ドビュッシーは、九一年にも『マレーヌ姫』でオペラを書きたいと思ったことがあるが、音楽のことをよく知らない原作者から拒否されてしまった。これに懲りたドビュッシーは、『ペレアス』のときは親交のあった詩人レニエに仲介を頼んでいる。このとき、メーテルリンク側の使者としてドビュッシー宅を訪れたのが、世紀末詩人のピエール・ルイスだった。九三年八月にはメーテルリンクから音楽化の許可が伝えられた。十一月、ドビュッシーはルイスとともにベルギーに行き、オペラでは必要のない場面の省略について相談している。戯曲の第一幕第一場、第二幕第四場、第三幕第一場（同じ戯曲にもとづく舞台音楽を作曲したフォーレは、この場面をもとに『糸を紡ぐ女』を書いている）、第五幕第一場が割愛され、歌劇では第三幕第二場にあたる部分も、原作のほぼ半分にカットされた。

第一稿は九五年夏に完成され、秋にはメーテルリンクからも上演の許可が届けられたが、その後実際に上演されるまでの間に紆余曲折があり、ようやく一九〇二年四月三十日、オペラ＝コミック座で初演された。ドビュッシーが、メーテルリンクの愛人の女優ジョルジェット・ルブランをメリザンド役に採用せず、新人のイギリス人歌手メアリー・ガーデンを推薦したことが原作者の逆鱗にふれ、『フィガロ』紙に「このオペラの上演はすべて私の意に反して行われるものである」という記事を発表するなど、大スキャンダルに発展したことはよく知られている。

登場人物はアルケル（アルモンド国の老王）、ジュヌヴィエーヴ（その娘）、ゴロー（ジュヌヴィエーヴと最初の夫の子）、ペレアス（ジュヌヴィエーヴと二番目の夫の子）、メリザンド（ゴローの二番目の妻)、イニョルド(ゴローと最初の妻の子)。音楽は各幕ごとに切れ目なく演奏され、場面転換は間奏曲によってつながれている。

第一幕は「森」「城の一室」「城の前」の三場にわかれる。前奏では、チェロとファゴット、コントラバスによる牧歌的な主題につづいて、ゴローのモティーフが暗い全音音階のひびきをともなってあらわれる。ついで、木管楽器の奏するメリザンドの主題が、優美な中にもある悲劇の予兆を感じさせる。この三種類の主題は、全曲を通じてさまざまに変奏されながら、ドラマの進行を象徴的にあらわす役割を果たしている。

幕があき、アルモンド国の王子ゴローが登場する。手負いの猪を追って森の奥深くに迷いこんでしまったゴローは、泉のほとりでしくしく泣いている若い女を発見する。メリザンドと名乗るその女は、素性を問うゴローに対してはっきり返事をせず、ひたすらおびえて逃げようとする。

メリザンド　わたしに触らないで、わたしに触らないでください!

ゴロー　こわがることはありません。わたしはあなたに何も……ああ、あなたは美しい。

メリザンド　わたしに触らないで、触らないでください。でないと水に飛びこみます。

〔……〕

ゴロー　あなたはどこのおかたですか?　どこで生まれたのですか?

メリザンド　ああ!　ああ!　ここからずっと遠くのほう、遠く、遠いところですわ。

ゴロー　あそこに光っているものは何ですか？　水の底で？

メリザンド　どこでしょう？　ああ、あれはあの方がわたしにくださった王冠ですわ。泣いているときに落ちたのです。

（小浜俊郎訳）

メリザンドの不可思議な魅力にとりつかれたゴローは、自分の城館に連れ帰る。

第二場はその半年後に設定されている。城の一室で、ジュヌヴィエーヴはアルケルに、ゴローが異母弟ペレアスに書いた手紙を読んできかせる。最初の妻を亡くし、メリザンドと再婚したゴローは、故郷に帰る決心をし、アルケルが結婚に同意するなら城の塔にランプをともし、船からみえるようにしてくれと頼んでいる。フルートのモティーフとともに部屋にはいってきたペレアスも、病気の友人を見舞うために出発予定だったのを延期してゴローを待つことにする。

第三場では、オーボエが奏でるメリザンドの主題にともなわれてメリザンドとジュヌヴィエーヴが登場する。城の暗さをなげく嫁とそれを慰める義母。ペレアスが登場し、嵐が近いことを告げる。ジュヌヴィエーヴは息子に、兄嫁を送っていくようにいうが、手をひこうとするペレアスにメリザンドは、自分の手は花でいっぱいだからと断る。ペレアスが、たぶん明日出発するだろうというと、思わず「どうして？」とき返すメリザンドのせりふで第一幕が終わる。

第二幕は、「庭園の泉」「城の一室」「洞窟の前」の三場にわかれている。第一場は、清冽な水をあらわすヴァイオリンのモティーフではじまる「泉の場」である。ペレアスはメリザンドを、菩提樹の陰にある「盲人の泉」に連れていく。大理石のふちに腰をかけて話すうち、話題はゴローとの出会いの場面に及ぶ。ゴローが自分にキスしようとしたが嫌だった、というメリザンドに、ペレアスは「どうして?」ときくが、彼女ははっきり答えない。

やがてメリザンドはゴローにもらった金の指輪を放り投げて遊びはじめる。背後に威嚇するようなゴローの動機がみえかくれするが、かまわず遊びはつづけられ、ついに指輪は、ほぼ五オクターヴにわたるアルペジオとともに水の底に落下する。ちょうどそのとき正午の鐘が鳴る。

第二場は「城の一室」で、けがをしたゴローがベッドに横たわり、メリザンドが枕元につきそっている。メリザンドが指輪を落としたちょうどその瞬間、正午の鐘が鳴り終わったと同時にゴローの馬が暴れ出し、ゴローは落馬したのである。ゴローの苦痛をあらわすモティーフがクラリネットで奏でられ、ついでさまざまな楽器でくり返される。

自分は不幸せだとすすり泣くメリザンドの手をとったゴローは、結婚指輪のないことに気づく。メリザンドは、海辺の洞窟に貝をひろいに行ったときに落とした、と嘘をいう。

第三場では、ゴローにいわれて、ありもしない指輪を探しに洞窟の前にやってきたペレアスとメリザンド。中には三人の浮浪者が寝ており、ペレアスは国に飢饉が蔓延しているのだと説明する。ドビュッシーが「音楽が会話らしきものをうけつけないので苦労した」と語った場面である。

第三幕は、「城の塔」「城の地下室」「地下室の出口にあるテラス」「城の前」の四つの場にわかれる。第一場は有名な「塔の場」である。ハープの前奏が終わると幕があがり、塔の窓辺で長い金髪をくしけずるメリザンドが、澄んだ声で中世の教会音楽を思わせるひなびた旋律を歌う。

メリザンド　わたしの長い髪は落ちる。
塔の入口まで、
わたしの髪はあなたを待つ
塔に巻きついて、
日が暮れるまで、
日が暮れるまで、
聖ダニエルさま、聖ミカエルさま、
聖ミカエニさま、聖ラファエルさま、
わたしは日曜に生まれたの、
日曜の正午に。

この歌詞は、メーテルリンクが初版の台本にのみ採用したもので、初演の舞台でも使われていたが、決定稿では「三人の盲目の姉妹」になっている。やがて塔の下にペレアスがやってきて、メリザンドが身をのりだすと、金色の長い髪がペレアスの上に落下する。メリザンドの髪をかきいだいて接吻し、歌うペレアス。世紀末特有のむせかえるような髪フェティシズムが印象的な場面である。ホルンの不吉な連打音とともにゴローがあらわれ、二人の子供のようなふるまいをたしなめる。

第二場「地下の場」は、それにつづく「地上の場」と何から何まで対照的に描かれている。ゴローはペレアスを城の地下室に連れていき、「死の臭いがたちのぼる澱み水」をみせる。オペラの台本では描写がカットされているが、この場面は、壁や天井に走る亀裂といい、城全体が呑みこまれてしまいそうな底なし穴といい、ポーの『アッシャー家の崩壊』の冒頭を連想させる。一転して、第三場の「地上の場」では、ピアノ曲『雨の庭』の一節によく似た輝かしいアルペジオが響きわたり、有毒な空気で気が遠くなりかけていたペレアスは、やっと息をつく。塔の窓にメリザンドの姿を認めたゴローは、彼女が妊娠中であることを告げ、できるだけ妻を避けるように弟に忠告する。

第四場は、物議をかもした「のぞき」の場面である。メリザンドの部屋の窓の下にイニョルドを連れてきたゴローは、自分がいない間にペレアスと何をしているかをききだそうとする。部屋に明かりがつくと、ゴローは子供をだきあげ、中をのぞかせる。「二人はベッドのそばにいるか？」というせりふをともなう十五小節が、総練習のあとでカットされた。

第四幕は、第一、第二場「城の一室」、第三、第四場「庭園の泉」、第五場「城の一室」からなっている。第一場では、病床の父の助言に従って旅に出る決心をしたペレアスが、最後にメリザンドと、思い出の庭園の泉で会う約束をかわす。背景に一瞬、「泉の場」のモティーフがあらわれる。第二場は、ドビュッシーが「もうすぐ消え去っていく人間の持つ予言者めいた優しさ」と表現した透徹した目ですべての宿命をみとおす老アルケルが、しみじみとメリザンドと語りあう場面である。背景には、メリザンドのモティーフが、原型よりするどいリズムでくり返される。

アルケル　わしはそなたを哀れに思ったのだよ、メリザンド。わしはそなたを見守っていたのだ、おそらく何にも気にかけず、だが陽の照らす美しい庭でつねにおおきい不幸を待っているような何者かの奇妙で錯乱したしかたで、そなたがふるまっていたのをな。
　わしにはうまく説明できんが、わしはそなたの様子を見て悲しかったのじゃ、死の吐息の下で昼も夜も暮すのにはそなたはあまりにも若すぎるし美しすぎるからの。

そこにゴローが登場し、メリザンドの「無邪気以上の眼」をなじる。低音にゴローのモティーフがあらわれ、メリザンドのモティーフとからみあう。ゴローは次第に激し、メリザンドの長い髪をもって床をひきずりまわすサディスティックなシーンが展開される。アルケルは「わしが神だったら、人間の心を哀れに思うだろうて」とつぶやく。
　第三場は不可思議な「羊の場」である。イニョルドが、金のまりがはいりこんでしまった石の塊をもちあげようとしながら、「この石は世界よりも重いぞ」などと謎めいたせりふを歌う。クライマックスとなる第四場は、メリザンドが指輪を投げて遊んだと同じ庭園の泉でくりひろげられる。ペレアスが先に到着し、心情をのべているところにメリザンドがやってくる。口ごもりながら愛を告白するペレアスに対して、メリザンドも愛の言葉を返す。

ペレアス　あなたもわたしを愛してるのだね？　わたしを？　それはいつからだろう？
メリザンド　ずっとよ。……あなたにお会いしてから。

あたりにひろがる一瞬の沈黙。ついで、嬰へ長調の美しい響きが沸きおこり、ホルンの甘い旋律にのって、ペレアスが「君の声は春の海をわたってくるようだ」と歌う。しかし、至福のときは短い。メリザンドの「わたしは幸せで、哀しい」という謎のようなつぶやきが、「暗く、不安げに」と書かれた全音音階のひびきをなおいっそう暗くすると、ファゴット、ティンパニ、チェロ、コントラバスのきしむような音とともに城門が閉められる。切迫するホルンの動機に追いたてられながら抱擁する二人。剣をもって物陰にひそむゴローが、ペレアスにとびかかって刺し殺し、メリザンドは「わたしには勇気がない！」と叫びながら逃げる。

第五幕は、「城の一室」ただ一場で終わる。幕があくとメリザンドはベッドに横たわり、医者がアルケルに「小鳥でも死なないような傷」について説明する。ゴローは罪の意識にさいなまれながらも、ペレアスとの間に関係があったかどうかを問いただすが、メリザンドは答えをはぐらかす。アルケルが彼女の生んだ赤ん坊をみせるが、メリザンドにはもう抱く力が残っていない。どうしても真実を知りたいゴローは、妻と二人きりになることを望むが、老王は、「お前には魂というものがわかっていない」とたしなめる。召使たちが床にひざまずき、医者はメリザンドの死を告げる。弦のトレモロとハープのアルペジオの上で、弱音器をつけたトランペットが冒頭の旋律を奏でる間に幕がおり、音楽は限りなくひそやかに、嬰ハ長調の清らかな主和音となって溶け消える。

泉のそばの女

メーテルリンクが夢幻劇『青い鳥』の作者であることは、よく知られている。最初の戯曲『マレーヌ姫』のタイトルも、グリム童話からとられた。しかし、『ペレアスとメリザンド』のドラマとグリム童話の親密な関係は、『マレーヌ姫』の比ではない。戯曲の第一幕第三場、オペラではカットされたペレアス宛ての手紙の部分で、ゴローはメリザンドとの出会いを次のように語っている。

ある夕暮、そのひとは泉のほとりで泣きじゃくっていた。わたしが迷いこんだ森の中でのことだ。そのひとの年齢は幾つか、どういう生まれであるのか、生国はいずれの地か、わたしには分からなかったし、また詳しく聞き出す気にならなかった。というのも、そのひとは、何だかとてもこわい目に遭ったらしくて、聞き出そうとすると、まるで子供みたいに泣き出す始末で、気味悪いほどすすり泣くのだった。泉のそばにいるそのひとに気づいたのは、ちょうど金色の冠がそのひとの髪からすべり落ちて、水中に沈んだあとだった。身なりはどうかというと、まるで王女のようだった。

（杉本秀太郎訳）

泉のそばでしくしく泣く金髪の女といえば、グリム童話『泉のそばのがちょう番の女』を思い出す。王さまに追い出された三番目の王女さまをさがしに森の中の泉のほとりにやってきた伯爵は、一人の醜い娘がすばらしい美人に変身する姿を目撃する。自分の顔にかぶさっている皮をぬいだ娘は、泉へ身をかがめて顔を洗った。

ねずみいろの髷がおちると、黄金色の髪の毛が、まるで太陽の光線のように、さらさらさらっと流れでて、それが外套みたいように処女(おとめ)のからだぜんたいをつつんでしまい、そのあいだから、目だけが、大空の星のようにかがやき、両方のほっぺたが、りんごの花のように、やんわりと紅く光っているのでした。

ところが、その美しい娘はしおたれていました。下へべったりすわって、はらわたもちぎれそうに泣いているのです。あとからあとから、涙のたまが、両方の目からしぼりだされて、長い髪の毛のあいだを地面へころがりおちています。

会ったとたんにお互いに惹かれあうペレアスとメリザンドは、グリム童話『池にすむ水の精』のように、水の精によってひきはなされた夫婦だったのかもしれない。

池の中にひきずりこまれた狩人を助けにいった妻が、白髪のおばあさんにいわれた通り糸車をぐるぐるまわすと、池の底がざわざわしして夫の体がにょっきり出てきた。夫婦は手に手をとって逃げたが、池は恐ろしい音を立てながら追いかけてきて、とうとう二人をはなればなれにしてしまった。何年かたったのち、二人は羊飼いとなって再会したが、お互いのことがわからない。それでも、どこかに親近感があり、並んで羊を追いたてながら、かくべつ口をきくわけでもないのに、なんとなく安心したような気持ちになった。

『ペレアスとメリザンド』が最もグリム童話に近づくのは、第二幕第一場「庭園の泉」だろう。そこでは、『蛙の王さま（一名）鉄のハインリヒ』とほとんど一字一句変わらない場面が展開される。

ペレアス　わたしは庭があまり暑いときは、ここへよく腰をかけにくるのです。今日は木陰でさえも息苦しくなりますからね。〔……〕大理石の水盤の縁にお坐りになりませんか？陽の光がけっしてささない菩提樹がありますから。

王さまのお城のちかくに、大きな暗い森があって、その森のなかには、菩提樹の古木の根がたに、水のもくもくわきだしているところが一かしょありました。暑くってしようのない日には、おひめさまは森のなかにはいって、このすずしい泉のへりにすわることにしていました。

（『蛙の王さま』）

また、「病気にかかっている手」を水につけるためにかがみこんだメリザンドの長い髪が、水の中に落ちるシーンは、別のグリム童話『鉄のハンス』を思いおこさせる。

メリザンド　わたしは大理石の上に横になりますわ。水の底を見たいから。〔……〕
ペレアス　そんなに体を乗り出してはいけません！
メリザンド　わたしは水に触りたいのよ。
ペレアス　すべらないように用心なさい。手を持ってあげましょう。
メリザンド　いいえ、いいえ、わたしは両手を水につけたいの。今日わたしの手は病気にかかっているようですわ。
ペレアス　おお！　おお！　用心して！　用心して！　メリザンド！　メリザンド！　ああ！　あなたの髪が！

泉のふちによりそって腰をおろしていると、そのなかに黄金(きん)のおさかなの見えることもあり、黄金の蛇のみえることもありました。男の子は、水の中へなに一つ落ちないように気をつけていたのですが、あるとき、指がいたくってたまらないことがあって、おもわず指を水につっこみました。指は、すぐ外へだしたのですけれども、すっかり黄金(きん)めっきになってしまって、いくらほねをおってみても、その黄金のいろをぬぐいとることができません。〔……〕
三日めには、男の子は泉のそばにすわりましたが、いくら痛くっても、指をうごかすこともしませんでした。こうなると、時間の長いこと、男の子は鏡のような水にうつるじぶんの顔をしげしげとながめていましたが、そのうちにだんだん前へかがんで、じぶんの目をじいっと見つめようとしたひょうしに、長いかみの毛が肩からすべって、水の中にばっさりとはいりました。男の子はすばやく立ちあがりましたけれども、かみの毛はもうすっかり黄金いろにそまっていて、お日さまのように、きらきら、光りかがやくのです。（『鉄のハンス』）

ところで、メリザンドの髪は、わざわざ黄金いろに染めなくても、彼女の腕よりも、身の丈よりも長い、光の束のような金髪だった。

指輪をなくす話

ペレアス　あなたは何を玩具にしているのですか？
メリザンド　彼がくれた指輪よ。
ペレアス　こんなに深い水の上で玩具にしてはいけません。
メリザンド　わたしの手はふるえていないわ。
ペレアス　太陽の光に何とみごとに輝いていることだろう！　そんなに高く投げないで！
メリザンド　ああ！
ペレアス　落ちてしまった。
メリザンド　水の中へ落ちたわ。

「泉の場」でメリザンドが夫にもらった指輪を放り投げて遊ぶ有名なシーンは、おとぎばなしの読者にはなじみの深い光景である。

〔お姫さまは〕退屈すると、黄金のまりをだして、それをまっすぐにほうりあげては、落ちてくるのを下でうけとるのがおきまりで、これが、おひめさまのなによりすきな遊戯でありました。

ところが、あるとき、この黄金のまりが、どうしたのか、お姫さまのさしあげていたかわいらしい手のなかへは落ちてこず、すれちがいに地めんへすとんとおちて、そのまま、ころころと、水のなかへころげこみました。おひめさまはまりのころがったほうへ目をつけましたが、まりは影もかたちもありません。泉は、ふかいのなんの、底なんかとても見えるものではないのです。（『蛙の王さま』）

メリザンドがだんだん生気をなくしていくのは、指輪をなくしたせいだろうか？　それとも、妊娠したためだろうか？　第二幕第二場「城の一室」でメリザンドはゴローに、「殿さま、わたしはここではふしあわせなのです」と訴える。ゴローは、何かあったのか、誰かがお前を苦しめたのか、それとも侮辱したのか、と訊ねるが、メリザンドは、そういうことではないのです、というばかりだ。ゴローが重ねて、王か、母か、それともペレアスか？　ときくと、メリザンドは否定し、「あなたにはわたしがおわかりにならないのです。つまりわたしよりも力の強い何かなのです」と答える。なぐさめようと彼女の手をとったゴローは、指輪がないことに気づく。

ゴロー　おや、わたしがあげた指輪はどこだい？
メリザンド　指輪ですって？
ゴロー　そう、わたしたちの結婚指輪、あれはどこだい？
メリザンド　わたし……指輪は落ちたのだと思うわ。

デンマークの民話『大ガラス』（『新編世界むかし話集3　北欧・バルト編』所収）にも、指輪をなくしたためにいわれなく生気をなくしていくお姫さまが登場する。

ある美しい夏の夕方、夫と父親を戦地に送った姫君が浜辺におりて、夫のことを思いつつ指輪をもてあそんでいると、一羽の醜いカラスがとんできて指輪をさらってしまう。カラスは海を越えて飛んでいき、すっと向こうの島に舞いおりた。姫君がボートをこいで島に近づき、どうか指輪を返してくださいと頼むと、カラスは「おまえがいま帯の下に持っているものを九ヶ月たってからぼくにくれるなら、かえしてあげよう」というのだった。

「なにをわたしが帯の下に持っていようと、さしあげますわ！」

そう言って姫は、約束のしるしに、帯につけていた鍵たばを、カラスに投げてやりました。

そうして姫は指輪をかえしてもらい、大ガラスは鍵たばをくわえてとび去ったのです　それから二ヶ月すると、姫のお父さんと夫は、無事戦争からもどってきました。そこで姫は、自分の指輪におこったことを夫に話しましたが、それきり二人は、そのことは気にかけなかったのです。

ところが三ヶ月がすぎるころから、姫はなんだか心がしずんできて、ときどきさびしい場所へ行っては、考えこむようになりました。四ヶ月目になると、あの大ガラスのことが思いだされて、あのときした約束が心配になってきました。やがて五ヶ月目になると、姫のお腹の中でなにかが身動きするようになり、姫は泣いてばかりいるようになりました。そうして九ヶ月のちには、男の子が生まれたのです。

金色に輝く長い髪

そして、第三幕第一場の「塔の場」。メリザンドの長い髪が塔の上から落ちてくるシーンでは、「ラプンツェル、ラプンツェル、お前の髪をたらしておくれ……」というミステリアスな呪文がきこえてくるかのようだ。実際に、メーテルリンクが劇の構想を書きつけていた手帳には、「髪は梯子である」というメモがみられるという。

ペレアス　あなたは窓にもたれて、まるで異国の鳥のように歌いながら、何をしておいでですか？

メリザンド　わたしは寝るために髪をととのえているのよ。〔……〕もう落ちそうよ、ああ！　ああ！　わたしの髪が塔から落ちるわ！

メリザンド　これ以上はのりだせないわ。

ペレアス　ああ！　ああ！　これは何ですか？　あなたの髪、あなたの髪がわたしの方へ落ちてきます！　あなたの髪の毛がみんな、メリザンド、髪の毛がみんな塔から落ちてくる！　わたしは両手に取り、口にふくみ、腕に抱き、頭のまわりに巻きつけるのです。今夜わたしはもう手を放しませんから。

〔ラプンツェルが〕十二歳になったとき、仙女はこの子を高い塔に閉じ込めた。この塔には戸口もなければ、階段もなく、ずっと上の方に小さい窓がひとつあるだけだった。仙女が中へ入るときには、下から叫んだ。

「ラプンツェル、ラプンツェル、

お前の髪をたらしておくれ。」

ラプンツェルは紡いだ金のように美しい、ゆたかな髪をしていた。仙女のその言葉が聞こえると、ラプンツェルは髪をほどいて窓の留め金に巻き付けた。すると髪は二十エレも下へたれた。仙女はそれにつかまって上がった。

さて、ある日のこと若い王子が塔のある森を通りかかった。高い窓のほとりにいる美しいラプンツェルを見、その甘い歌声を聞いて、王子はラプンツェルに惚れ込んでしまった。

（マックス・リューティ『昔話の本質』）

やがて、仙女が乙女の髪を梯子がわりにして塔にのぼっていくのをみた王子は、自分も髪の毛を伝って塔に上がる。いっぽう、ペレアスの場合は、のぼっていくのは彼の接吻だった。

ペレアス　わたしはあなたの髪を結びつける、結びつけるのだ柳の枝に。あなたはもう動けない、もう動けないでしょう。見て、見てください。わたしはあなたの髪に接吻するのです。髪に取り巻かれているわたしはもう悩んでいない。あなたの髪の端から端まで接吻する音が聞こえませんか？　それは髪を伝って上へあがってゆくのです。

メリザンドの金色に輝く長い髪は、ゴローにとっては拷問の道具だった。メリザンドの貞操について猜疑心のかたまりになったゴローは、第四幕第二場「城の一室」で、ついに怒りを爆発させる。

ゴロー　（彼女の髪をつかんで）もう今は逃げられないぞ。あんたは膝でいざりながらわたしについてくるんだ！　わたしの前に膝まずいてな！　は！は！　あんたの長い髪がけっきょく役に立ったな。右そして左！　左そして右！　アブサロム！　アブサロム！　前進！　後退！　地面まで、地面までかがんで……。ごらんなさい、ごらんなさい、わたしはもう老人のような笑いかたをするでしょう……は！は！は！

「アブサロム、アブサロム」という呪文めいた言葉は、旧約聖書で、息子アブサロムの死を悼んでダヴィデがつぶやく言葉でもある。

ダヴィデは、バテシバの生んだ末子のソロモンを愛し、腹違いの兄弟たちを疎んじるようになった。そのためアブサロムは父に対して謀叛を企てた。彼は眉目秀麗な若者で、長いブロンドの髪をふさふさと襟元に垂らしていた。その髪の毛が、彼の命とりになった。

王の軍勢と戦ったアブサロムは、夕方になって劣勢になり、退却しなければならなかった。彼は乗っていた騾馬を全速力で駆けさせたが、太い木の枝に彼の長い髪の毛がひっかかった。乗っていた騾馬は驚いて駆け去ったので、アブサロムはあとに残されて空中にぶらさがる恰好になった。ダヴィデの兵は、王が謀叛人を寛大に扱うよう命令していたので、殺すのをためらっていたが、王の甥で邪悪なヨアブは容赦なくアブサロムを殺して死体を墓穴に投げこみ、ダヴィデに報告した。ダヴィデはよろこぶどころか、「ああ、アブサロム、アブサロム、父のわたしがおまえにかわって死ねばよかったものを！」と、天をあおいで嘆き悲しんだという。

第七章　『ペレアスとメリザンド』のドラマ構造

メリザンドは、どこから来たのだろう。一の幕二の場で、猪を追ううちに森に迷い入ったゴローに見つけられる彼女は、そのとき泉のそばで泣いている。もしも猪が鹿であったとすれば、メリザンドは鹿の化身として立ちあらわれたと解せぬことはないような遭遇である。のちに聖者となるユベール、あるいはエウスタキウスは、手傷を負わせた鹿を追跡するうちに、角のあいだに十字架を抱く鹿に出会い、それ以後、殺生を断った。神性をおびたこの野獣には、人のこころをゆさぶる優しい魂がひそんでいたのであろう。猪に代って出現するメリザンドには、ゴローを殺生から引き離すという霊力は認めがたいばかりでなく、メリザンドによってゴローはいよいよ残忍の度を強める。狩猟はゴローの愉悦であることをやめない。

彼女は猪の化身でも、鹿の化身でもなく、水の化身、水の女神なのだ。ゴローはメリザンドの捉えがたい水性に苛立ち、狩猟にいよいよ熱中し、やがて流水に鞭を当てる狂人となるだろう。そしてペレアスは、水の女神とのまぐわいの濃密な予兆のさなかに殺され、かつては聖なる力をそなえていた泉の底に沈んでしまう。水の女神に仕え且つ仕えられる若子（わかご）としてのペレアスのうつし身は、いけにえとして水の女神の源泉に供えられた。

『ペレアスとメリザンド』の原作の邦訳者杉本秀太郎は、巻末の解説の中でメリザンド＝水の女神論を展開させている。

高宮利行『アーサー王物語の魅力』によれば、ケルト系のブルターニュの伝説には、森の奥に狩りに出た騎士ギンガモールが、白い猪を追ううちに花盛りのオリーヴの木の下の泉で水浴する美しい乙女を発見するという、羽衣伝説と浦島伝説をミックスしたような話がある。ギンガモールは猪をしとめたら戻ってきて話ができるように、乙女の衣を樫の木のうろに隠そうとしたが、それに気づいた乙女は衣を要求し、返してもらうかわりに自分と一緒に来れば、三日後には猪をつかまえてあげるという。ギンガモールは乙女の住む豪華な城に行き、楽しい日々を過ごした。三日ののち、約束の猪の頭を持って森を出たギンガモールは、すでに三百年もの月日が経過していたことを知る。

メリュジーヌ

傷ついた猪を追って森の奥深くに迷いこんだ騎士が、泉のほとりで若い女に出会うという『ペレアスとメリザンド』の発端は、中世の人魚メリュジーヌ伝説をも連想させる。実際に、ゲーテの『ヴィルヘルム・マイスター』の一挿話「新メリュジーヌ」からブルトンの『秘法十七番』まで、一連の《現代メリュジーヌ物語》に『ペレアスとメリザンド』を組みこんだポール・アロンをはじめ、二つの話の類似点に注目する研究者は多いという。

第三章で述べたように、メリュジーヌ伝説が文学作品としてまとめられるのは、十四世紀末から十五世紀にかけてのことである。まず、作家のジャン・ダラスがベリー公とその妹のために『散文メリュジーヌ物語』（一三八七―九四）を書き、ついでパリの書籍商クードレットが韻文による『メリュジーヌ物語』（一四〇一―〇五）を発表した。このうち後者は、こんにち散文や詩の翻訳で読むことができる。

その二世紀ほど前から、蛇女と結婚する人間の男の話はヨーロッパ各地で採話されている。なかでもメリュジーヌ伝説の原型ではないかといわれているのは、アングロ・ノルマンの作家ジェルヴェ・ド・ティルビュリがラテン語で書いた『皇帝の休暇』（一二〇九―一四）におさめられた次の話である。

南仏のエクス＝アン・プロヴァンスにほど近いトレの谷間にあるルーセ城の領主レイモンが、川の岸辺でぜいたくに着飾った美しい娘に出会った。娘は領主の名を呼んで話しかけ、自分の裸を決して見ない約束で結婚を申し出る。彼女は彼に経済的な繁栄を約束したが、もし彼が誓いを破ったらすべてを失うだろうと脅しもした。レイモンは約束を守ることを誓い、娘と結婚した。結婚生活は幸福で、子供もたくさん生まれた。ある晩、狩りから帰ったレイモンは好奇心をおさえきれなくなって妻の寝室をのぞき、浴槽にいる妻の裸体を見てしまう。すぐさま彼女は蛇に変身し、水中に潜って姿を消した。

レイモンはレモンダンに通ずるが、蛇女に名前がつくのは物語の舞台がポワトゥーのリュジニャン家に移ってからである。ジャン・ダラスはメリュジーヌをさまざまな方法で綴っているが、そのうちのひとつ Melusigne がリュジニャン Lusignan から出ていることは明白だろう。実際に、ポワトゥー地方で彼女は「リュジーヌかあさん」と呼ばれているという。

メーテルリンク研究者たちが注目するのも、メリュジーヌとメリザンドという名前の類似だった。この二つの名前の神秘な響きあいに惹かれた吉田知生は、メーテルリンクが折々の作劇の構想を書きとめた一八九一年の日付入り手帳から戯曲の成立過程を追っている。それによれば、『ペレアスとメリザンド』のヒロインの名前は、最初からメリザンドではなかった。彼女は、当初光をあらわすクレールと呼ばれ、ついでジュヌヴィエーヴという名前が浮上した。ジュヌヴィエーヴは、ベルギーではよく知られている中世の伝説『ブラバンのジュヌヴィエーヴ』のヒロインである。

ジュヌヴィエーヴは、信仰の篤い、聖女のような女性であった。ところが、夫が戦場に出掛けて留守の間に、彼女を誘惑しようとして失敗した家令のゴローの策略で、不貞をはたらいたという濡れ衣をきせられて、夫から死刑の宣告を受ける。危うく死は免れたものの、森の中で隠れて生きなければならず、牢獄で産んだ息子と森の雌鹿と共に、泉の傍らの洞窟で、辛い歳月を送る。ある日、夫はこの森に狩にやって来て、ジュヌヴィエーヴの鹿を、そうとは知らずに追っている内に、妻と出会う。彼女への疑いは晴れ、夫のもとに帰ることが出来るのだが、その幸福も束の間、長年の苦労がたたって、ほどなくジュヌヴィエーヴは夫と子供を残して死んでしまう。

（「マーテルランクと中世伝説」）

ここで、ジュヌヴィエーヴを誘惑する家令にゴローという名前が使われているのは、面白い。ジュヌヴィエーヴは金色に輝く長い髪と天使のように無垢な心の持ち主という設定だが、身持ちの固い貞女である彼女には、メリザンドの妖精めいたあやうい魅力が欠けている。ジュヌヴィエーヴの名は、ゴローやペレアスの母として戯曲に残された。ちなみに、ペレアスの名は当初イニョルドとつけられていた。

一八九一年の手帳の六月十八、二〇日のページには、このジュヌヴィエーヴにかわってメリザンドという名が登場する。なお、作家が記入した日と手帳の日付は必ずしも一致しないが、吉田は構想のおおよその位置関係と流れを示すために、引用に手帳の日付を用いている。

ジュヌヴィエーヴ——メリザンドは王女ではなく、ゴローが泉の辺で泣いているのに出会う少女であろう——何処から来たのかもわからず、誰なのかもわからない……

最終的にどうしてメリザンドという名前が選ばれたのか、手帳の記述からはうかがい知ることはできないが、吉田は、メーテルリンクの意識の底にメリュジーヌのイメージがあったのではないかと推察する。単に名前のひびきが似ているということのほかにも、二人にはいくつかの共通点がある。

二人とも神秘的で、たぐい稀な美貌の持ち主だが、その出自は明らかではない。二人とも、深い森の中の泉のかたわらにいるときに未来の夫に会う。男たちはともに猪狩りをしていて、素性を知らぬまま彼女たちを妻とする。メリザンドは泉と縁が深い。メリュジーヌが夫を捨てて城を去ったように、メリザンドも、死ぬことで夫を捨てて城から姿を消す。ゴローはメリザンドにどこから来たのかとしつこく尋ねるが、これはタブーを犯すことにつながる、等々。

たしかに類似点もあるが、相違点を見つけるのも容易である。メリザンドはたった一人で泉のほとりにいたが、メリュジーヌは三人姉妹の一人である。ゴローはただ狩りをしていただけで、レモンダンのように殺人を犯してはいない。「渇きの泉」でレモンダンに会ったとき、メリュジーヌはめそめそ泣いているどころか、彼女に気づかずに通りすぎた騎士に憤慨し、彼の手綱をとってこう言う。「神にかけて、若者よ、あなたは／貴族の家系であるようには見えませんね、／私たち三人の前を通って／一言も言わずに行ってしまうのですから。／それは貴族のすることではありません」（松村剛訳）

ゴローはメリザンドを庇護したが、メリュジーヌは反対にレモンダンの窮地を救い、彼の庇護者となる。過失致死とはいえ伯父を殺して呆然としている男に彼女は、「あなたの主君のことを話したり尋ねたりする／者がいても、気にしてはいけません。／森の中で見失った、／長い間待っていて／猪の狩りをしながら／木の茂る森の中を探したと言いなさい」と、切り抜け方を詳細にわたって指示する。まさに、『メリュジーヌ』の著者ジャン・マルカルが指摘するように、「メリュジーヌはここでは、恋する女性としてではなく、事業家として話をしている」のである。このくだりを読んだだけで、メリザンドとメリュジーヌの性格が全く異なっていることがわかるだろう。

メリザンドは何をきかれてもまとまった答えができないし、自分で自分の行動の意味がよくわかっていないようにみえるが、メリュジーヌは結婚に際して、はっきりと契約の内容を明言する。

「もし約束を守るなら／かつてあなたの家系で／どれほど幸運な者よりも／恵まれた境遇を得られます。／もし、逆のことをしたら／あなたは大変な窮境に陥り／苦労や苦悩を味わい／あなたの領地の最良の部分を／失うことになります」（同前）

「建設者」メリュジーヌは、精力的にリュジニャン家の繁栄に力をつくす。魔法の力でレモンダンに広大な土地を与え、森を開墾して堅固な城を建て、教会や礼拝堂、城砦や町を建造し、レモンダンに十人の男子をもたらす。息子たちはせっせと遠征に出かけ、アルメニアやキプロス王の娘と結婚してリュジニャン家の領土をひろげる。

対してメリザンドは、いつも受け身である。当初クレールと呼ばれていた彼女は、メーテルリンクのメモでは「彼女は南からやって来る、彼女は家の喜びと光であるはずだった、だが闇は彼女を理解しなかった」と書きつけられている。メリザンドを子細に観察したアルケルは、城に来たときは「お祭をさがしまわっている子供みたい」に明るかった彼女の顔が、城の正面玄関を通ったとたんに暗くなり、心のありさまも変わってしまったと嘆き、「わしはそなたがほんに不憫だったよ……」という。彼女は、自分がその原因となっているところの災いがアルモンド王国に起きることを予感しながら、「途方もない不幸をじっと待っている人みたい」に、自分からは何もしない。

メリュジーヌが産んだ子のうち八人は、左右の目の色や位置が違っていたり、耳の大きさがふぞろいだったり、目が三つあったり一つしかなかったり、ライオンの体毛と爪が生えていたり、歯が一本だけ大きかったり、少し異常なところがあった。末の二人の息子は常人の姿をしていたが、まだ幼かったため、メリュジーヌは姿を消したあともしばらくは乳を呑ませに帰ってきていた。メリザンドは、小さな女の子を産むとすぐに死んでしまい、その世話はゴローの手にまかされる。

セイレーン

メーテルリンクが『ペレアスとメリザンド』の構想を書きとめた手帳をみる限り、作者がメリザンドを水の精に想定していたかどうか、実ははっきりしない。しかし、少なくとも泉が重要な役割を担っていたらしいことは推察される。

一八九一年の創作手帳の六月二十日のページには、ゴローが泉のほとりでメリザンドをみつけた場面のことがスケッチされている。


ある日彼が狩をしていた時、外国で……

第一場はつまり、森——

彼は道を間違え（運命の道）、森の中で迷い、みつけたのだ、彼女を——

これにつづいて、出会いをメリザンドの側からみたスケッチもある。

私はいつも湧き水のそばに戻る、彼は私を湧き水のそばでみつけ、あなたも私を湧き水のそばでみつける……同じく菩提樹の下で。

「彼」はゴロー、「あなた」はペレアスのことである。「湧き水」には二種類ある。ゴローがメリザンドをみつけるのは森の中の泉、ペレアスの「湧き水」は、メリザンドが指輪を投げて遊ぶ「泉の場」の「盲人の泉」のことだろう。

この手帳に出てくる泉のモティーフを順を追って調べた吉田知生によれば、メリザンドが指輪を落とす場所は、森の中（一八九一年三月十八日）、岩塊の下（四月十二日）、井戸の底（四月二十七日）と三たび変わり、二ヶ月の推敲ののちにようやく決定稿と同じ泉の中に落ち着いた。

それはある夏の日のこと、真昼のことであろう。並外れて暑い時に、（初めて）菩提樹の木陰の盲人の泉のそばに二人が行った時——彼女がものうげに結婚指輪を放り投げては受け止めて遊んでいると突然指輪は水中に落ちてしまう。（五月十二—十三日）

四月十二日の記述にみられる岩塊の下というのは、決定稿では、「羊の場」のイニョルドが金のまりを落とす場所として使われている。

指輪を落とす場が何度も変更されているところをみると、戯曲のモチーフとして、初期の段階で重要だったのは、指輪を失くすことであり、それが起こる場所については、指輪を取り戻すことが不可能な状況になりさえすれば、どこでも良かったかのように思われる。

ところでこの指輪は、夫から贈られた結婚指輪、即ち、夫婦の絆の証である。それを落とし、失うということは、当然、メリザンドの心がゴローから離れ、両者の関係が修復不可能な状態になったことを意味するが、このようなモチーフが、構想過程の早い時期に固まったのは、この戯曲の基本的なテーマの一つが、最初から、《不貞への疑い》であったからである。

（吉田知生「ペレアスとメリザンド」）

戯曲の構想が初めて手帳に書きとめられる少し前、メーテルリンクはインドの古典劇『シャクンタラー』の名を同じ手帳に書き、「両親への王女の別れ（シャクンタラー第四幕）、永遠のものとわかっている別離と別れ」とメモしている。カーリダーサ作のこのサンスクリット劇は、狩りに出た王が鹿を追ううちに森にまぎれこみ、とある庵で苦行僧の養女シャクンタラーに会うという冒頭のシーンからして、『ペレアスとメリザンド』によく似ている。王と契りを結んだシャクンタラーは、沐浴の最中に王からもらった指輪を失くしてしまうが、この指輪は、その後、シャクンタラーを忘れた王の記憶を蘇らせる大切な小道具として設定されている。つまり、指輪が発見されなければ、夫婦の絆は断ち切られてしまうわけである。吉田は、この設定が、『ペレアスとメリザンド』で結婚指輪が失われるテーマの源泉となったとみている。

指輪を落とす場所が定まってはじめて、ペレアスを沈める泉があらわれる。手帳の五月二十一日のページには、「イニョルドの身体は盲人の泉に落ちる」と書きつけられている。このころ、ペレアスはまだイニョルドと呼ばれていた。

《泉》や《水》が、別世界との境界となるという考えは、マーテルランクに固有のものではなく、世界中、到る所に認められる概念であるが、マーテルランクはこのテーマを、戯曲の筋の要所要所に泉を配することで、効果的に用いている。（同前）

戯曲の構想当初からテーマの中心に「不貞への疑い」があったとはいえ、メーテルリンクの意識の底に、泉のそばで水の精に出会う――水の精によって泉の底に沈められる――というイメージが全くなかったわけではあるまい。『ペレアスとメリザンド』が構想される二年前の一八八九年、メーテルリンクは『ルヴュ・ジェネラル』に発表した「夢の研究」という散文で、『ペレアス』の「泉の場」そっくりのシチュエーションで指輪を泉の底に落とす神秘的な女性を登場させている。

オランダの旧家に生まれた主人公は、二歳前に父を亡くし、数ヶ月後に母も亡くなったため、身元を明かされないまま孤児院で成長するが、十八歳を少々こえたころ、友人の叔母の別荘に招かれ、一人娘のアニーに出会う。主人公はアニーと、庭の奥の深く暗い森に行き、菩提樹の影を映した大理石の泉水のほとりに腰をおろす。このあたりは、『ペレアスとメリザンド』と同じくグリム童話『蛙の王さま』を下敷きに書かれているのだろう。アニーは主人公に、近くこの家を離れると告げる。これは、常に出発しようとしていたペレアスの立場を逆にしたようである。

黒い手袋をはめたアニーのほっそりした手は、あの時私に加えられようとしていた不幸を告げているようだった。あるいは、結局は、あの金の指輪だったのだろうか。アニーは、あの指輪を泉水に落としたが、それを冷たい水の中に拾おうとした時、もう一人別の不思議なアニー自身をめざめさせたのだ。

その夜、主人公は、水を好んで歌うイギリス詩人トーマス・フッドの『水の貴婦人』や『半人半馬のライコス』、『ヒーローとリエンダー』などを読んだ。とりわけ最後の詩篇、セイレーンの腕に抱えられたリエンダーが「下へ、さらに下へと濃緑の水をわけて」海底へと沈みゆく場面が、深く彼の心をとらえた。

そしてこの緑の水の渦巻に寄り添うように、セイレンは、眼にリエンダーの軀(からだ)の動きを映し、胸に半透明の泡を立てながら、その意志のない恋人に唇をよせる。ヒーローを呼ぶその唇から、その名は大粒の真珠となって消える。緑の渦は、ついに、海底の平原の月のような底に達する。その美しい軀もほとんど動かず、すでに眼も閉じているのをみて、純真な海の処女セイレンは、子供のように驚き、その傍らにひざまずき、恋人が大海の碧い網目を逃れんと最後のあがきを続けるのを見つめる。

　このようにして、私は眠りに落ちた。暖炉の鏡につきまとう泉の岸辺を眼に映しながら、そして鏡の中にリエンダーの渦が呑みこまれて行くのを見ていた――眠りに落ちるまで。

　魅惑の源でもあり死の領域でもある水。そして、ひきずりこむ恐ろしい水の精でありながら「純真な海の処女」でもあるセイレーンの両義性は、メリザンドのイメージの中核をなしている。

脱神話・伝説

　文化人類学者の山口昌男は、一九八八年六月に行われた二期会の『ペレアスとメリザンド』公演に際して、プログラムに「『ペレアスとメリザンド』又はオペラの脱構築」という文章を寄せている。

　『ペレアスとメリザンド』のメリザンドは、『トリスタンとイゾルデ』のイゾルデに擬せられないこともない。それは「愛＝死」（リーベストーデ）に焦点をあてた場合に言えることである。しかし、ペレアスとメリザンドの出遭い方、愛し方というのは殆んど時間を超越した印象すら与える。二人は物語のはじまる遥か以前から愛しあっていた故に、二人の死によって物語が終ってのちも永遠に愛し合うという趣きを帯びている。ゴローの役割は、せわしなく動き廻ることによって、二人の関係に終止符を打つだけのように見える。その動きにもかかわらず、彼の行為は実際には何事も惹き起こしていない。彼は、実在する世界の表層を掻い撫でているだけであり、ペレアスとメリザンドは、別の現実の世界でじっとお互いを見つめつづけているのである。

オペラの神話的背景について書くことを求められた山口は、杉本秀太郎が試みた「メリザンド＝水の精の化身」考の要旨を引用し、メリュジーヌ伝説や日本の葛葉（くずのは）伝説、フケーの『ウンディーネ』などに思いをはせる。

いっぽう杉本は、『ウンディーネ』のヒロインの気まぐれな流水の性格をメリザンドに認めつつも、彼女の寡黙さゆえにフケーの文脈からはなれる。杉本はついで、泉、指輪、船、塔、洞窟……などメーテルリンクの戯曲にちりばめられている数々の思わせぶりな小道具を、ラファエロ前派の画布にみられる精緻を極めた小道具の描写になぞらえながら、それらが劇の全体に滲みわたっている「夢」を支える役目を果たしていることに注意をうながす。

ペレアスとメリザンドは、作者によって破れることから慎重に守られたその夢のなかで、まさに同じ作者が詩集『温室』で歌いつつあばき出した温室内の植物のように、可能な限りの接近をこころみる。かれらがついに合一をとげ得ないのは、充足が夢の本性に悖（もと）るからである。そしてラファエル前派の画面がしばしば示すことがあるように、ついに合一をとげ得ぬ星のもとに生まれている愛人たちは、互いに相手の夢のうちで思うさま繁殖をとげる。だが、夢の皮膜は最後まで破られない。そして皮膜の内側には、ペレアス、メリザンドという植物的な両性具有の存在を個別に潤すに足る水が、いつでも充分にととのえられている。水のおかげで、かれらがどれほど勢いづいて枝を伸ばし、茎の先で突き上げても、夢のこの温室のガラスは破りきれない。しかし、そとが吹雪に閉ざされているのなら、ガラスを自分たちの力で破れなかったのは、かれらにとって幸いだったといえるだろう。

ここで語られる「夢の皮膜」のイメージは、私に「水の神話」として知られるアフリカのドゴン族の創世神話を連想させる。

宇宙は創造神アンマの言葉から生じた。〔……〕原初の子宮であるこの宇宙の卵の中には二つの胎盤があり、おのおのが一組の双子のノンモの種を宿していた。

片方の胎盤から月満ちる前に一人の男の児が出てきた。彼は宇宙の支配者になりたいと思った。そこでアンマの創った穀物ポーを盗み、自分の双子の妹であるヤシギを連れて出るつもりで胎盤の一部分をちぎり取った。その胎盤で箱舟をつくり、盗んだ品々をのせて彼は虚空へと乗り出した。

秩序へのこの反逆に気づいたアンマはヤシギをもう一方の胎盤にいるノンモのもとに預け

た。くだんの男の子が盗み出した胎盤は大地となった。彼は大地と交わり、最初の近親相姦を犯した。このために、大地は汚れて渇き果て、不毛になった。男の児は銀ぎつねに変えられ、自分自身の女性魂であるヤシギを永遠に空しく求め続けるべく運命づけられた。

（阿部年晴『アフリカの創世神話』）

なかば兄妹のようなペレアスとメリザンドの関係は、メーテルリンク自身が「大きな、持続的な影響」を受けたと語っているエドガー・ポーの『アッシャー家の崩壊』になぞらえて読み解くことができるかもしれない。それは、鏡の映像のように似通った双子の兄妹、ロデリックとマデラインが互いにひかれあうという、ナルシシズムの極致、ドッペルゲンガーの愛の物語である。ドッペルゲンガーの愛は、ワーグナーの楽劇『ワルキューレ』のモティーフでもある。ヴォータンと人間の女の間に生まれた双生児ジークムントとジークリンデは、幼くして別れたまま成長したが、妹の嫁ぎ先で偶然出会い、たちまち恋に落ちる。「でも、不思議な気がします。今日初めてお目にかかったのに、もう以前にお会いしたことがあるような！」と歌うジークリンデ。「愛の夢ですね、ぼくも同じ気持ちなのです。熱い憧れの中で、ぼくはすでにあなたに会ったことがある！」と答えるジークムント。ジークリンデは、「小川に顔を映したことがありますが、その顔が今、目の前に見えるのです。池の中に見えた通りの顔を、わたしは今、あなたの顔に見てしまう」というが、二人は双子なのだから当たり前なのである。

それでも、ジークムントは男としてジークリンデを抱擁するが、ペレアスにはその勇気がない。

この点に敏感だったのがドビュッシーである。戯曲の舞台初演では、ペレアス役は女優が演じていた。そのためか、オペラの初期スケッチでは、ペレアスのパートは、決定稿より高い音域で書かれている。オペラ＝コミックの支配人カレにとっても、舞台初演の際の印象が強かったのだろう。最初のシーズンが終わったあと、彼はドビュッシーに、ペレアスを歌ったテノール歌手のかわりに、ロネイ夫人という女性歌手の起用を提案した。するとドビュッシーは、「それは、全くばかげた考えではない」と答えたものである。

それは、抒情的なオナニスム――もっと医学的ではなく言うなら、奇妙にナルシシズムに似たものになるでしょう。要するにペレアスは、恋する男の不作法なやり方を少しも持ち合わせていないのです。そして、彼がようやく男らしく決心した時には、すでに遅く、ゴローの短剣がそれを刈り取ってしまいます。ペレアスがこんな風なのですから、この代役には不都合なことは何もないのではないでしょうか？　性の置き換えはともかく、音色の変化という点では少々気がかりですが、私はこのアイディアについて、現実的な趣味の問題よりは、好奇心の方を多く感じているし、事態をよく観察したいと思っています。

（一九〇二年六月二十八日、メサジェ宛ての手紙）

山口昌男と杉本秀太郎、ドビュッシーのアプローチはそれぞれ異なっているものの、導き出している結論は同じである。彼らにとって、『ペレアスとメリザンド』は三角関係の物語ではない。

彼らはこのドラマを、メリザンドを奪いあうペレアスとゴローの争いではなく、ペレアス＋メリザンドとゴローの対立としてとらえている。

杉本にとってペレアスはメリザンドという水の女神に仕え、また仕えられる若子であり、生贄として水の底に沈む。ゴローは嫉妬に狂って流水に鞭をあてるが、かえって彼らの「夢の中」での合一を成就させてしまう。ドビュッシーにとってペレアスとメリザンドは、『アッシャー家の崩壊』のロデリックとマデラインと同じように両性具有の双生児である。エドガー・ポーの物語と同じく、彼らの愛はナルシシズムの極致としてのエロスのない愛であり、あくまでも人間的な情欲の虜になっているゴローの理解の外にある。山口も、ペレアスとメリザンドの次元とゴローのそれを明確に隔てる。ゴローは二人の関係に終止符を打とうとせわしなく動きまわるが、恋人たちは異次元に住んでいるので、現実世界の表層をひっかいているだけのゴローの行為は、何の影響も及ぼさない。物語のはじまるはるか以前から愛しあっているかにみえる彼らは、物語が終わったあとも永遠に愛しあいつづけるだろう。

異界と人間界の交錯

メーテルリンクが書いた『ペレアスとメリザンド』のテキストには、これまでみてきたように、実にさまざまなモティーフが断片的にみえかくれする。ポーの影、ラファエロ前派の絵画のイメージ、神話・伝説・メルヘン、メリュジーヌやセイレーン、湖の婦人、神秘主義とオカルティズム、そして、メーテルリンク自身がのちに書くことになる『蜜蜂の生活』や『白蟻の生活』の世界。

しかし、そのどれもが、追っていくと途中でしりきれとんぼになってしまう。そのどれもに、この物語は完全にはあてはまらない。いったいどういうことなのだろう？　メーテルリンクの戯曲は、連想されるすべてのものに似ているようで、実際にはそのどれでもない。そのことは、ギリシャ神話のユリシーズ譚を下敷きに書かれたジェイムズ・ジョイスの『ユリシーズ』のような作品と比較することによって、いっそうはっきりするだろう。ジョイスの小説は、作者が完全に意識して伝説の、いわばパロディを書いている。彼の『ユリシーズ』は、ユリシーズ譚の骨組みをすべてそなえ、その仕事のあとは解読することができる。

対してメーテルリンクの場合には、何となく「水の精の物語のようだ」と想像力をかきたてられても、その証明は決してできない。なぜなら、水の精の物語に共通する構造をこの作品がそなえていないからである。水の精の伝承には一定の約束ごとがあり、創作とはいえ、隠された部分で、その約束ごとが少なくともかなりの部分まで満足させられるのでなければ、物語が水の精に関するものだとはいえないだろう。『ペレアスとメリザンド』は、キーワードのない暗号、答えのないパズル、永久に出口のみつからないできそこないの迷宮なのである。

『ペレアスとメリザンド』においては、物語りは大して重要ではない。ゴロー以外の登場人物にとって物語りは、はじめから定められており、それに逆らったり、変えたりする努力はゴローの外の登場人物の中に見出すことができない。死すら又当り前のものとして受けとめられる。あたかも、彼らに起っていることが、この世のものでなく夢の中におけるように、ただ影絵の如く殆んど幻として生起するとき実は独自の生を生きているとでも言うかの如くである。ゴローは起ったことの原因と結果を結びつけようとしてしきりにメリザンドを詰問するが、メリザンドには答えに対する情熱はまるで感じられない。メリザンドには、現われて来る現実の細部のみが雄弁であり、それらの細部の間の呼吸によって発せられる音の響きのみが、耳を傾けるに足る言葉である。そのような網の目の中でのみ、小さな身振りも、状況も、一見何の意味もないような動きも、大きな意味の流れの中に組み換えられていくと言ったのは『ドラマとしてのオペラ』(一九五六)の著者ジョセフ・カーマンであった。

このような細部に対する大きな配慮は、このオペラの反神話性に基づくものであると言えるかもしれない。実を言うと私に対する依頼は、『ペレアスとメリザンド』の神話的背景について書くということにあった。それ故私は、メーテルリンクの作品が背景とする伝説について述べてみた。しかしながら、それでは、このオペラの持つ雰囲気を言い現わされ〔ママ〕ないような気がした。そこで、この舞台が醸し出すであろう白けた気分について考えてみた。その結果たどり着く結論は、その抑揚を欠落させた静かな体裁にもかかわらず、このオペラは極めて反神話的作品なのであるという事実である。言い換えれば、この作品の素材は神話的であるが、つくられ方がオペラの依拠する神話の解体を目ざしているということである。

(山口昌男「『ペレアスとメリザンド』又はオペラの脱構築」)

ここでいわれる「はじめから定められた物語り」が、メリザンドのいわゆる「わたしよりも力の強い何か」によって動かされていることは間違いないだろう。

それにしても、ゴロー以外の『ペレアスとメリザンド』の登場人物たちは、どうしてこうも無気力なのだろう？ どうしてアルケルは、すべてを透徹したまなざしでみつめながら、事態を収拾すべく動かないのだろう？ どうしてメリザンドは、「起ったことの原因と結果を結びつけようとして」詰問するゴローにまともに答えようとしないのだろうか？ どうしてペレアスは、いつも唐突に出発しようとするのだろうか？ 彼らをつき動かしている宿命的な「力」とは、いったい何なのだろう？

もしかしたらそれは、メルヘンの国の法律ではないのだろうか？

メリザンドは水の精ではなかった。山口昌男の表現に倣って正確にいうなら、メリザンドの素材は水の精的だが、つくられ方が水の精ではない。メリザンドにはメリュジーヌのように蛇の尻尾もないし、ルーセ城のレイモンと結婚した蛇女のように、寝室で水浴びする習慣もない。彼女が産んだ子は、人間の女の子である。たしかにゴローは泉のほとりで彼女をみつけるが、泉は仙界との境界線に使われることが多く、だからといって水の精とは断定できない。身元不明の美女と結婚するという設定も、メルヘンや伝説では定番の異類婚のモティーフであって、水の精に限ったことではない。また、ゴローはメリザンドの身元をしつこく尋ねる、あるいは彼女の寝室を覗くなどしてタブーを犯したのかもしれないが、異類婚にはタブーはつきもので、これとて、メリザンドが水の精だったという証明にはならないだろう。

しかし、逆を返せば、上に列挙したような理由は、水の精ではなかったメリザンドが、彼女のドッペルゲンガー、水の若子、夢の中の恋人であるペレアスとともに異界の存在、たとえばメルヘンの国の住人ではあったかもしれない可能性を示唆しているのではなかろうか？『ペレアスとメリザンド』の登場人物のあり方は、昔話研究家のマックス・リューティがカフカの小説の登場人物について語っていることと共通する点があるように思う。

現代の小説では非人格的な力、意識下の超個人的な力や過程が関心の的になっている。個人に照明が当てられるときには、だめな主人公であることが多い――受身の主人公、マイナスの主人公といってもよい。じつに多くの現代の作家がフランツ・カフカの小説から影響を受けているが、カフカの小説こそアンチ・メールヒェンというにふさわしい。しかしながら、カフカの作品には昔話と共通するところも多い。カフカの小説に登場する人物は、昔話の人物と同じように、何はともあれ個性や人格や性格ではなく、役回りである。事件のにない手、事件をしょわされる存在である。カフカの小説の人物も、昔話の人物も自分の手で運命を拓いていかない。両者ともわけの分からない、巻きぞえにされた世界をいく。自分がいかなる関連の中にあるのか見抜いていないという点で、昔話の人物とカフカの人物は共通している。しかしながらカフカの人物が不可解な関連の中に巻き込まれ途方にくれ絶望しているのに対し、昔話の主人公はその関連に乗っている。

（『昔話の本質』）

これを『ペレアスとメリザンド』にあてはめるなら、登場人物たちがわけもわからず事件を背負わされ、巻きぞえにされた世界を行く点ではカフカの主人公と同じだが、途方にくれて絶望しているのはゴロー一人だけであり、ペレアスとメリザンドは、昔話の主人公のように平然とその関連にのっている。山口昌男がみてとったように時間を超越し、別の現実の世界でお互いをみつめあうペレアスとメリザンドは、未聞の出来事を解釈し、説明のつく範疇に納めようと努力するゴローとは、明らかに住む世界を異にしているといえよう。

『ペレアスとメリザンド』のドラマ構造をみるとき、細部の思わせぶりな道具だてにまどわされることなく、全体を鳥瞰的に眺めようとするなら、われわれは次のことに気づくだろう。『ペレアスとメリザンド』のドラマそのものは、神話・伝説・メルヘンいずれの構造もそなえていないが、主人公のペレアスとメリザンドは、おとぎばなしに出てくる王子さまと王女さまのような存在である。どんなお話でもそうであるように、彼らは輝くばかりの美男美女だし、お話の中の王子や王女たちと同じように、「自分たちより強い何か」の力によって、わけもわからずにただ愛しあう。メリザンドは金色の婚約指輪を放り投げて遊ぶが、それは、おとぎばなしの国の法律でそう決められていたからそうしたまでで、別に、ゴローが詮索したがったような深いわけなどありはしなかった。おとぎばなしの国の住人は、紙のように薄っぺらな存在で、蜜蜂のように盲目である。彼らをつき動かし、行動を決定づけているのは、おとぎばなしの国の法律であり、おとぎばなしの登場人物にだけ通用する掟なのである。メリザンドはゴローの疑問に何も答えることができないが、それはわざとそうしているのではなく、おとぎばなしの国の住人である彼女には、ゴローの言語が理解できないのである。

『ペレアスとメリザンド』は、おとぎばなしのプロットに沿って、おとぎばなしの登場人物によって展開されるドラマである。その中でひとりゴローだけが、見えないものを見ようとして途方にくれる生身の人間であり、紙のように薄っぺらなおとぎばなしの舞台装置の間を、生きた人間の血を流しながらさまよい歩いている。

このドラマの悲劇とは、とりわけ、お互いに全く次元を異にするふたつの世界の、思いがけない交錯そのものにあるのではないだろうか？

第八章　「宿命の女」と「つれなき美女」

メリザンドは水の精ではなかったが、十九世紀以降イギリスやフランスの文学にしばしばあらわれる女性像「宿命の女」に組みこむことができる。

「宿命の女」は、フランス語でいう「ファム・ファタル」のことで、慣例的にこう訳されることが多い。「ファム」は女性だからそのままだが、「ファタル」の解釈が難しいところだ。辞書をみると、たとえば「バルク・ファタル」は「地獄への渡し舟」、「モマン・ファタル」は「生死の関頭」、「クー・ファタル」は「致命的な打撃」とあるから、少なくとも幸運の女神ではなさそうだ。白水社『現代フランス語辞典』では、「ファム・ファタル」の訳語は「男を破滅させずにはおかない女、妖婦」となっている。もとより、実際に使われる「宿命の女」の範囲は、これよりずっと広い。

仏仏辞書の『グラン・ロベール』は「ファム・ファタル」を、「運命によって遣わされたように見え、彼女に近づく男たちをあらがいがたく惹き寄せ、破滅させる女」と説明している。たしかにメリザンドは、いかにも運命によって遣わされたようにみえ、ゴローとペレアスをあらがいがたく惹き寄せるが、ただ男を破滅させるだけではなく、自分も死にゆく運命にある。「ファタル」の宿命は、一方的に対象にふりかかるのではなく、その破滅に責任のある当の本人にもふりかかっている。だからこそ、「宿命」なのではないか、と思う。

男を犠牲にする女と男の犠牲になる女

『デカダンスの想像力』のジャン・ピエロは、フランス世紀末の女性像についてこう定義づける。

デカダンスの時代、男と女の関係に、あるいは女であることそれ自体に、両義的な性格が強かったことが、同時に、文学の世界にも同じように倒錯的な、しばしばサド＝マゾ的な性格をもつ傾向の現れを促した。すでに考察したように、デカダンスの想像力は、事実、二つの相反する女性像の間で揺れ動いている。一方には自分を愛する男たち、あるいは自分が愛する男たちを死に導く「宿命の女」が、もう一方には「男の犠牲になる女」があり、前者のほうがよりしばしば作品のなかに表現されている。

ピエロも辞書の解釈と同じように、男を破滅させる女だけを「宿命の女」に組みこんでいる。わが国では、英文学者松浦暢の『宿命の女』がこのテーマを扱っている。主にキーツの研究家として知られる松浦は、キーツ、シェリー、テニスンなどイギリス・ロマン派の詩、ラファエロ前派の画家ロセッティの詩と絵画、さらにスウィンバーンやワイルドなど耽美派の詩にあらわれる女性像の理論づけと体系化を試みた。松浦の分類は次の通りである。

（1）地上型　人間、妖精を主体にした純情タイプで、愛のために自らを犠牲にして他者愛に生きる。
（2）下降型　愛するものを破滅させても自己愛をつらぬく悪女・妖婦タイプの女。
（3）昇華型　地上をはなれて、愛を天上にまで昇華させ、不死の神にまで求める女神型。理想の女性像をアレゴリカルに表現する抽象理念型。

こちらはピエロとは反対に、「男を破滅させる妖婦」にあたる項目が少なく、一般的な意味での「宿命の女」から連想される女性像に比べて、いささか「善良な女」「聖なる女」が多すぎる感がある。メリザンドのように、地上型と下降型のそれぞれ前半だけをミックスしたような女性像をどう処理するのかも、気がかりだ。

「宿命の女」のテーマというと、必ずひきあいに出される書物が、ロマン派から世紀末にかけてのデカダン百科全書ともいうべきマリオ・プラーツの『肉体と死と悪魔』である。この本の第四章には、「宿命の女」の系譜らしきものが書かれている。

宿命の女は、神話の中にも文学の中にも、古来常に存在した。なぜなら、神話や文学は現実生活の諸相を想像の鏡に映したものであるが、現実生活には、程度の差こそあれ、傲慢で残酷な女の典型がいつの世にも見られるからである。したがってリリスの神話や、ハルピュイア、セイレン、ゴルゴン、スキュラ、スフィンクスなどの伝説や、ホメロスの詩などに遡って論ずる必要はない。とはいえ、宿命の女のタイプは古典古代においてさえすこぶる頻繁にあらわれ、ひとつの妄執となる程であった。

プラーツが列挙した古典古代の「宿命の女」にセイレーンやゴルゴーン、スキュラの名がみえることから、「宿命の女」と水の精のイメージが一部重なりあっていることがわかる。アダムの最初の妻であるリリスにしても、原型はバビロニアの民間伝説のリリトゥで、猛禽の翼と爪をそなえた夢魔として男を誘惑するとあるから、古代ギリシャのセイレーンを連想させる。プラーツは、古代ギリシャ悲劇、ダンテ、エリザベス朝の劇作家たちの作品にあらわれる「宿命の女」たちの足跡をたどったあと、ロマン派時代の「宿命の女」に至る。

ロマン派の初期、十九世紀半ば頃までの間に、文学の世界にいく人かの宿命の女たちが姿をあらわすが、バイロン的主人公に定まったタイプがあるのとはちがって、宿命の女のタイプというものは未だない。タイプとは畢竟ひとつの紋切型に他ならないが、それが生まれるには、あらかじめ前もって、ある特定の具体的な人物像が人々の心に深い印象を与えていなければならない。〔……〕

とはいえ、ロマン派の始まりから、宿命の女という人物像の系譜を辿ってみることは可能であろう。系図の書き出しにはさしずめルイスのマチルダが来て、彼女から、一方ではヴェレダ（シャトーブリアン）とサランボー（フローベール）の系列が、また一方ではカルメン（メリメ）、セシリ（シュー）、コンチタ（ピエール・ルイス）の系列が枝分かれしてゆく。――勝手な図式にはちがいないが、こうしてみると、趣味と風俗の歴史上無意味ではない、俯瞰的観察が可能になろう。

プラーツはローマ大学で三十年にわたって英語および英文学を教えていたイタリア人の碩学だが、あがっている名前は、マチルダ以外はフランス文学のヒロインばかりである。

このうちヴェレダは、プラーツのいわゆる「デカダンティズムの先駆」シャトーブリアンの小説『殉教者』のヒロインで、愛国心をそなえた魔女という設定になっている。彼女は政治的野望をもつ男に恋し、魔術の力で彼の手助けをしようとする。いっぽう、フローベールの歴史小説『サランボー』のヒロインは、月の女神ディアナに仕えるカルタゴの女神官で、むしろ男に恋い焦がれられるほうだから、この二人がどうして同じ系列に組みこまれているのか、根拠は不明である。

プラーツは『肉体と死と悪魔』第四章の別のところで、「宿命的な力を振う〈挑発的な女〉というタイプは、きわめて広範に流布しており、その源をマチルダ、カルメン、あるいはセシリといった文学中のモデルにのみ求めるのは恣意的にすぎるかも知れない――結局こうしたタイプの女の例は、現実生活においてもさほど稀ではないのだから」と書き、これに対する〈恥じらいの娘〉の例として、「カルメンとセシリを足したような」コンチタ、バルベー・ドールヴィイが「石女の死刑執行人」と呼んだエステ公女、オクターヴ・ミルボーの『責苦の庭』に登場するサディスティックなクララ……などをあげている。こちらも、たとえば、「玄人っぽいしぐさ、抱かれているときそのままに柔らかくくねらせてしなを作った身体つき」のクララがどうして「恥じらいの娘」なのか、首をひねるばかりだ。

しかし、少なくとも、「宿命の女」が「男を犠牲にする女」ばかりではないことは明白だろう。プラーツが名前をあげたヒロインたちのうち、ヴェレダは黄金の鎌で自殺するし、カルメンは男の手にかかって命を落とし、サランボーも男が息絶えたとたんに自分も死んでしまう。彼女たちは、メリザンドと同じように、「男を犠牲にする女」であると同時に「男の犠牲になる女」でもあった。

学問的な分析はどうあれ、「ファム・ファタル」には、いくつかの決定条件がある。まず第一に、男が迷うような美貌、魅力の持ち主であること、次に、彼女のせいで男、もしくは男たちが何らかの被害をこうむること、あるいは、逆に彼女が何らかの被害をこうむること。最後に、そもそもそうした事態を招く前提として、彼女が男を「誘惑」すること。

誘惑の動機には悪意のあるものとないものがあり、誘惑の方法も積極的なものと消極的なものにわけられる。松浦暢は『水の妖精の系譜』の中で、先の「宿命の女」のアーキタイプを、そのままイギリス・ロマン派の水の精の分析に応用している。ここでは逆に、プラーツが列挙したみよう。

「宿命の女」たちの誘惑の方法を、第二章で設定した水の精のアーキタイプにあてはめて考えて

「出かけていく女」と「ひきずりこむ女」

M・G・ルイスのゴシック小説『マンク』の妖婦マチルダは、典型的な「出かけていく女」である。彼女は、三十年の禁欲と苦行に耐えた高徳の僧アンブロシオを誘惑するために、聖母マリアに扮した自分の肖像画を描かせて僧のもとに届け、日夜賞賛の念をかきたてさせる。二年後、見習い僧に変装して修道院にはいりこんだマチルダは、ころあいをみはからって身分を明かし、関係を迫った。マチルダの女の魅力に負けたアンブロシオは、ついに禁欲を解く。

ここまではマチルダのペースだったのだが、アンブロシオは関係をむすんだとたん彼女に飽きてしまい、別の若い処女を追いかけはじめる。裏切られたマチルダは、僧に罪の上塗りをさせることを考え、魔法の力を使って彼の手助けをした。二人は宗教裁判で火刑を宣告されるが、マチルダは魔術を使って逃げる。

もう一人の「出かけていく女」セシリは、ロマン派時代の通俗小説家ユージェーヌ・シューの『パリの秘密』に登場するクレオール娘である。

数々の男をたぶらかした罪でドイツの監獄に収監されていたセシリは、さる大公国の国王によって、これまた数々の罪を犯しながら法の網をくぐりぬけている公証人を罰するために派遣された。女中として公証人の家に住みこんだセシリは、寝室の覗き窓からしどけない姿を垣間見させ、

手をさし出して指をからませ、ギターをつまびいて恋の歌を歌い、さんざん男をじらせたあげく、愛の証拠として「断頭台にあがるほどの罪」を告白させる。

公証人が罪をひとつひとつ告白するたびに、セシリは「あなたって、すてきよ」とか「あなたに夢中よ」とか叫んで男を煽る。しかし、鍵を渡された公証人が部屋にとびこんでみると、女はバルコニーから逃げたところだった。女に騙されたことを知った公証人は、血の泡を吹きながら狂死してしまった。

マチルダもセシリも、明白な悪意をもって男を誘惑して破滅におとしいれるが、自分は犠牲にならない、辞書の定義通りの「宿命の女」だが、マチルダは男に捨てられる哀れな女でもあり、セシリの場合は、誘惑のプロとして依頼されたもので、自分の意志ではないあたり、多少罪が軽くなるだろうか。

「ひきずりこむ女」としては、メリメの『カルメン』のジプシー女がいる。彼女は、セビリアのタバコ工場の前をアカシアの花を唇にくわえて腰をふりながら歩き、うぶな男をとらえて堕落させる恐ろしい女だが、マチルダやセシリに比べればまだかわいらしいほうかもしれない。何しろ彼女は、最後にドン・ホセの手にかかって殺されてしまうのだから、一応男の犠牲になる女ではあるのだ。もっとも、その前にたっぷり犠牲にするのではあるが。

ミルボーの『責苦の庭』のヒロイン、クララも、男を地獄の底まで突き落とすセイレーンのような「ひきずりこむ女」である。主人公がクララに会ったのは、セイロン経由で中国に向かう船の上でのことだった。野獣のような魅力に満ちあふれた彼女は、男が学術調査でセイロンに赴く生物学者を装っている間は貞淑な女のふりをしていたが、嘘と知れると突然態度を変えて船室にひきいれる。船がセイロンに着くと、クララは男に、自分についてカントンに来ないか、と誘う。クララが男をひきずりこもうと企んだのは、恐ろしいサド＝マゾヒズムの世界だった。しかし、極度の性的興奮のために神経性けいれんを起こした彼女は、物語の最後で瀕死の状態におちいる。

ピエール・ルイスが『カルメン』を下敷きに書いた『女と人形』のコンチタも、男をいいようにもてあそぶ点ではカルメンにひけをとらないが、彼女自身は破滅をまぬがれている。「寝室に女客が絶えたことがない」遊び人のドン・マテオは、カルメンと同じようにセビリアのタバコ工場で働いていたコンチタを身請けしたものの、かれこれ二十ほども年下の小娘をモノにするのに、いやというほど待ちぼうけをくわされる。男は家族同然に女の家に出入りできるが、最後の一線になると、いつも「後でね」といわれる。たまりかねて同棲を申し出ると、夜逃げされてしまう。やっと再会できたかと思うと、女は堅固な貞操帯を着けて男を待っている。娘がようやく身をまかせたのは、堪忍袋の緒を切らした男が女をさんざんなぐりつけてからだった。

意図的に男たちの欲望をじらせるだけじらす、という意味では、ジョセファン・ペラダンの『至上の悪徳』のヒロイン、レオノーラ・デステことエステ公女も同類である。フェラーラの名門エステ家の出身で、八歳で孤児になったあとトレッリ家にひきとられた彼女は、家庭教師たちに肉への嫌悪を植えつけられて育った。社会的な体面を保つためにとりまきの一人マラテスタ公と結婚したが、初夜の床で性交を無理強いされたことに激怒し、一切の夫婦の営みを拒否する。その後夫とともにパリに移住したエステ公女は、フォーブール・サンジェルマン通りの邸宅に網をはり、言い寄る男どもを挑発しては冷たくあしらうことをくり返し、大理石の女と呼ばれた。

ところが物語の後半になると、エステ公女はむしろ「出かけていく女」に変身するのである。不感無覚の魔術師メロダックのことをきき、興味をもった公女は、ある舞踏会の折に彼を別室に誘う。衣装を替えるから後ろを向いているようにいわれたメロダックの目の前には鏡があり、公女の完全な裸身を映し出す。しかし、ありとあらゆる性愛文学を読むことによって性欲を完全に克服した魔術師は、少しも動揺しない。メロダックの誘惑に失敗したエステ公女は、美貌のドミニコ会士アルタ神父との「不感無覚」対決にも破れる。貧しい者への施しを口実に彼を自宅に呼びつけた彼女は、身体中の至るところが透けて見えるレースの衣装を着け、素足にサンダルというでたちで彼を迎えるが、神父の悪魔のような哄笑が誘惑を退ける。

ロバート・バルディック『ユイスマンス伝』によれば、エステ公女のモデルはアンリエット・マイヤという文学者漁りのプロで、彼女はペラダンとレオン・ブロワを獲物にしたあと、ユイスマンスにも言い寄り、最初のあいびきのうちはキスも拒んで「鉄の女」を演じたという。

「何もしない女」

これまで出てきた女たちは、積極的に男の気をそそるにせよ、頼まれてそそったにせよ、わざとそそっておいて拒むにせよ、意図的に誘惑する気持ちがあったことには間違いない。しかし、フローベールの『サランボー』のヒロインの気持ちは、ついに最後までわからない。少なくとも彼女の行動には、意図的なところは全くない。

彼女を不感無覚の「冷やかな女」として位置づけるのは、マリオ・プラーツである。

男は冷たい女の目の前で死んでゆく。女は月の神の巫女であり、彼女自身一個の偶像であって、男の死は彼女の意志にかかわりのない行ないの結果である。マトーは、苦悶に胸を裂かれながら、一言も物言わずにおそろしい目で女を見据える。

（『肉体と死と悪魔』）

問題は、彼女が本当に冷たいままだったか、だ。

舞台は、前三世紀カルタゴ。第一次ポエニ戦役の祝勝会に出席したリビア人の傭兵マトーは、カルタゴ軍の総司令官の娘で女神官のサランボーを見て、恋に落ちる。このときサランボーがマトーを誘惑した事実はない。彼女はただ、去勢された僧侶たちの奏でる七絃琴をバックに、傭兵たちのそれぞれの国の言葉でローマとの戦いを歌っただけだ。人々が拍手喝采すると、サランボーは、彼女のほうに身をのり出していたマトーに近づき、黄金の盃に酒を注ぐ。外国人軍隊との友好的関係を保つための、司令官の娘としては当然の行動だった。おそらくサランボーは運命的な出会いを察知したのだろうが、それは意識の底に眠っていて、明確に知覚されない。

それは、次の再会のシーンでも同じである。傭兵たちは給料未払いを不服として反乱を起こし、マトーはカルタゴの象徴である女神タニットのヴェール「ザインフ」を盗むために城に忍びこむ。聖堂で「ザインフ」を見つけたマトーは、サランボーの寝室をさがし出し、愛を告白する。しかしサランボーは、見ることも触れることも禁じられたタニットとそのヴェールに興味があるだけなのだった。サランボーが叫び声をあげたため、マトーはヴェールをもったまま逃走した。

カルタゴ軍は滅亡の危機におちいり、サランボーは大司祭から、たった一人で反乱軍の陣地に行き、ヴェールを奪い返してくるように命令される。そこで何が起きることが予想されていたか、サランボーには見当もつかなかったが、マトーのテントを訪れた彼女は、男の逞しさ、やさしい仕種、情熱をこめた愛の言葉に陶然となる。やがて火事が起こり、サランボーは「ザインフ」をもって城に帰った。

神聖なヴェールを冒瀆したマトーは捕らえられ、カルタゴ中の人々に打擲されながら市中をひきまわされるという恐ろしい罰を受けることになった。娘が傷物になったのではないかと疑惑を抱いた司令官は、功労のあったヌミディア王との結婚をいそがせる。マトーのことが気になって仕方のないサランボーは、その意味がわからず、自分はマトーを憎んでいるのだと思いこみ、悩みからのがれるためにかえって彼の死を願い、王との結婚を心待ちにする。

婚礼の日、寺院の展望台の上で市民の歓呼の声にむかえられたサランボーの目に、全身を打たれ、突き刺され、焼かれながら一歩一歩自分のほうに進んでくるマトーの姿が映った。いかに命令されたとはいえ、自分の身を囮に「ザインフ」を奪い返し、反乱軍とマトーを破滅においやったのは彼女自身だった。二つの燃える眼をのぞけばとても人間にはみえない血まみれの肉塊が彼女をじっと見つめると、突然、サランボーの中に遅すぎる後悔の念が沸きおこる。

彼は今断末魔の苦しみに喘いでゐるのに、彼女は、天幕の中で跪いて、彼女の胴に腕を巻きつけ、優しい言葉を呟いてゐる彼の姿を眼のあたりに見てゐるのだつた。彼女はもう一度その腕を感じたかつた。その言葉を聞きたかつた。彼を死なせたくなかつた！

マトーが死んだあと、喜びに酔いしれる市民たちとともにサランボーも盃を手にしたが、突然頭を後ろに落として、玉座の背に倒れてしまう。

「かうして、アルミカアルの娘はタニットのマントに触れたために死んでしまつた」という結尾の一行が、よりいっそう謎を深める。

つれなき美女

「ファム・ファタル」と同じような意味で使われる語に「ラ・ベル・ダム・サン・メルシ」というのがある。「ベル」はフランス語で、「美しい」、「ダム」は女、「サン・メルシ」は「無慈悲な」「情け容赦もない」という意味だから、「情け容赦もない女」から発展して「つれなき美女」と訳されることが多いが、松浦暢『宿命の女』では「冷たい美女」となっている。

「宿命の女」と「つれなき美女」の違いは、実はどうもはっきりしない。『肉体と死と悪魔』の第四章は「つれなき美女」と題され、キーツのバラッド『つれなき美女』（一八一九）の一節がエピグラフとして掲げられている。しかし、この章はタイトルこそ「つれなき美女」だが、論じられているのはもっぱら「宿命の女」という、ややこしいことになっている。

キーツの『つれなき美女』は、ウンディーネや氷姫と同じように、異教世界に「網をはる女」

である。蒼ざめ、衰えやつれた甲冑の戦士が、冬枯れの湖のほとりをさまよっている。その理由を尋ねられた騎士は、次のように答える。牧場であやしくも美しい妖精のような乙女に会った。その髪は長く、足どりはかろやか、瞳はいきいきと燃えていた。女の頭に花環を飾ってやると、女は恋するまなざしを向けて、甘い吐息をついた。妖精の女を馬にのせた騎士は、彼女を飽かず眺めているうちに日が暮れてしまう。女は甘い香りの草の根や野の蜂蜜を捜してくれて、不思議な言葉で〈ほんに　おまえが好きです〉と言った。

おとめごは　わたしを洞穴（ほこら）に連れてゆき、
泣いて悲嘆にくれたので、
いきいきとした瞳を　閉ざしてやった
やさしい四つの接吻（くちづけ）で。

それから　おとめごの歌が　眠りに誘い、
そこでわたしは　夢を見た——ああ！　忌まわしい！
いま見た夢を　夢見たとこは
しとね冷たい　丘だった。

色蒼ざめた　王たちや　王子たちも、

騎士たちも　死人のように　みな蒼かった。
みんなは叫んで　こう言った——〈つれなき美女が
おまえをとりこにしている〉と。

キーツの『つれなき美女』は、考えようによっては女青髭と受けとれなくもない。彼女は、牧場で好ましい騎士を待ち伏せしては、洞穴にさそいこむ。騎士の夢の中には、過去の犠牲者たちの屍がいれかわりたちかわり顔を出し、お前は悪い魔女の餌食になりかけているのだ、今のうちに逃げろ、と忠告する。夢からさめてみれば、甘美な愛の世界はどこへやら、あたりには「浜すげは　湖上に枯れて、また　小鳥のうたう　歌もない」冷たい荒涼とした丘辺の景色がひろがる。これは、たいていのお化け話の結尾と同じである。

「ラ・ベル・ダム・サン・メルシ」はキーツの創作ではなく、フランスの宮廷詩人アラン・シャルティエにも同名の詩（一四二四）があり、キーツ自身が『聖アグネスの夕べ』でリュートを弾くポーフィロにも歌わせている。内容はキーツの詩とは特に関連がなく、詩人が旅先で目撃したという設定で、ある男女のカップルの恋の様相が語られる。村の果樹園で開かれたにぎやかな祭りに参加した詩人は、飽いて片隅にしりぞき、そこで内気な青年とつれない女性との会話をきつける。青年はひたすら熱心に愛を告白するが、女性はそれをことごとく拒絶する。やがて女性はダンスの輪にもどり、青年は悲嘆にくれて死んでしまう。

冷酷無情かつ不感無覚なシャルティエの『つれなき美女』を一般的な「つれなき美女」とする

と、キーツの『つれなき美女』は、タイトルほどつれなくはない。美女は騎士を、他の王公たちのように殺しはせず、少なくとも洞窟からは生きて帰したからである。松浦暢によれば、詩そのものの解釈も多様で、ことに洞窟で女が「泣いて悲嘆にくれた」という一節が議論の対象になった。女性のタイプとしても、研究者によって「騎士をまどわせ、犠牲にする残忍な魔女」から、「男が追い求めるが、決して手に入らない理想の女性」「男に魔法と予言能力、貴重なプレゼントをあたえる善良な妖精」まであり、さらに「善でも、悪でもない、超自然のケルト起源の妖精」とする中間説などさまざまにわかれるという。

おもうに、妖精は人間の騎士の死すべき悲劇的運命をよみとって、泣き溜息をついたか、それとも、じぶんをふくめた二人の愛の悲劇の結末を予感して、泣いたのだろう。超自然的な不死の異教的な妖精と、死すべき運命のキリスト教徒の愛は、もともと〈星別れ〉するさだめであることを、暗示しているのではないか。はじめて会ったとたんに、はげしく燃えあがった愛が、純粋であればあるほど、その愛をつらぬく代償は死につらなる。まして、騎士が王国を忘れて異教の愛にはしり、妖精も、同属の掟をやぶり、異民族との愛というタブーを犯して、人間と恋に落ちた以上、この二人のエロスは、タナトスに終わる運命にある。所属する世界への忠誠と、異教の愛のディレンマのはざまに落ちて、ラ・ベル・ダムは泣き吐息をつく。こう考えると、〈冷たい美女〉はけっして〈冷たい〉のではなく、むしろやさしい純情タイプの〈宿命の女〉となるだろう。〔……〕

〈冷たい美女〉は、あるときには「悪魔的な残忍性」をのぞかせることもあるが、意図的な邪悪性ではなく、すべての人間の男を破壊させる欲望はもっていない。むしろ、詩人キーツの心に投影されたアニマ的理想の女性像の一典型で、この場合、騎士にたいしては、自己犠牲的な愛をしめす〈宿命の女〉像になっている。その意味では、獣性を誇示する官能的妖女ではなく、むしろ清純タイプの昇華型の〈宿命の女〉となっているのは、詩人キーツの資性によるものだろう。〈宿命の女〉のルーツ的存在になるにふさわしい、謎の女性像である。

（『宿命の女』）

キーツの『つれなき美女』は、セシリのように獣性を誇示する官能的妖女ではなく、マチルダのような意図的な邪悪性ももたないという点で、メリザンドに共通するものがある。最初から愛の悲劇的な結末を予感して悲嘆にくれるところも、運命のいきつくところを察知しながら何もすることができず、自分は不幸せだとすすり泣くメリザンドの姿と重なりあう。しかし、この美女を清純タイプの昇華型とする松浦の解釈は、少しばかり好意的すぎないだろうか。なるほど騎士は無傷で帰されたかもしれないが、その前に美女は王や王子たちをたっぷり誘惑し、屍にしているのだから。むしろここでは、騎士の側に何か美女が魔力を発揮することを妨げるような魅力、または徳がそなわっていたと解釈したいところだ。

このように、読み方ひとつで全く風貌が異なってしまう『つれなき美女』の両義性は、十九世紀末に流行するファム・ファタル像の源泉となった。プラーツは、「この詩が表現する魔力と苦痛に満ちた神秘（これは明らかに『タンホイザー』の主題でもある）には、スウィンバーンの『美神頌』からモローのいくつかの絵に至る、ラファエル前派と象徴派たちの世界が、萌芽のかたちで、ことごとく含まれている」と書いている。

第九章　メリザンドと水

男を誘惑してひきずりこむセイレーン、水辺に網をはってまちかまえる人魚、恐ろしい暗礁の象徴としてのメドゥーサなど、水の精のさまざまなヴァリエーションは、ラファエロ前派やベルギー象徴派の画家たちの想像力の中で、「宿命の女」とむすびあわされ、ひとつになった。

文学と絵画の双方でくり返し「宿命の女」を描き、クリムトやビアズリー、ムンクに大きな影響を与えたラファエロ前派の詩人・画家ダンテ＝ガブリエル・ロセッティ（一八二八—八二）、第二次ラファエロ前派運動に参加したエドワード・バーン＝ジョーンズ（一八三三—九八）は、「宿命の女」としての水の精像を確立した功労者でもある。

彼らの描く女性像は、性別を越えた不思議な魅力を放ち、世紀末の象徴派やデカダン派の文人たちを惹きつけた。豊かな髪と大きくみひらいた眼をもつ妖精めいた美女のイメージは、ロセッティやバーン＝ジョーンズを好んだメーテルリンクによって、メリザンドに反映させられている。

「宿命の女」としての水の精

実生活でもエリザベス・シダルという「男の犠牲になる女」と、ジェイン・モリス、ファニー・コンフォースなど「男を犠牲にする女」の間で揺れ動いていたロセッティの女性像は、描くモデルによって、霊肉分離したような清純タイプ、性的魅力に満ちた官能タイプ、あやしい魅力を放つ魔女タイプなどにわかれるが、一八六二年、エリザベスの不可解な死を境にあとの二つのタイプが多くなっていく。水の精を扱った《海の精リゲーア》(一八七三)、《海の呪文》(一八七七)では、セイレーンは豊かな髪をもつ豊満な女性として描かれ、放心したような表情でインドの楽器サリンダや日本の短箏をつまびきながら歌い、舟人をおびきよせる。

ロセッティには、文字通り《つれなき美女》(一八六五)という作品もある。もっともこの絵は、キーツの詩の内容と直接の関係はない。

あずまやの中で、プサルテリウムという楽器を抱きかかえ、恍惚として弾き語りする金髪の女性と、それを聴く一組のカップルが描かれる。中央の男性はすっかり金髪の女性に心を奪われ、彼女のほうに身をのり出している。褐色の髪の女性は、恋人の手をひっぱりながら、心配そうに二人の様子をみている。

ロセッティの《つれなき美女》が歌声を誘惑の手段として使うところは、セイレーンを連想させる。一八六九年に書かれた『リンゴ園の奈落』(散文詩・詩)では、セイレーンとキーツの『つれなき美女』のイメージが重なりあっている。

語り手である若者の夢に、谷間をはさんでリンゴの木が群生した果樹園があらわれる。ひとときわ大きなリンゴの木の叉には金髪の美女がいて、甘美な歌を歌い、ひきよせられる男にリンゴを与える。そのリンゴは、セイレーンの谷でとれたもので、死をもたらすリンゴだった。木の根元には深い奈落があり、美女のリンゴを食べた男たちの屍体がうずたかく積もっている。若者が恋人の制止もきかずに谷間を下っていき、美女の差し出すリンゴを食べると、死の接吻をされたような感触があり、意識が朦朧としてきて奈落の底に墜落する。そこには幾人もの亡者が待ち構えていた。

バーン＝ジョーンズも、《海の深淵》（一八八六）という絵で、恐ろしい「ひきずりこむ」水の精を描いている。

朧な冷たい光と、死のような静けさだけが支配する海の底の世界が縦長の画面一杯に描かれ、そこに今まさにセイレーンが男の腰をしっかりと捕えて下りてくる。セイレーンは勝ち誇るかのような微笑を浮かべて、画面のこちら側をみつめている。犠牲となった男は、海面へ昇る泡からわかるように、いまだ絶命したわけではないようだが、そのミケランジェレスクな肉体にもかかわらず、今はなすすべもなくじっと目を閉じている。（谷田博幸『ロセッティ』）

バーン＝ジョーンズの妻ジョージアナによれば、この人魚の顔は夫がつねづね「セイレーン」と呼んでいた女性に似ているという。ルイス・キャロルと同じように少女を偏愛し、ジョージアナが十四歳のときに婚約し、十八歳で結婚したバーン＝ジョーンズは、のちに「残酷で近寄りがたいが偉大な才能と素晴らしい美貌の持ち主」(デュ・モーリエ)マリア・ザンバコという実在のファム・ファタルに翻弄されることになる。《魔法にかけられるマーリン》(一八七四)の中で、魔法の手ほどきをしてくれた魔術師マーリンを逆に魔法にかけて閉じこめてしまう湖の精ヴィヴィアンは、マリアをモデルに描かれている。

後期のロセッティが官能的な作風に傾いていくのに対して、バーン＝ジョーンズは一貫して豊満な女性像を描くルーベンスを嫌悪し、ボッティチェリとミケランジェロを崇拝した。河村錠一郎は『ワーグナーと世紀末の画家たち』で、彼の描く女性たちを、「夢見るような、現実から隔離された眼差をし、女であることを哀しむかのような愁いに閉ざされている」と評している。バーン＝ジョーンズの絵を見て、「目のまわりの隈……こんなものが美術にあらわれた例は他に見当たらない。オナニーか、同性愛か、それとも正常な性愛か、それとも結核か。なんのせいやら、さっぱりわからない」という感想をもらしたのは、オクターヴ・ミルボーである(フィリップ・ジュリアン『世紀末の夢』)。

やはり性別不明な人物像を多く描いたベルギー象徴派の画家フェルナン・クノップフ(一八五八―一九二一)には、《メドゥーサの血》(一八八九)と《眠るメドゥーサ》(一八九六)という印象的な二枚がある。前者はからみあう蛇の髪をもつ切られた生首だが、がっしりした下顎など、顔の輪郭は完全に男性のものである。後者は夜の静寂のなかで鷲の羽根をたたんで後ろを向き、いかめしい横顔をみせる半人半鳥の姿で描かれている。

十八歳のころからたびたびパリを訪れたクノップフは、ギュスタヴ・モロー(一八二六―一九八八)

に私淑し、一時期彼のもとで学んだといわれる。ラファエロ前派の運動に惹かれていた彼は、七八年に開かれたパリ万国博覧会でバーン＝ジョーンズの作品に接し、深い感銘を受けた。

クノップフはバーン＝ジョーンズの描く妖精のような女性たち、理想化されたアングロサクソンの女性表現に、自らが求めていた女性像と共通するものを見出したのであろうか。いや、むしろバーン＝ジョーンズの描く逞しいのにどことなく女性的な若い男性表現のなかに、自らの理想とする「女性」像を見出し、同時に自分自身の理想像をもそのなかに確認したのではないだろうか。

（宮澤政男「世紀末のナルシスティック・スフィンクス」）

クノップフは五十歳になって三年足らずの結婚をしているが、彼が愛しつづけたのは、母親の面影と、多くの絵画のモデルとなっている六歳下の妹マルグリットだった。ペラダンの「薔薇十字会」（一八九二―九七）に参加、最も忠実な出品者の一人となったクノップフは、『至上の悪徳』に取材したパステル画も描いている。

このほか、第一、二章でもとりあげたが、「遅れてきたラファエロ前派」とも呼ばれるウォーターハウス（一八四九―一九一七）にも、《ユリシーズとセイレーン》（一八九一）、《つれなき美女》（一八九三）、《人魚》（一九〇一）、《レイミア》（一九〇九）など、水の精や「宿命の女」にちなむ多くの作品がある。

反女性主義とファム・アンファン

「英国が耽美的とするなら、フランスは頽廃的であった。ワイルドの亜流数人を除いてみれば、英国にデカダンはほとんどいなかったし、フランスに耽美家はほとんどいなかった」と書いたのは、『世紀末の夢』の著者フィリップ・ジュリアンである。ここで「耽美的」とあるエステティックは、審美、唯美とも訳される。

「デカダンの始祖」ボードレールが詩集『悪の華』を刊行するのが一八五七年。耽美派の詩人スウィンバーンが『悪の華』の最初の論評を書くのが六二年、耽美派の首領ウォルター・ペイターの処女作『ルネサンス』出版が一八七三年。バーン＝ジョーンズの《魔法にかけられるマーリン》がパリ万国博で絶賛されるのが七八年。ガブリエル・サラザンが「独立評論」に「イギリスの耽美主義運動（ラファエロ前派・ロセッティとスウィンバーン）」を連載するのが一八八四年。

相互影響はあったが、きびしい道徳的戒律で知られたヴィクトリア朝とフランス世紀末では、おのずから女性観も異なってくるだろう。母と妹への愛に生きたクノップフは、「私の好みの女性の特徴は、献身である」と書いた。バーン＝ジョーンズの「少女愛」は、「家庭の尼僧」を理想としたヴィクトリア期の男性が、近代の自立した「新しい女」に対していだいた恐れを象徴するものだったという。ブラム・ダイクストラは、この傾向を次のように説明する。

父親の妻のうちに見せたのと同じ、尼僧のような従順な特質を、同世代の女たちのなかにも見いだすことを期待した多くの男性が、しばしば成人女性から課せられる恐ろしい肉体的・

感情的要求を免れるために、女には見いだすことができない子供の純潔にあこがれを感じはじめたのである。

（『倒錯の偶像』）

ダイクストラによれば、抑圧された欲望にとりつかれた男たちは、「無垢を罪に転じるという危険な火」をもてあそび、「子供の肉体のうえに女の誘惑を再発見する」ようになっていく。ラファエロ前派でもロセッティよりはバーン゠ジョーンズを好んだフランス世紀末は、文学にあらわれるヒロインの中でも、清純な妖精タイプの「ファム・アンファン（子供のような女）」、または、中性的なアンドロギュヌス・タイプをもてはやす傾向にあった。イギリスの「少女愛」がヴィクトリア朝を背景にしているとすれば、フランスの「両性具有崇拝」はボードレールの提唱する反女性主義に端を発している。

デカダンスの人々は性欲を発見したが、たいていの場合、それを拒むか、あるいは少なくともその正常な形態を拒むかいずれかだった。〔……〕彼らは正常な愛と性欲とを、それらがいずれも自然の領域に属するものとして、拒んだのである。反自然主義は、当然のことながら、反女性主義へとつながる。女性は自然を象徴するものだからである。

（『デカダンスの想像力』）

同じ拒むにしても、国家によって強制的に拒まされていたイギリスに対して、フランスは自発的に拒んだというべきか。

「女はダンディの逆である。だから、ひとをぞっとさせることになる」「女は自然的である。つまり忌わしい」「女は魂と肉体を引き離すことができない」（『赤裸の心』）と罵詈雑言を並べたてたボードレールの文学的態度は、少なからず実生活での不幸な性体験からくる肉への嫌悪、愛への失望に起因しているといわれるが、彼の教義を信奉するデカダン詩人たちによって熱狂的に受け入れられ、さまざまに発展させられた。

成熟した女性を嫌悪するラフォルグは、『伝説的教訓劇』の一篇「パルシファルの子、ローエングリン」で、「腐ってしまいそうなほど満ちたりた感じで早々と柔らかな曲線を描く女の身体など、僕は嫌いだ」と切って捨てた。ペラダンは『アンドロギュヌス讃歌』を通して、「あらゆる性を拒否する性」を理想として歌いあげた。一八八七年、ロセッティの『選ばれた乙女』をいち早くカンタータに仕立てたドビュッシーも、エドガー・ポーの霊肉分離したような女性像に惹かれ、シェイクスピア『お気に召すまま』の男装の麗人ロザリンドを理想のヒロインとした。棒っきれのような身体つきで男色者ロベール・ド・モンテスキューを魅了した舞踊家のイダ・ルビンシュタインなどは、さながら世紀末のセックス・シンボルだったといえよう。

反女性主義から派生する性倒錯も次々と文学のテーマになる。一八八四年は、ヴェルレーヌの『呪われた詩人たち』、「デカダンの聖書」ことユイスマンスの『さかしま』、ペラダンの『至上の悪徳』などが出版され、デカダンスの美学が確立された年となったが、兄妹間の近親相姦を扱ったエレミール・ブールジュの『神々の黄昏』もこの年の刊行である。ブランケンブルク公国の王シャルル・デステの子供たちの中に、母親が違うハンス・ウルリッヒとクリスチアーネという仲むつまじい兄妹がいた。元歌姫で大公の情婦ベルクレディは、公国内に不動の勢力を確保するために、二人の間で眠っている近親相姦的な感情をめざめさせようともくろみ、ワーグナー『ワルキューレ』のジークムントとジークリンデの役を演じさせる。ワーグナーの楽劇には、そうでなくても催淫性がある。双子の兄妹がかわす灼熱のような愛の歌に酔い、舞台の上で堅く抱擁する二人。その直後、兄は妹の身体を奪って自殺し、妹はカルメル派の修道院で余生を終える。

やはり一八八四年にブリュッセルで刊行されたラシルド『ヴィーナス氏』も、背が高く、すらりとした男らしい女性が、真っ赤な唇に濡れた瞳、張った腰、すべすべした肌、ほっそりした足首をもつ女らしい男性を恋人にするという、いかにも世紀末的な倒錯の性愛を描き、発禁処分を受けた小説である。のちに詩人ヴァレットの妻となったラシルドは、パリに出てきたころは髪を短く切り、男装で文学カフェに出没したというから、さながら十九世紀末のジョルジュ・サンドといったところか。

ラシルドの『ヴィーナス氏』に魅せられ、「あなたの作品は天上の地獄だ」と賞賛したユイスマンスの『さかしま』でも、疑似性転換のエピソードが語られる。

あらゆる放蕩を試みたのちに官能が麻痺状態におちいり、性的不能の兆候を示したデ・ゼッサントは、放蕩生活に見切りをつけ、先祖代々の城を売ってパリ郊外のフォントネエ・オ・ローズの高台に小さな邸宅を購入して閉じこもってしまう。ある日、ディケンズの小説を読んで、あまりのピューリタニズムにかえって官能を刺激された彼は、かつて性的不能の治療として用いていた媚薬を飲み、ミス・ウラニアという「すらりとした肉体と、たくましい脚と、鋼のような筋肉と、鋳鉄のような腕をもった」女軽業師との情事を回想する。

彼女のしなやかさと逞しさとに見惚れているうちに、彼は、一種の人工的な性の転換が彼女において生じるのを発見したのである。彼女の優美な所作や女らしい気取った挙措が、次第に影をひそめて行くと、その代りに今度は、いかにも男性的な、敏捷な、力強さの魅力があらわれてくるのである。要するに、まず最初女であった彼女は、次にためらい勝ちに半陰半陽者(アンドロギヌス)に接近し、その後さらに一転して、おのれのすがたを明確にし、ついには完全に男に変化するのであった。

とすると、逞しい若者がほっそりした少女を愛するように、あの女道化師も、その本来の傾向からいって、当然、ちょうどこのおれのような、生気のない、なよなよした、弱々しい男を愛さなければならないはずだろう、とデ・ゼッサントは考えた。

このデ・ゼッサントを典型的なフランスのデカダンとするなら、彼らが性欲の正常な形態を拒み、あらゆる性のファンタスムに走ったのは、イギリスのエステートたちとちょうど正反対の理由、つまり、あまりの放蕩の過剰ゆえということになるかもしれない。

フォントネエの邸宅で隠遁生活を送るデ・ゼッサントは、エドガー・ポー、ボードレール、ヴィリエ・ド・リラダンの諸作品、マラルメの『半獣神の午後』、フローベールの『サランボー』

を耽読し、パレストリーナやラッススのルネサンス音楽、ルドン、ゴヤなどの幻想絵画に惑溺したが、とりわけ居室に飾ったギュスタヴ・モローの二枚の画布《ヘロデ王の前で踊るサロメ》と《出現》は、彼を恍惚状態に浸らせた。

彼女はもはや、淫猥に腰をひねって老人に欲望と発情の叫びを発せしめる、単なる女軽業師でもなければ、乳房を波打たせたり腰を揺すったり臀を震わせたりして、王の勢力を涸らし決断力を鈍らせる、単なる女大道芸人でもなかった。彼女はいわば不滅の「淫蕩」の象徴的な女神、不朽の「ヒステリイ」の女神、呪われた「美」の女神となったのである。その肉を堅くし筋肉を強張らせたカタレプシーによって、彼女はすべての女たちの中から特に選ばれたのである。古代のヘレネのように、近づく者、見る者、触れる者すべてに毒を与える、無頓着な、無関心な、無責任な、怪物のような「女獣」なのである。

ユイスマンスによって読み解かれるモローのサロメ像は、水の精にたとえるなら「出かけていく女」の積極性と対極をなし、「網をはる女」でも「ひきずりこむ女」でもなく、むしろメドゥーサのように「何もしない女」、存在そのものが悪となる不感無覚の「宿命の女」だった。

サロメとハダリー

サロメをめぐるフローベールとモローの相互影響も面白い。モローのサロメ像は『サランボー』にヒントを得たといわれるが、いっぽうでフローベールは、一八七六年のサロン展に出品されたモローの《出現》と《ヘロデ王の前で踊るサロメ》に触発され、翌七七年に『三つの物語』の「ヘロデア」を書いている。ここに登場するのは、しかし、モローが描いたように自律した「邪悪」の象徴としてのサロメではなく、聖書の物語に忠実な主体性のないサロメだった。

聖書のサロメは、母のヘロデヤのいいなりに動くロボット的存在でしかない。前夫の兄ヘロデと結婚するという禁忌を犯したために、預言者ヨハネに罵倒されたヘロデヤは、夫にヨハネを捕らえさせたが、ヨハネを尊敬するヘロデはなかなかヨハネを殺そうとしない。しびれをきらしたヘロデヤは、一計を案じ、ヘロデがたいそう気に入っている娘のサロメに、踊りを踊ることとひきかえにヨハネの首を所望させるようにいいふくめる。

フローベールのサロメも、母親にいわれるままに乳房をふるわせ、腹を波打たせて煽情的な踊りを踊ったあと、バレリーナのように百八十度開脚したり、さかだちの姿勢で台の上を一周したりする。狂喜したヘロデが、「城を沢山あげる。国の半分でもよい」というと、サロメは母親の指示をあおぐために中二階にのぼっていった。

ふたたび姿をあらわしたサロメは、わずかに口ごもりつつも、あどけない様子でこういう。「お皿に入れていただきたいのです。あの人の……」ここでサロメは、かんじんの名前を忘れる。やがて微笑みながらいいそえた。「ヨカナンの首をでございます」

対して、ワイルドの戯曲『サロメ』のヒロインは、ヨカナーンの美しさに眼がくらみ、拒絶された唇を奪うために、どうしてもその首がほしいと願う情念の女である。彼女は、自分の踊りを見たがっているヘロデに、踊りを見せたら何でもほしいものをくれるという約束をとりつけた上で、七色のヴェールの踊りを踊る。堀江珠喜『サロメと世紀末都市』によれば、ワイルドがフランス語で、『サロメ』を書いたのは、ヴィクトリア期のイギリスでは、「ファム・ファタル」を芸術作品のモティーフとして使うことは考えられなかったためだという。

ラフォルグも、『伝説的教訓劇』で「ヘロデア」のパロディを書いている。こちらは、ワイルドのサロメのような妖艶さはなく、七色のヴェールの踊りを踊るかわりに「無意識」について長大な哲学的演説をぶち、処女性から解放されるためだけにヨカナーンと交わり、そのことを隠蔽するために彼の首をはねさせる不感無覚で残忍な少女である。ラフォルグは、モローの《出現》の写真図版をもっていたというし、第三詩集『聖なる月のまねび』の扉には、「タニットの巫女、可憐なるサランボーの霊にささげる」と記されているから、ここにもモローのサロメやサランボーのイメージが反映されていることは間違いないだろう。

しかし、最も世紀末的に不感無覚で残忍な「宿命の女」は、もしかするとヴィリエ・ド・リラダンの『未来のイヴ』のヒロイン、人造美女のハダリーかもしれない。

青年貴族エワルド卿は、アリシヤ・クラリーという二十歳そこそこの無名の女優に夢中になっていた。彼女は銀色の白楊樹（はこやなぎ）のようにすらりとして、しかも最も偉大な彫刻家をも驚かす線の集まりを示した肉体と、この上もない魅力的な卵形で、露に酔いしれた血の色の唐撫子（からなでしこ）のようなつれない口もと、うら若い獣のようなあどけない歯なみ、額と同じ高さでまっすぐおりた気品のある鼻、黒い光を放つ誇りやかなまなざし、南国の夜の輝きをおびた鳶色の髪の毛をもつ「勝利のヴィーナス」のように完璧な美女である。やがてエワルド卿は、この完璧な肉体に宿る魂が、外見とは全くふつりあいな俗物性に満ちていることに気づき、以前行き倒れになっているところを助けたことのある発明家エディソンをニューヨーク郊外の邸宅に訪ねる。このエディソンは、電灯や蓄音機を発明した、あのエジソンのカリカチュアだった。

電線を網のように張りめぐらせたメンロパークで人造人間の研究をしていたエディソンは、「誰かがあの肉体からあの魂を取り除いてくれないかなあ」というエワルド卿のつぶやきをきき、制作中のアンドロイド、ハダリーを見せる。

頭部全体を黒いヴェールで覆ったその「存在」は、艶消しの光を放つ白の、燻し銀の薄板でつくられた、女性の形をした甲冑状のもので包まれていた。胴体に巻かれた帯には抜き身の短刀がはさんであり、すべての指にはルビー、紫水晶、トルコ石、黒ダイヤなど種類の違う宝石の指輪がきらめいている。これらの指輪には感覚がそなわっており、人体機関を動かす、いわばリモコンの役割を果たしている。たとえば、左の小指の小さなオパールを調節すると、帯にはさんである短刀の刃に強力な電流が通じ、恐ろしい稲妻となって放電される。

エディソンがハダリーに、「いよいよ生きる時がやって来ましたよ」と呼びかけると、彼女は心地よい重みのある声で「まあ！　別に生きたいとは思いませんけれど！」と答えた。

エワルドの名で電報を打ち、アリシヤを呼び寄せたエディソンは、立像彫刻をつくるとみせかけて全身の寸法をとり、舞台女優としてデビューさせてやると騙して色々な役を演じさせ、テレパシー能力のある女性を通してアリシヤの身のこなしや歩き方、声の抑揚、言葉、まなざし、微笑、蒼白さなどをハダリーに植えつけた。
　三週間後、ふたたびエディソンのもとを訪れたエワルドは、アリシヤと暗い並木道を散歩するうち、彼女がいつになく寡黙で愁いに満ち、やさしい心づかいを示すのに感激して彼女に接吻し、両腕にひしと抱きしめたまま、熱烈な愛の言葉を述べる。

　ああ最愛のアリシヤ！　これがあなたなのだ！　やはり、あなたはゐるのだ！　私同様、肉と骨で出来てゐる！　この心臓の鳴つてゐるのが私にわかる！　この眼は涙を流したのだ！　この唇は私の唇に圧しつけられて感動したのだ！　あなたは、愛の力で、あなたの美しさと同じやうに理想的にすることの出来る女性なのだ！――ああ大事なアリシヤ！　愛してゐる！　私は……

　楽園の歓喜に満ちたエワルドが両腕に抱いた女の眼を見ると、女はすでに頭をあげてじっと彼をみつめていた。アリシヤは立ち上がり、燦爛ときらめく指輪の数々をはめた蒼白な手を青年の両肩にのせると、憂いをこめて、しかし、すでに聞きおぼえのある「超自然的な声」で、こう言った。
　――ねえ、おわかりになりませんの？　わたくし、ハダリーでございます。

真に残酷無比な女

これまで「宿命の女」に関してたびたび引用してきたジャン・ピエロ、マリオ・プラーツ、フィリップ・ジュリアンのうち、メリザンドに言及しているのはジュリアンのみである。

宝石に掩われ、装身具のありったけを身につけたサロメという「火の娘」の対極にあるものをデカダンの神話中に求めれば、花にうずまっているあの純真無垢なオフェーリアということになる。彼女は「水の娘」である。一方が首斬り人なら、こちらは犠牲になる女だ。オフェーリアもまた、サロメにほとんど劣らぬほど多くの賛美者をもっている。ロマンティスムの初期には、オフェーリアのほうがむしろ優勢だったぐらいだ。たとえば、ドラクロワも賛美者のうちである。彼は「踏みにじられた花」として女を扱うことを夢見ていた。〔……〕「踏みにじられた花」のほうが「冷酷な女」よりも多くの画家にたたえられたようにみえる。それというのも、この花は魂をそなえた生きものだからである。メーテルリンクのあのいたいけなヒロインたちは、いわばそれぞれにオフェーリアだったが、トーロップの有名な《三人の花嫁》には、そういうオフェーリアの死んでいる姿が描かれた。クリムトの初期の一作品に描かれている七人のお姫さまは、塔をめぐるお濠の水にすべり落ちてゆくかにみえる。そしてさらに、メリザンドというすばらしい花もあった。彼女もまた涙と沼に捧げられた生きものである。

ジュリアンの分類を松浦暢の「宿命の女」のアーキタイプにあてはめるなら、「火の娘」＝「死刑を執行する女」は「男を破滅させる悪女・妖婦タイプ」、「水の娘」＝「男の犠牲になる女」は「みずからを犠牲にする純情タイプ」となるだろうか。

ジュリアンはメリザンドをオフェーリアとともに「無垢の水の娘」、つまり「男の犠牲になる女」に組みこんでいるが、メリザンドとオフェーリアの違いははっきりしている。オフェーリアはただ踏みにじられるだけだが、メリザンドは踏みにじられつつも、ゴローにとっては「冷酷な女」だからである。つまり、メリザンドにおいては「犠牲になる女」と「死刑を執行する女」がドッキングしている。同じような例には、マトーを間接的に死に追いやりながら、自身も不可解な死をとげるサランボーをあげることができる。しかし、「死刑を執行する女」＝「悪女・妖女タイプ」とするなら、月に仕える清純な巫女のサランボー、妖精のようなメリザンドにあてはめるのはいささか無理があるようだ。

ジャン・ピエロは、「死刑を執行する女」をも二分割し、この問題に決着をつける。

女が男を破滅に導くのは、そのはっきりした邪悪さによる場合も多いが、その知能の低さ、軽率さによる場合も負けず劣らず多い。「宿命の女」はしばしば同時に「子供っぽい女」であり、ついうっかり、無意識のうちに悪をなすのである。

水の精の場合には、この二つのカテゴリーの間でさらにねじれ現象が起きる。レイミア、ベルトランのオンディーヌなど、明確な意思をもって男を破滅に導こうとする女は、ことごとくその企てに失敗し、結果的に男の犠牲になる。反対に、ウンディーネ、ラウテンデラインなど、ついうっかり、無意識のうちに悪をなす女は、例外なく男に死をもたらす。

「犠牲になる女」が死刑を執行し、「死刑を執行する女」が犠牲になる。つまり、水の精の世界では、「純情タイプ」の「宿命の女」が悪意をもたずして男たちを破滅させるのである。これは、物語の世界ではサランボーやメリザンドの状況とぴったり合致する。

整理してみよう。「宿命の女」は、「男の犠牲になる女」＝「妖精を主体とする純情タイプ」と「死刑を執行する女」＝「男を破滅させる悪女・妖女タイプ」に分けられる。しかし、「死刑を執行する女」にも「純情タイプ」はいるし、「男の犠牲になる女」にも「悪女・妖女タイプ」がいる。さらに、「死刑を執行する女」が「犠牲になる女」を兼ねる場合もある。

「死刑を執行する女」は、ジャン・ピエロが定義したように、「意図的に悪をなす邪悪な女」と「無意識のうちに悪をなすファム・アンファン」にわかれるが、後者は松浦が設定したアーキタイプの「妖精を主体とする純情タイプ」につながる。

この、踏みにじられつつも踏みにじり、冷酷でありながら純情で、「ついうっかり、無意識のうちに悪をなす女」が、サランボーであり、メリザンドでもあるのだ。「宿命の女」のあらゆる要素を縦横無尽に満たす、ある意味で極悪非道ともいえるこうした女性像に対する名称はまだないが、ここでは便宜上「ファム・アンファン」と呼ぶことにしよう。

ミレイユ・ドタン＝オルシニ『ファタルといわれる女』によれば、カテュール・マンデスには、文字通り『ファム・アンファン』（一八九一）という小説がある。ヒロインはマドンナのような容貌の十六歳の踊り子で、清純さをあらわす百合「リ」とバビロニアの女夢魔リリトゥをあわせたリリアーヌという名前をもち、愛人をいまいましいジレンマにおとしいれる。

「この女郎に対しては、どうしたらいいのかわからなかった。まだほんの小娘だから、愛することもできない。かといって、長椅子に放り出すことすらできない。なぜなら、彼女は天使なのだから！」

「宿命の女」たちの中には、「ファム・アンファン」ほど冷酷でも残酷でもない女がたくさんいる。

『マンク』のマチルダは、男の気持ちをつなぎとめようとする姿が哀れだ。ワイルド版サロメも、ヨカナーンへのかなわぬ恋が、ああいう行動をとらせたのだ、と解釈することができる。むしろ、母親のいいなりに行動するロボットとしての聖書のサロメ、フローベールのサロメのほうが、罪を母親になすりつけられるだけ恐ろしいかもしれない。自身は冷たいまま男を狂わせるエステ公女にしても、彼女には初夜の不幸な体験があり、本性からの冷酷さではないことが、同情をひく。

真に残酷無比な女とは、たとえばサランボーのように、自分では意識しないまま男を狂わせ、破滅におとしれる女ではないだろうか？　サランボーをひと目見て虜になったマトーは、思わずこう呟く。

俺は多分、あれが神々に約束した燔祭の犠牲に違ひないのだ？……あれは眼に見えない鎖で俺を縛つて、引つ立ててるのだ。俺が歩くのではなくて、あれが前へ進むのだ。俺が止まるのではなくて、あれが休むのだ。あれの眼は俺の身体を焼き焦がす。

渡辺義愛は、「宿命の女拾遺」（『ふらんす』）で、自身が翻訳した『デカダンスの想像力』のサランボーについての記述、「マトーの夢のなかに永遠に住み、その極刑に責任がありながら、それを冷やかに（insensible）見守るサランボー」という一節に、激しく反論する。

そもそも私は、「不感無覚の冷やかさ」にこそ「宿命の女」の第一義的性格を見いだすものなのだが、それにしても宿命の女たちは、現実の女がそうであるように、単純な二分法の枠内に収まりきるものではない。サランボーも、一見冷やかな表情のもとに、マトーへの激しい情念を秘めているし、官能の香りのたちのぼるような肉体をそなえ、その行動も、奔放ではないが、時に応じて大胆である。「宿命の女」の一方の分枝に連なる女に、もう一方の分枝に連なる女性の属性がまったく欠如しているとは限らない。プラーツが無理やり分枝させた二つの枝は、あちらこちらで絡み合うのである。

たしかにその通りだが、もしサランボーがマトーを激しく愛しているなら、彼女の「何もしない」行為はさらに罪深いものになるだろう。まだ彼女がマトーに対して完全に冷やかな気持ちでいるなら、彼を見殺しにするのもうなずけるが、そうではなかったとしたら、父親に働きかけ、彼を救う可能性をみすみす逃してしまったことになるからだ。

本当に恐ろしいのは、何といってもサランボーのような女ではないだろうか？　ワイルドのサロメは、男に恋している。エステ公女は、男にひどい目にあわされ、復讐心に燃えている。クラは、身体を苛む狂おしい官能を抑えることができない。サランボーにあっては、愛情も憐憫も官能も深く意識の底に眠っていて、最後の瞬間にならないと表面にのぼってこない。マチルダやセシリには、明白に悪をなしているという意識がある。サランボーには、ない。男の堕落の原因になったカルメンは、男がしばり首になるのを見ることなく、男の手にかかって殺される。サランボーは、自分がその没落の原因になった男の死を見とどけたあと、息絶える。しかし、その死は、偶然のようにもみえる死、誰の復讐心をも満足させることのできない突然死だった。

そして、われわれのメリザンドも、妖精のような「ファム・アンファン」でありながら、ペレアスを間接的に死に導き、自らもゴローの剣にかかって倒れる。彼女の死もまた、誰の復讐心をも満足させせえない自然死——もっといえば妖精死——のような死だった。しかし、考えてみれば、いったい、誰がメリザンドに復讐したいと願うだろうか？

彼女は、自分で好んでアルモンド王国に来たのではない。彼女は、自分で好んでペレアスを誘惑したのではない。一人の女性をめぐって兄が弟を刺し殺すという恐ろしい殺人事件が起きてすらも、彼女は汚辱にまみれることなく、透明人間のようにするりと場面をすりぬけ、罪悪感から千里も離れたところにいて、そのまなざしに子供のような透明な微笑を浮かべ、あくまでも純潔である。何しろ、すべては「運命のなせるわざ」なのだから。

メーテルリンク自身、ラコンブレ＝ファスケル版戯曲全集第三巻の序文で、初期の戯曲について次のように書いている。

そこでは、眼に見えない、宿命的な、並外れて大きな力の存在が信じられている。誰にもその力の意図を知ることはできないが、それはこのドラマの精神によれば、われわれの行為を善意をもって見まもり、笑いや、生命や、平穏や、幸福というものに敵意を抱いていると考えられる。罪のない、しかし心ならずも敵となる運命の糸が、あらゆるものたちの破滅をもたらすために、もっとも賢い者の悲しみにくれた目差しの許で、結ばれたり解かれたりしている。賢い者には、その未来が予見出来るのだが、愛と死が、生きている人間たちの間にくりひろげる残酷な遊戯を、何ひとつ変えることはできないのである。（倉地恒夫訳）

残酷な遊戯の手先になりながら、宿命は何ひとつ変えることはできないという理由で、あらゆる罪から限りなく潔白な女。「無垢な水の娘」メリザンドもまた、サランボーの同胞、メドゥーサのように、アポリネールのローレライのように、「自分では何もしないが、存在そのものが悪になる女」だった。

無意識の悪

こうして、ようやくわれわれは、メリザンドとオンディーヌの問題にたちもどってくる。メリザンドは、水の精ではなかった。それでは、哀れな彼女は、本当にオンディーヌとは何の関係もないのだろうか？

本書の分類によれば、メリザンドは「宿命の女」の中の「ファム・アンファン」であり、オンディーヌは「水の精」の中の「出かけていく女」である。

水の精たちが人間を誘惑する方法には、四種類ある。つまり、「網をはる」「ひきずりこむ」「出かけていく」「何もしない」である。

北欧神話のラーンのように、異教世界に網をはって人間がひっかかるのを待っていたのは、ウンディーネ、オンディーヌ（ジロドゥ）、ラウテンデライン、メリュジーヌ、氷姫である。

もう少し積極的に人間を水の底にひきずりこむのは、スキュラ、セイレーン、ローレライ、波乙女たち、逆に自分のほうから人間界に出かけていくのは、オンディーヌ（ベルトラン）、レイミア、人魚姫である。

そして、自分からは何もしかけないのに、存在そのものが災いをもたらす水の精が、ゴルゴーン三姉妹のメドゥーサである。水の精ではないが、メリザンドは、タイプとしてはこのカテゴリーに組みいれることができる。

女性像の観点から、清純か妖艶かでわける方法もある。

ウンディーネ、オンディーヌ（ジロドゥ）、ラウテンデライン、人魚姫、メリザンド、サランボー、ラフォルグのサロメは清純な美女である。

レイミア、オンディーヌ（ベルトラン）、エステ公女、コンチタ、カルメン、ワイルドのサロメは、妖艶な美女といえよう。

「宿命の女」には、「死刑を執行する女」と「男の犠牲になる女」、「意図的に悪をなす女」と「無意識に悪をなす女」などがあり、それぞれの枝が複雑に絡み合っている。

マチルダやセシリは、意図的に悪をなし、死刑を執行するが、自分たちは犠牲にならない。対して、ラフォルグやワイルドのサロメ、カルメンやクララは、やはり意図的に男を誘惑し、破滅させるが、自分たちもまた破滅する。

いっぽう、自分たちが恋をした男を心ならずも破滅させるのは、ウンディーネ、ジロドゥのオンディーヌ、ラウテンデライン、レイミア、メリュジーヌ、シュタウフェンベルクのニクセ、人魚姫（未遂）などの水の精たちである。しかし、彼女たちは同時に男の犠牲になる女でもある。

いちばん手におえないのが「無意識のうちに、ついうっかり悪をなす」「ファム・アンファン」で、男たちを無意識のうちに誘惑し、破滅させる。サランボーやメリザンドは、自らも犠牲になるが、そのイノセンスが人々をいらいらさせる。

こうしてみると、オンディーヌとメリザンドは、あらゆる点で、ことごとく対立するだろう。

ここでもう一度、二人の差異を思い出してみよう。「出かけていく女」の典型、ベルトラン＝ラヴェルのオンディーヌは、妖艶な美女であり、明らかに悪意をもって人間に近づきながら誘惑に成功しない。いっぽう、「何もしない女」の典型、メーテルリンク＝ドビュッシーのメリザンドは、清純な美女であり、何の悪意ももたないにもかかわらず、あるいはむしろそのことゆえに、近づく人間を不幸にし、死をもたらす。

フィリップ・ジュリアンは『世紀末の夢』で、メリザンドの真っ白な無為、無垢の魔力を歌う。

雨に濡れた髪の毛が、ほっそりした肩に貼りついている。「あ、これは髪だね……その髪がぴくぴく動いている。ああ、なんて美しい髪なんだろう。」メリザンドは、イゾルデの、また小娘のセイレンの、そしてオフィーリアの従妹である。この女たちはすべて水の領分に属している。彼女たちの魔力は無垢の魔力であり、いやむしろ男の期待を裏切る性質を帯びている。

こうもしよう、ああもしようと思いながら、
ぼんやりしている私を憐れんでください。
私の魂は蒼ざめています、不能と
そして真白な無為のために。

清純な「何もしない女」メリザンドは、アポリネールの「ローレライ」と同じように、そのあまりの美しさゆえに男を破滅におとしれる。

その性質の純粋さ、透明性にもかかわらず、存在そのものが悪になりうる。

それはしかし、何かに似てはいないか？

真っ白な無為と無垢の魔力。メリザンドの両義性は、実にみごとに水そのものの本質を暗示しているではないか――。

メリザンドは水の精ではないが、ナルシスの神話の、ナルシスを映し出した銀のような泉の水とは同じものである。普通、誰もこの水を問題にしはしない。しかしよく考えてみると、水がなければナルシスは自分の姿をそこに反映させることもなかったし、我とわが身に恋をして、焦がれ死ぬこともなかったかもしれない。ナルシスを殺したのは水である。しかも、水には何の罪もない。ただそこに在っただけである。

ナルシスの水と、はるか古代の邪悪な水の精たちと、民間伝承、文学者の創造した水の精とを比較すると、真に恐ろしいものはただの水であることがわかる。

ウンディーネやラウテンデラインは、結果的にはその伴侶を死に至らしめるにせよ、彼女たちの例外のないやさしさと男を慕う心根で人々の共感を集める。ベルトランのオンディーヌは、その魔性にもかかわらず指輪をこいねがう姿がいじらしく映る。性悪なセイレーンや人魚たちも、声や姿のうるわしさで赦される。ふた目と見られぬスキュラやゴルゴーンなどの怪物どもも、その哀れな身の上話で読む者をほろりとさせる。何ら情状酌量の余地のないエーギルやラーンなどの場合には、われわれは逆に心おきなく憎むことができる。

しかし、メリザンドについては、憎むことすらできない。なるほど彼女は美しい。しかし、何ともがまんがならないのは、そのイノセンスである。アルモンド王国の人々にとってメリザンドとは、突然何の前ぶれもなしに襲ってきた水害のようなものだった。実に迷惑な話だが、本人に怒ったところではじまらない。本人は全くイノセントで、ただ大きな眼をみひらいておろおろしているだけなのである。

メリザンドは、水である。「それは私よりも力の強い何か」と、彼女もいう。メリザンドは幸せで哀しく、どうしてそうなのか自分でよくわからない。メリザンドは水なのだから、いっぽうではペレアスに愛されて幸せであり、いっぽうではゴローが哀しいので、哀しい。メリザンドは水なので、人々がメリザンドに何を尋ねても、彼女は答えることができない。

しなければならなかったことは、水をコップに入れるように、あなたはこうですよ、とメリザンドを決めてやることだったのである。

メリザンドはナルシスの水だから、ペレアスは彼女を愛しているつもりで、本当は、自分自身の映像を愛している。ペレアスが愛を告げると、メリザンドも水の反映のように愛を返す。やがて星が墜ち、ペレアスはゴローに刺される。メリザンドは、かばおうともしないで逃げる。何しろ水なのだから、メリザンドは自分からは何もしない。

水の精とは、水ではない。本当は水の象徴ですらない。水の精とは、水について人間がとりこんでしまったものの象徴なのである。

かつてハイネは、こう語った。

このように淫蕩な秘密とかくれたおそろしさをもった水中の国はヴェニスを思いださせる。あるいはヴェニス自身、大理石の宮殿といるかのような目をした宮廷人もろとも、またガラス玉やさんご細工の工場、国家の法廷の裁判官、秘密水死施設、はなやかな仮面舞踏会の大きな笑い声、すべてもろともに偶然アドリア海の深い海底から地上の世界に浮かびあがってきたのかもしれない。もしまたいつの日にかヴェニスが海岸の湖に沈んでしまうようなことがあれば、その物語はニクセのおとぎばなしとおなじようなひびきをもつことだろう。そして乳母は子どもたちに、不屈の精神と奸智をもって地上の世界まで支配したが、しまいには双頭の鷲にかみ殺されてしまった偉大な水中の一族のことをはなしてきかせることだろう。

(『精霊物語』)

同じようにぶつ切りの水のメリザンドは、きっとこれから水の精になるのである。アルモンド王国の人々は、何百年からの間に、あるとき王国を襲ったメリザンド台風について説話を形づくるであろう。その中で、メリザンドという水の精は悪い女で、ゴローを誘惑し、ペレアスを誘惑し、二人ながら破滅させてしまった、と語られることだろう。

人間が説明しようとすると、いつもそんなふうになるものである。

第十章　水の音楽

クラシック音楽の演奏に携わっていない読者は、もしかすると、プロローグの次のくだりにショックを受けたかもしれない。「女が子宮で考える、とよくいわれるのと同じ意味で、ピアニストもまた、指先で考える動物といえばいえよう」。

もちろん、優れた演奏家ほど、テキスト解釈とテクニックが絶妙のバランスを保っているものである。自分の音楽表現にみあうテクニックの開発こそが、演奏家の努力の大半を占めているといっても過言ではなかろう。しかし、それでもなお、弾きたいように、あるいは弾かねばならぬように弾くことと、弾けるように弾くことの境界線は、限りなく曖昧である。

それは、作曲家自身のピアニズムと作曲語法の問題にもかかわってくる。自身のピアニズム、あるいは理想とするピアニズムと美学的嗜好に沿ったエクリチュールを選びとることができるのが、作曲家の特権なのだから。ラヴェルの『オンディーヌ』は、どうして自然界の被創造物のように弾いてはならないのか？　謎を解く過程で、人工美礼賛者ラヴェルと機械文学との意外な接点が明らかになってくる。

音楽性とテクニック

ピアノ演奏は芸術だが、楽器を弾くことは一種の職人芸である。ほとんどの職業演奏家は、三、四歳からピアノに向かい、少なくとも週に一度は実技のレッスンに通い、毎日四―八時間の練習で無数の反復を重ねる。三、四歳で自分の芸術とそれを表現する技術について責任をもてる人間はごくわずかであろう。メシアンのスペシャリストとして知られるミシェル・ベロフは、多くの早熟の天才と同様に八歳でデビューを飾っているが、筆者とのインタビューで、小さいころに、わけもわからずに仕込まれることがあまりにも多かったと語っている。演奏技法の面でも音楽思想の面でも、最初にかかわった教師の資質がその演奏家のその後を大きく左右するのである。

長じてからも、教師に依存する演奏家は多い。それも道理である。スポーツ的要素の強い演奏行為では、常にコーチ役が必要とされる。たとえば、天才少年としてデビューを飾ったあるロシアのピアニストは、その後順調に成長をつづけ、現在では世界的な演奏家として活躍しているが、彼の楽屋には常に幼いころからの教師が待機していて、ステージごとに反省すべき点を伝え、次のステージへの助言を与えるという。モスクワ音楽院で名教師として知られるゴルノスターエヴァに師事しながら、先生がピアノというとフォルテで弾き、フォルテというとピアノで弾き、あらゆる反抗を試みたイーヴォ・ポゴレリッチですら、のちに妻となった故アリス・ケゼラーゼの巨匠主義的なアプローチには傾倒し、二人三脚で次々にセンセーショナルな解釈を打ち出していった。十代で師ゲレーロと訣別し、たった一人で全く独自の演奏スタイルを確立したグレン・グールドのケースなどは、むしろ稀といってよい。

自由奔放な演奏が魅力のマルタ・アルゲリッチは、意外にも「教わる」マニアだった。故郷のアルゼンチンで名伯楽スカラムッツァとその助手に師事した彼女は、一曲について一年半もの詳細な指導を受けるとともに、柔軟性と強靭さをあわせもったアラウのメトード、ラテン系の軽快な指さばき、イタリアふうのベルカント奏法を伝授された。その後十三歳でヨーロッパに渡り、まずグルダに師事し、十六歳の年にブゾーニとジュネーヴの二大コンクールに優勝したあとも、ニキタ・マガロフに習い、ベネデッティ＝ミケランジェリに習い、さらに、ステファン・アスケナーゼ夫妻につきっきりで面倒をみてもらってショパン・コンクールに臨んだ。

アルゲリッチより半歳年下のマウリツィオ・ポリーニは、同じように美しいベルカント奏法をもちながら、精巧無比な指先の技巧、緻密な解釈、堅固な構築性で、アルゲリッチとは対極をなす演奏家として出発した。アルゲリッチより五年早くショパン・コンクールで優勝したポリーニは、その後十年ほど、勉強のために国際的な活動をセーブする。その間誰に師事していたのか、または独自のメトードを開発していたのか、詳細は不明である。ポリーニの師ヴィドゥッソは、アルゲリッチの師スカラムッツァと同様ナポリ音楽院の出身だったが、ポリーニのピアニズムからみる限り、指導法は相当異なっていたように思われる。

一九七〇年代の後半にそろって活発な活動を開始した二人の個性の違いはきわだっている。同じ作品を弾いても、ポリーニの音の粒が磨きぬかれた宝石のように輝き、すべての線が明瞭な像を結ぶ。アルゲリッチは、個々の音にポリーニほどの明瞭さはないかわりに、雌豹のようにしなやかな動きと美しい響きが魅力的である。彼らの受けた指導は、それぞれの手の種類と音楽的な気質に合致していた。もし万が一アルゲリッチの資質にポリーニのテクニックが、ポリーニの資質にアルゲリッチのテクニックがそなわっていたら、どうなっていただろうか？　カタストロフィを起こすのではあるまいか。

実際には、勉強中の学生の段階では、音楽性とテクニックが食い違っているケースはそう珍しいことではない。資質的にはテンペラメントあふれる学生が、ピアノを弾くと全く感動に欠ける演奏をしてしまう場合には、明らかに初期教育で植えつけられたテクニックが障害となっているのである。テクニックの方向を変えることは非常な努力を要するが、実際にそれに成功して全くアプローチが変わり、ロマンティックに歌えるようになった学生もいる。

幼時から身につけたテクニックの方向が、知らず知らずのうちにその演奏家のレパートリーを決定づけるケースもある。たとえば、あるフランスの若手ピアニストにインタビューしたときのことである。そのピアニストは、自分はショパンよりはリスト、ドビュッシーよりはラヴェルの演奏のほうに容易さを感ずる、音楽的にはショパンやドビュッシーにも同じように共感をおぼえるのだが、どうしてもリストやラヴェルほどは手になじまないのだ、という。手ほどきを受けた教師についてきいてみると、マルグリット・ロン系の先生だったという答が返ってきた。ロン系は、柔軟性を重視するコルトー系とは反対に、指先のテクニックに力を入れる。そのピアニストはバネのきいた関節の持ち主で、指先の分離が驚異的によく、明晰なピアニズムでキャリアを積んできた。その後、レパートリーが増えるにつれて自然に指ものびるようになったが、いまだに個々の音の粒をクリアーに弾くことのほうが、全体をなめらかに弾くよりも楽だという。

ショパンとリスト

このように、身につけたピアニズム、または手の質は、演奏家のテキストの読み方やレパートリーに影響を与える。もっというなら、ピアノ音楽を書く作曲家もまた、彼ら固有のピアニズムによって作曲語法、あるいは書く曲のタイプが左右されるのである。そのよい例が、ショパンとリストだった。

一八一〇年生まれのショパンも一歳下のリストも、比類のないピアニストであることに変わりはないが、タイプはずいぶん違った。石膏模型でみるリストの手は、ラフマニノフのように巨大というわけではないが、先端が角ばって各関節も太く、親指と薬指の長さが目立つ。彼はとりわけ指の根元の関節と手首のバネが強靭で、筋力にも恵まれていたため、きらめく音、強大なフォルテを出すことができ、華麗な技巧で聴衆を熱狂させた。

リストのヴィルトゥオジテは努力の賜物でもある。二十歳の年にパガニーニの演奏を聴き、「ピアノのパガニーニになる」ことをめざした彼は、たとえばドとミにあたる三度音程、ドとラにあたる六度音程、ドからドまでのオクターヴ、トレモロ、連打音などの練習に励み、ヴァイオリンのさまざまなテクニックをピアノに移すことに腐心した。一八三二年にフランスのピアノ製造会社エラールがダブル・エスケープメントの機構を開発して以来、同じ時間内でより多くの打鍵が可能になったが、リストもこの機能を最大限に利用し、練習曲集などのピアノの技法を何度も改訂している。

いっぽう、「兎を呑み込もうとしている蛇の口」のようだと評されたショパンの手は、なみはずれた柔軟性に恵まれ、「ビロードのように柔らかいタッチ」を賞賛されたが、手そのものは華奢で、筋力もリストに比べて劣っていたので、大きな会場では音があまりよく聞こえないことがあった。ブールニケルによれば、ショパンは十八年のパリ生活で十九回しか演奏会を開かず、そのうち彼だけが独奏者となったのはわずか四回だったという。公開演奏を好まなかった彼は、繊細微妙な味わいを享受できる洗練された趣味をもつ人々だけを対象に、もっぱら上流社会のサロンで演奏し、作曲活動と教育活動を行った。

ショパンの愛弟子で十五歳で夭折したカール・フィルチの父親は、ショパンのピアニズムについて次のような証言を残している。


ショパンの指は歌います。聴く者の目に涙を浮かばせ、感受性の強い者は感激にふるえるばかりです。彼の優美なほっそりした手は広く延びて鍵盤を押えるかと思うと、まるでうそのような軽さで跳びます。指の敏捷なことは魔法にかかったみたいで、まるでおとぎ話の世界を完全に自由にとびまわっているのではないかと思うようです。それに指が柔らかいので親指だけでひき返したり、全音階を二本の指だけでひいたり、長い指を短い指にまたがせたり、一音から次の音にすべらせたりできるのです。彼のピアニシモは非常にデリケートですから、クレッシェンドを近代派の筋肉的技巧の力を使わずに非常に効果的にひきます。またペダルの使い方で微妙なニュアンスをつくりあげるのですが、両方のペダルをいっしょに使ったりして、彼独特のレガートでひきます。

（アーサー・ヘドレイ編『ショパンの手紙』）

文中にある「筋肉的技巧」とは、指先の動きに頼った弾き方のことである。

ショパンが一八三一年にパリに出てきたとき、ピアノ教育界はカルクブレンナーに代表される「筋肉的技巧」の全盛時代だった。ショパンも一時はカルクブレンナーの「均質な演奏、卓越した技法によるしっかりした音の響き」に夢中になり、弟子入りを志願したことがある。実際には、ショパンのピアニズムの粋を集めた『練習曲集作品十』（一八二九—三二）はポーランド時代に書きはじめられ、パリ時代の初期には完成していたのだから、彼は誰の指示も受ける必要はなかったのである。

ショパンがあみだした技法は画期的なものだった。彼は、五本の指に均等なタッチを求める従来のメトードに対して、それぞれの指の個性を尊重しようと考え、長い指は黒鍵に、両端の短い指は白鍵に無理なく落ちる音型による練習システムを考案した。音階でもショパンは、すべての指が同じ平面上に並ぶハ長調を避け、黒鍵の多い嬰ヘ長調や変ロ長調から練習をはじめ、徐々にシャープやフラットをとっていくように指導した。ショパンの作品に黒鍵を使った調性が多いのは、こうした彼のピアニズムにフィットするためである。たとえば、遺作も含めて二十七曲の練習曲のうち、シャープかフラット四つ以上の作品は実に十五曲を数えるが、『弟子から見たショパン』の著者エーゲルディンゲルは、「それはピアノを弾くときの便宜を考えてのことである部分がかなり大きい」と書いている。

リストとショパンのピアノ技法の違いは、同じように重音を扱った「三度」「六度」こと『練習曲作品二五の六』『作品二五の八』と、「鬼火」こと『超絶技巧練習曲第四番』を比較するとよくわかる。

「あらゆる関節をしなやか、かつ互いに独立させること」に力を注いだリストは、『超絶技巧練習曲』だけで三回も改訂しているが、「鬼火」の決定版には、単純な声部の弾きわけにすぎない初版に比べて、はるかに困難な技術がもりこまれている。冒頭の十六分音符の重音は、親指と薬指で弾く重音と、人差し指または中指と小指で弾く重音のすばやい交替からなっている。双方の音程関係が刻々と変化するため、小指が腕の重さを支えている一瞬のすきに薬指が打弦の準備をし、打ちおろすと同時に、今度は小指を前のキーとは違う場所に移動させなければならない。つまり、各指の完全な分離独立が必要不可欠となってくるわけである。

リストより手の条件が悪く、「シャム双生児」のように癒着した中指と薬指に悩んでいたショパンは、この二指を鍛えて筋力増強をはかるかわりに、重さを支える点を移動させる方法を工夫した。ショパンの「三度」や「六度」は、「鬼火」と違って重音がいつも同じ方向、同じ音程関係で動くため、重さの移動さえうまくいけば、指の分離が悪くてもある程度のスピードで弾くことができる。その場合、両手でトリルを弾いているような明瞭さは望めないが、そのかわりに三度や六度がとけあった美しいひびきを得ることができるだろう。

リストが門下生たちにタッチが重く抵抗感のあるピアノで長時間練習するように指導したのに

対して、ショパンは軽いピアノで、三時間以上練習してはいけない、集中力がなくなるから、といったのは象徴的である。

とはいえ、リストもカルクブレンナー流の指先だけに頼る「筋肉的技巧派」では決してなかった。彼が演奏する姿を描いた絵をみると、手首の位置を高くとり、腕全体をのばすようにして弾いている。リストは背筋が非常に強く、その支えによって肩から先を完全に脱力することができたにちがいない。近代ピアノ奏法の一番のポイントである重力奏法という考え方が生まれたのも、肩や背中を積極的に使うリストの奏法がきっかけだった。

この点で旧態依然としていたのはむしろショパンのほうで、ひじを窮屈そうに曲げ、脇にぴったりつけて弾いている。これはおそらく、ワルシャワ時代の彼がウィーン式のシングル・アクションをもつピアノで弾き、パリに出てきてからも、エラールよりプレイエル（彼が所有していたプレイエルはシングル・アクションだった）を愛用していたことと関係があるのだろう。タッチに遊びのあるダブル・アクションに比べると、シングル・アクションのピアノはよりクラヴサンに近く、ショパンの表現によれば「指がハンマーに直結していて」、過度の重さは邪魔になるのである。

ドビュッシーとラヴェル

ショパンとリストの対比は、そのままドビュッシーとラヴェルにあてはめることができる。ただ、要素の交叉はある。ラヴェルは、音の粒だちを求めるところはリストに似ていたが、ひじを曲げ、腕全体を使わないところはショパンに似ていた。いっぽう、リストのように腕を長くのばしてピアノを弾いたドビュッシーは、柔軟性を活かすテクニックをショパンに負っている。

ドビュッシーとラヴェルは、ともにパリ音楽院のピアノ科の上級クラスに在籍したものの、職業演奏家への登龍門である一等賞を得て卒業することはなかった。

ドビュッシーがヴィルトゥオーゾへの道を断念した原因のひとつは、手ほどきされたメトードと音楽院入学後に受けた指導の食い違いにある。九歳でピアノをはじめたドビュッシーは、詩人ヴェルレーヌの義母で、一説にはショパンの弟子といわれるモーテ夫人に師事し、ショパンの画期的な技法を伝授された。ところが、一年後に入学したパリ音楽院では、まだ旧態依然たるクラヴサン時代のテクニック、指先の動きに頼る奏法が主流だった。ショパンは、もっぱら上流階級の子弟にピアノを教えたため、彼の指導はプロフェッショナルな教育界にはひろがらなかったものとみえる。

このときドビュッシーの指導にあたったマルモンテルの弟子がディエメールで、そのさらに弟子が、ラヴェルの二歳年下で、同時期にパリ音楽院で学んでいたアルフレッド・コルトーである。ディエメールはクープランのクラヴサン曲集をピアノ版に改訂した人物で、その奏法は相変わらず指先のテクニックに限られていた。このことに疑問を抱いたコルトーは、ショパンの考え方を基調に独自の奏法を開発し、フランス近代ピアノ奏法はここからはじまったといっても過言ではない。ちなみに、パリ音楽院でディエメールのあとを継いだマルグリット・ロンは、高名なピアニスト・ピアノ教師だったが、ピアニズムに関してはコルトーと対立関係にあった。

パリ音楽院の卒業コンクールで、ショパンが課題に出るとよい成績をおさめ、苦手なベートーヴェンが出ると賞を逃すといったことをくり返したドビュッシーは、次第に作曲への興味を増していくが、ショパンの教えに関するモーテ夫人の指導には終生感謝の念を惜しまなかった。身体が柔らかく、歩くと猫のように音がしなかったというドビュッシーの演奏は、ショパンと同じく「ビロードのようなタッチ」を愛でられた。もっとも、パリ音楽院時代の同級生は、彼が「トリルを苦労して弾いた」と回想しているから、ショパンの敏捷さにはほど遠い、不器用な手だったようだ。

それでも、ドビュッシーはシューマン『ソナタ第二番』で二等賞を得ているが、ラヴェルはそれ以前でとどまったものと思われる。スペインの名ピアニスト、リカルド・ヴィニェスとともにピアノの上級クラスに進んだラヴェルは、あまり勤勉な生徒ではなく、母親は彼にピアノを練習させるために褒美の金を出したほどだった。卒業コンクールで失敗をくり返したラヴェルは、一八九五年秋にいったん退学し、九八年に新たにフォーレの作曲のクラスに登録している。

楽器を弾くのが巧みな作曲家とあまり巧みではない作曲家の作品ではどちらが弾きやすいかというと、意外にも前者のほうが弾きやすいものである。楽器が巧みな作曲家の作品は、弾きやすいように工夫がしてある。たとえばリストのピアノ曲でも、超絶技巧は駆使しているものの、どこかでオクターヴを単音にしたり、アルペジオの音を減らしたり、筋肉が疲れすぎないような配慮が感じられる。対して楽器があまりよく弾けない作曲家は、技巧の限界がわからないため、ときに演奏至難な作品を書いてしまったりする。ラヴェルの場合はそこまではいかなかったが、ヴイルトゥオジテというものにコンプレックスと憧れをもっていたようである。『ヴァイオリンとチェロのためのソナタ』を初演したヴァイオリニストのエレーヌ・ジュルダン＝モランジュは、回想記『ラヴェルと私たち』で、次のように書いている。

かれの楽器についての研究は不断に続けられていた。かれはサディズムともいえるくらいに楽器の最大能力を引き出すのであった。綱渡りのような曲芸はかれにとっては日常茶飯事であった。かれについて行くのに苦心さんたんの演奏者たちを尻目に、ほほえみを浮かべて気持よさそうにくつろいでいた。

ラヴェルは、ヴァイオリン独奏曲『ツィガーヌ』を作曲したときも、サラサーテやウィニアフスキの「ヴァイオリン術」の模倣をめざし、ジュルダン＝モランジュにパガニーニの『二十四のカプリス』を弾かせて超絶技巧を研究した。『夜のガスパール』の第三曲『スカルボ』では、はっきりとバラキレフの『イスラメイ』よりも難しい曲を書こうと思った、と語っている。対してドビュッシーは、ショパンに捧げるピアノのための『十二の練習曲』を書いたときですら、ヴィルトゥオジテの研究というよりは、ショパンがあみだしたさまざまな重音の響きを新たな音素材として、革新的な作曲語法を開発することに興味を集中させていたのである。

ラヴェルはどんな手をしていて、どんなピアノを弾いたのだろう？　ジュルダン＝モランジュは「かれの硬ばった練習不足の手」「筋肉質の、先の少し角ばった指」などと評しているから、少なくともあまり柔らかい手ではなかったようだ。作曲の弟子として、晩年のラヴェルをよく知るマニュエル・ロザンタールは、『ラヴェル』で次のように回想する。

ラヴェルが『絞首台』を録音したディスク（厳密に言えばピアノ・ロール）がある。近年は、ラヴェルではなくカサドシュが演奏したものらしいという説もあるが、私はちがうと思う。そこで聴こえるのは、まぎれもなくラヴェルのタッチだからだ。ラヴェルは、ほとんどクラヴサンで弾くように演奏していたのだから。

ラヴェルが在籍していたころのパリ音楽院のピアノ科の教授たちが、まだクラヴサン時代のテクニックを主流としていたことは、前に述べた通りである。作品のピアニズムに直接むすびつく、次のような証言もある。

彼はいつもピアノで作曲していた。実際に人前で演奏することがなくなったので、以前から癖だった悪い構え方に悩まされていた。ラヴェルは、鍵盤の少々端のほうにつかまるように弾いていたのである。それでは手の位置が平らになり、鍵盤にうまく乗らないというのに。こういった悪い弾き方のために、ラヴェルのピアノ音楽では、オクターヴのパッセージをほとんど用いていないのである。（同前）

実際に、ラヴェルがロシア・バレエ団の天才ダンサー、ヴァーツラフ・ニジンスキーとバレエ音楽『ダフニスとクロエ』の四手連弾をしている写真があるが、不自然にひじを曲げ、手首をあげすぎたラヴェルの弾き方に比べて、ストラヴィンスキーにいわせれば「譜も読めず楽器も弾けない」はずのニジンスキーのほうが肩の力も抜け、腕全体を無理なくのばした自然なフォームで弾いている。

それでも、ラヴェルの手にもいいところはあったようだ。

そのかわりに、彼はよく親指を使っていた。モーリス・ドラージュやロラン＝マニュエル、そして私は、これを「絞殺者の親指」などと呼んでいたものだ。実際、ラヴェルは、ピアニストの手とは思えない、節くれだった指をしており、親指はとても大きくて力強かった。しかも手首に近いところに付いていて、他の指からかなり離れていた。手の形という点では特殊だったので、ラヴェルの親指は非凡な敏捷さを持っていた。彼のピアノ曲では、旋律を浮き立たせるために、親指が他の指の下をすべるように動くことも多い（『夜のガスパール』の『オンディーヌ』がよい例だ）。（同前）

たしかに、ラヴェルの『水の戯れ』や『オンディーヌ』のある種のパッセージは、親指が極端に短い、あるいは親指と他指との分離が悪い手では弾きにくいようである。哲学者ジャンケレヴィッチは、『水の戯れ』にも出てくる「二度のオクターヴ」はラヴェルお得意の「親指のピアノ奏法」からきていると解説する。

手は、鍵盤の上に平らに、しかもいっぱいにひろげて置かれることによって、その両端で同時にこの音をつかむのである。ざらつき、ぴりっとした二度！　ラヴェルは、この貴重な薬味をなんと愛したことか！　（『ラヴェル』）

作曲家自身のピアニズムが作品の語法に影響を与える、これはよい例だろう。

水の音楽

ショパンを尊敬し、なかでも『舟歌』を、旋律、ピアノ書法、そして和声などをめぐる偉大な創意の点で、「あらゆる音楽のなかでもっともすばらしい作品のひとつ」と評価していたラヴェルだが、『水の戯れ』や『夜のガスパール』のピアニズムはリストをルーツにもっている。ヴィルトゥオジテに憧れるラヴェルは、リストの作品、とくに『超絶技巧練習曲』に敬服していた。ヴィジャンケレヴィッチは、「『水の戯れ』は『エステ荘の噴水』や『泉のほとりで』なしに、『スカルボ』は『メフィスト・ワルツ』なしに、『水の精』は『波を渡るパオラの聖フランシス』の急速な楽句なしに、存在しえただろうか?」と、問いかける。

水の精の描写より、水そのものの擬音的な効果の研究に精を出したリストは、『エステ荘の噴水』や『波を渡るパオラの聖フランチェスコ』などの水をテーマにした作品で、印象派のピアニズムに先鞭をつけた。

『聖フランチェスコ』は、『伝説』（一八六三）のうちの一曲で、イタリア半島とシチリア島をへだてるメッシーナ海峡に立ったフランチェスコ・ダ・パオラ（一四一六―一五〇七）が、マントを脱いで荒れ狂う海の上にひろげると、たちまち波がおさまって渡ることができたという伝説にもとづいている。リストは作品につけた序文で、ドイツ宗教派の画家シュタインレの線画に想を得たと書いているが、この絵はワイマールのアルテンブルク荘の書斎に飾られていた。

聖者を象徴すると思われる厳かな主題が呈示されたあと、左手のトレモロに乗って徐々に厚みを加える。やがてトレモロが大波のうねりを思わせる半音階にかわり、二つの線はひとつのアルペジオとなって炸裂する。いかにもリストらしいオクターヴの連打のあと、和音の伴奏で主題が再現される場面では、聖者がひろびろした大海原を渡るさまが目に浮かぶようである。

『エステ荘の噴水』（一八七七）は、リストがワイマールをはなれて僧籍にはいり、ローマ郊外のティヴォリにあるエステ家の別荘に滞在していたときに書かれた。一四四小節目には「私が与える水は、その人の中で泉となり、永遠の命への水が湧き出る」というイエスの言葉が記されている。当時エステ荘には、リストの剃髪式で司祭をつとめた枢機卿が住んでおり、リストはこの広大なヴィラで、テラスに向けて開かれている三部屋のアパルトマンの使用を許可されていたという。庭園には、ベルニーニの「コップの泉」をはじめ、「百の噴水」「龍の噴水」「水オルガンの大噴水」など大小さまざまな噴水がある。リストは、数百もの噴水が滝をなして降り注ぐさまをみて、何時間もときを過ごした。

さわやかな属九のアルペジオではじまる『エステ荘の噴水』は、和音の響きが独立した音素材として使われている点で、ドビュッシーやラヴェルの書法を先どりした作品である。きらめくようなトレモロがいったん頂点に達したあと、テンポが少しゆるやかになり、左手が牧歌的な旋律を歌い、水の飛翔を思わせる右手のスタッカートのパッセージが優雅にとびかう。クライマックスでは、すべての噴水がいちどきに吹き上げるような轟音のなか、雄大な歌が沸きおこる。

『エステ荘』の原題 Les jeux d'eaux à la villa d'Este から後半のエステ荘をとって水を単数にしたのが、ラヴェルの『水の戯れ』のタイトルである。「河の神は彼をくすぐる水に笑い声をたてる」というアンリ・ド・レニエのエピグラフをもつ『水の戯れ』は、文字通り『エステ荘』を裏返しにしたような作品で、神秘的な長九の和音をベースに「水の音と、噴水や滝、小川が織りなす音楽的な響」（ジョルジュ・レオン『ラヴェル』）が透明な音色でつむぎあげられていく。この、水が単数というのは重要なポイントで、リスト風の多量の水や大噴水は、音の細密画家ラヴェルには必要なかったということだろう。

ジャンケレヴィッチは、リストとラヴェルの親密な関係について力説しながらも、いささか皮肉な調子で、こうつづける。「しかしながら、名人芸の探究はラヴェルの場合断じて軽業師的なものではなく、その源にはつねに純粋な音楽的な理由があることに注意しよう」。

ところで、リストの伝記作者ウォーカーは、その著書『リスト』の中で、「ラヴェルの『水の戯れ』はリストの手本なくしては考えられないが、印象主義の巨匠であるラヴェルの作品がただ精妙なる『水の音楽』であるのに対して、リストの作品はそのような単なる視覚的映像を脱して、流れ落ちる噴水を神秘的な象徴へと転ずることに成功している、という相違がある」と書いているから、面白い。

どちらに軍配があがるかはさておいて、両方を弾き比べると、違いは明らかである。どちらの曲も、ピアノの高音域ではじまり、水の粒を思わせる細かい走句をペダルを使って美しく響かせていることにかわりはないのだが、リストが、属九の和音をそのままアルペジオにしているのに対して、『水の戯れ』では、基音となるホ音やイ音の上に、調性感の希薄な長九、長七のアルペジオが浮かび、オルゴールのような不思議な効果をあげている。リストの水がキリスト教の聖なる水なら、ラヴェルの水は神秘的な異教の水といったところか。

カデンツの部分でも、嬰ヘ長調の和音と、ハ長調の華やかなアルペジオがからみあって、光の乱反射にも似た響きのシャワーが、あたり一面に降りそそぐ。全体に、リストの作品が、ワーグナーふうの甘美な旋律やドラマティックな表現を残しているのに対して、『水の戯れ』には、どんなに曲想が盛り上がっても、どんなにピアニストの指が忙しく動いても、水は水のままで、決してお湯にならないようなところがある。

この『水の戯れ』とドビュッシーの『水の反映』(一九〇五)との比較も興味深い。ドビュッシーとラヴェルではドビュッシーのほうが十三歳年上だが、いわゆる印象派ふうの新しいピアニズムの開発は、ラヴェルが先んじていた。批評家のピエール・ラロは『ル・タン』紙上で、『水の戯れ』を、ドビュッシーの『雨の庭』の二番煎じだとこきおろして、すっかりラヴェルを怒らせてしまった。『雨の庭』を含む組曲『版画』が書かれたのは一九〇三年で、『水の戯れ』は一九〇一年作、翌年には初演されて大反響をよび、楽譜も出版されていたのだから。一九〇七年四月九日、ラヴェルは同じ新聞に次のような公開質問状を寄せた。

私が『水の戯れ』を書いたときドビュッシーは、ピアノ曲はまだ三つの作品（注『ピアノのために』）しか書いていなかったのです。三つの作品というのは、私自身熱烈な賛嘆の念を抱いていることを今更申すまでもない曲のことですが、ピアノ手法という点からみれば、これらの作品には取り立てて新しいものはありません。（ジョルジュ・レオン『ラヴェル』）

『水の戯れ』と『水の反映』は、一見よく似た題名のようだが、実は、ずいぶん意味が違う。日本語に訳すとはっきりわからないが、ラヴェルの Jeux d'eau が文字通り「水そのものの戯れ」なのに対して、ドビュッシーのタイトルは Reflets dans l'eau つまり「水の中に反映されたもの」というような意味である。

『水の戯れ』はあくまでも水が主役だが、『水の反映』では、水そのものよりも、ゆらめきたゆたい、絶えず変化していく水鏡の映像に焦点があたっている。水面におどる光の粒、木々の影、したたり落ちるしずくと、ひろがる波紋。水の中をのぞきこむ人自身の心象風景を暗示するかのように、突然沸きおこり、沸騰してぶつぶつ泡を立てるアルペジオの群れ。

いきおい、表現はより象徴的になり、音色はより不透明になる。ラヴェルがほんの一瞬かすめるようにしか使わなかった全音音階を、ドビュッシーはよどんだ水を表現するために頻繁に使う。

同じように左右の手のすばやい交替でかきならされるアルペジオのパッセージを、ラヴェルは透明感のある長七で、ドビュッシーは不気味な全音音階のひびきで書いているのは象徴的だ。もし、彼らの水を飲めといわれたら、ラヴェルの水は飲めるけれども、ドビュッシーの水は、あおみどろが浮かんでいたりして、あまり飲みたくない、そんな気がしないだろうか？

ドビュッシーとラヴェルにみられる水の表現の違いは、そのまま、本質的に線の作曲家であり、音の粒ひとつひとつが輝きをもつことを要求されるラヴェルのピアノ語法と、細かい走句はペダルで混ぜられてひびきの帯と化し、連結する和音塊そのものが旋律として扱われるドビュッシーのピアノ語法の違いに対応する。それはまた、「クラヴサンのようにピアノを弾いた」ラヴェルと、「ビロードのようなタッチ」の持ち主だったドビュッシーのピアニズムの違いでもあった。

人工美礼賛

もとより、作品の性格を決定づけるのは、作曲家の手の資質やピアニズムばかりではない。ラヴェルの精緻なエクリチュール、職人芸の偏愛、模倣を好むことなどは、スイス生まれの彼の父親が、三馬力の石油エンジンの特許をとった技師だったこととむすびつけて語られる。心情吐露の希薄な彼の作風は、バスク生まれの母親を愛しすぎた彼のマザー・コンプレックス、極端なはにかみ、女性との不器用なつきあい方などから読み解かれる。一九二〇年にウィーンでラヴェルに会ったアルマ・マーラーは、「彼はナルシストであった。朝食に、頬紅をつけ香水をくゆらせ、お気に入りの色鮮やかな繻子のローブを着て現われた。彼は何事も自分の体や顔の美しさに結びつけた。背は低かったが、体の均整がとれていて、上品でしなやかな身のこなしはとても美しかった」と回想している。
美学的にみたラヴェルはデカダン派で、エドガー・ポーに大きな影響を受け、同級生のリカルド・ヴィニェスとともにボードレール、ユイスマンスなど世紀末の人工楽園の美の信奉者だった。

「モーリス」の子ども時代からの友であるリカルド・ヴィニェスは、ボードレールとエドガー・ポーのあら探しに熱中して、何時間も過ごしたことを思い起こすのである（原注：ラヴェルは、エドガー・ポーの『詩の起源』にほれ込んでいた）。ヴィニェスは友のために、散文詩はもちろんのこと、『悪の華』の全部の詩を暗誦して聞かせてやった。この二人の詩人は、この音楽家の成長の過程に重大な影響を及ぼしたのであり、また国立音楽院で同年配の若い級友たちを驚かせた例の伊達好みについても、責任はないとは言えないようである。〔……〕
またかれはヴィリエ・ド・リラダンの『未来のイヴ』や、ユイスマンスの『さかさま』〔ママ〕などの話をよくしていた。とくにその主人公デ・ゼサントは極度に洗練された趣味をもつ人物で、幼年時代のかれを眩惑したものであった。（『ラヴェルと私たち』）

『水の戯れ』や『高雅で感傷的なワルツ』のエピグラフのもとになったアンリ・ド・レニエをラヴェルに教えたのも、アロイジウス・ベルトラン『夜のガスパール』の再版を貸してやったのも、ヴィニェスである。ラヴェルと同じ時期にパリ音楽院に在籍していたコルトーは、二十歳のころの作曲家を、皮肉な調子になりやすい、理屈屋で少しよそよそしい青年で、マラルメを読んでいた、と回想している。
一九〇五年、ラヴェルが四度目のローマ大賞コンクールに失敗したとき、文芸の庇護者ミシア・ゴデブスキとその夫エドワールは、友をなぐさめるために、オランダ、ドイツを経てル・アーヴルに至る船旅に誘った。ライン河沿いのハウムの工業地帯を見学したラヴェルは、七月五日、友人のドラージュに宛てて次のような手紙を書いている。

夕暮になってからぼくたちはヨットから降り、工場群を訪れてみました。ぼくたちを取り巻き、城のような形をして流れてくる鉄や火の大伽藍、そしてコンベアベルトや汽笛や凄まじいハンマーの音が作り出す驚くべき交響楽についてどのようにして君に語ったらいいのでしょうか。どこを見ても空は明るくどんよりとして燃えているようなのです。ぼくたちは雷雨に襲われ、ずぶ濡れになってヨットに戻りました。このことはぼくたちそれぞれに異なったふうに作用しました。イダは恐しさのあまり泣き出さんばかりで、ぼくはと言えば、うれしさで泣き出しそうでした。全ては何と音楽的なのでしょう。ぼくはこれをいつかきっと使うつもりです。
（ロジャー・ニコルス『ラヴェル』）

「自然の声をきけ」といったドビュッシーなら、同じ風景をみても決してこんなふうには言わなかっただろう。

ラヴェルが晩年に移り住んだパリから南西約五十キロのところにあるモンフォール・ラモリ村の隠れ家「ベルヴェデーレ荘」は、いくらか『さかしま』のデ・ゼッサントが隠遁したフォントネエ邸に似ていなくもなかった。この家についてレオン＝ポール・ファルグは、「通りに面しては平家で、裏へ廻ると二階建てのまるでびっくり箱のような家。彼はそこに家具を備えつけ、船室か道具箱さながらに仕切り、道具セットのように凝った精巧な品々をそろえています」と書いている。

書斎には、ジュルダン＝モランジュの言によれば、「およそ一八四〇年代の流行のもので人目を惹いたがらくたは、なんでも」並べられていた。機械仕掛けのおもちゃ、たくさんのオルゴール、秘密のハンドルを回すとボール紙の波の上を揺れ動く帆船、真面目くさった顔をして途方もなく長い舌を出している木製のシナ人形、羽根をバタバタさせて世にも美しい歌をふりまくという、はしばみの実のように太ったナイチンゲール、それから、オーストリアから持って帰った色ガラスの箱、ガラスの球の中に花を封じ込んだ文鎮、食卓用のガラスの水差しにはいった潜水人形……。ジュルダン＝モランジュはまた、にせ物が、音楽上の賭と同じ理由でラヴェルを面白がらせた、とも書いている。メインの入口の左側の小さな部屋には、ひと目でにせ物とわかるモンティチェリやルノワールの複製画ばかり置くコーナーがあった。応接間にも、日本の骨董品ばかり置かれていたが、デパートで買った花瓶や糸ガラスの造花、バザーで売っていた東洋調の茶碗など、ことごとくにせ物だった。丁重な客が感心してみとれようものなら、ラヴェルは子供のような得意顔で、「ところがね、これ、全部にせ物なんですよ！」と叫んだという。

反自然主義者のラヴェルは、ワイルドの「自然は芸術を模倣する」という言葉を好んで口にしていた。ラヴェルの精緻なエクリチュールはよく知られているが、われわれピアニストは、彼のテキストを弾くたびに、「つくられたルバート」を実感する。彼は、本来生理的なものであるはずのテンポやリズムまでも人為的にコントロールしようとした。

ラヴェルは正確無比な演奏を好んだとはいうものの、ルバートも創ったのである。しかしヴィニェスの説明によれば、それは適量に調合された、乱れないルバートであって、全面的に演奏者の自由にまかせているショパンのルバートとは正反対のものである。

（『ラヴェルと私たち』）

ショパンのノクターンなどにみられるテンポ・ルバートは、プラスマイナスゼロを基本としている。演奏家は、音楽の自然な流れを妨げたり、リズムの軸をはずしたりしないように注意しながら、感興のおもむくままに、あるときはゆったりと、あるときはせきこむように、自由自在にテンポを変化させる。こういうときのピアニストは、束の間のヴィジョンに命をかけた印象派の画家たちと同じように、うつろいゆく瞬間の真実を追い求めているということができよう。

ドビュッシーも、ルバートが必要な作品には、曲頭に「ルバートして」と書き、あとは弾き手の解釈にゆだねているが、ラヴェルは、演奏家のひらめきなどという曖昧かつ予測しがたいものを全く信用しなかったらしい。彼はルバートしてほしいと思うところは、アルペジオやパッセージの中の音を増やしたり減らしたり、そこに三連音符や五連音符を加えたりする。演奏するほうは楽譜通り弾きさえすれば、知らず知らずのうちにテンポが変化していき、結果的にちゃんとルバートできるようになっている。いわば、ルバートのお化けだ。

ラヴェルの「細工」の実例を、ひとつ示そう。『オンディーヌ』のメロディは左手で歌われ、右手のさざ波のようなアルペジオがそれを装飾する。一回歌い終わったあと、同じメロディがさらに高い音域でオクターヴで歌われるところがある。アルペジオはひとつの八分音符ごとに正確に四つずつはいっているが、ときどき六つにかわる。みると、メロディがもりあがる部分にあたっている。普通の作曲家なら、前と同じように四つ入れ、演奏家のほうがルバートをしてその部分に少しふくらみをもたせて弾くだろう。しかし、ラヴェルはメロディ・ラインを詳細に分析し、いちばんのサビの部分では、四分音符ひとつに対して一挙に十二の音符を書きこんでいる。

キーを変えてオクターヴで歌うところでは、変化する数字が少しずつ増える。前に六つだったところは八つ、サビの部分では四分音符ひとつに十三の音符がはいる。それを全部弾かされる演奏家は、必然的に時間をかけてひとつの八分音符、ひとつの四分音符を弾くことになり、それだけテンポがのびるというわけだ。

ラヴェルの人工美礼賛は「ロマン主義の悪魔祓い」だ、と語るのはジャンケレヴィッチである。

ラヴェルはなによりもまず、自分以外の人間になる術の大家になったのであって、自己の内面の真実を覆い隠すために現実の世界を用いるのである。外部の認識、知性による宇宙の観照は、それゆえ彼の場合、羞恥心のあらわれた形である。要するに、彼は自分について語らなくてもよいように物について語るのである。ラヴェルにおける自然は劇場の舞台装置のようにボール紙を匂わせるものではなく、彼の場合同じ知性が、自動人形や人工的な道具の制作にすっかり満足したり、また、純粋に与えられたものとしての風景に夢中になったりするのである。

（『ラヴェル』）

ラヴェルの内面の真実とは、何だろう？　彼はいったい何をそんなに恥ずかしがっているのか？　ロジャー・ニコルス『ラヴェル』によれば、パリ音楽院のピアノ科に在籍していたころのラヴェルは、ロマンティックに感情移入しすぎるので非難されたほどだった。

ラヴェルが半期の試験にグリークの『ピアノ協奏曲』を弾いた際、ベリオは彼の演奏スタイルに非を唱えなかったが、六月にショパンの『バラード第四番』を演奏した時、「すばらしい生徒だ。感情をこめて暖かみのある演奏をする。だが、必ずしも自分をコントロールできていない」と記した。その後の二年間も同じような所見が繰り返されることになる。一八九四年一月にシューマンの『幻想曲』を演奏した時には、「情熱的な性格の持ち主である。だが、効果を出そうとしてやり過ぎるきらいがある。抑制されるべきだ」と述べている。

作曲家としては抑制の極致だったラヴェルの、珍しい側面である。ジャンケレヴィッチは、ラヴェルの音楽の無感覚な性格そのものを、間接的な自己告白ととらえようとする。ラヴェルの音楽は考えていることとは別のことを言ったり、逆のことをしたりするのだから、その故意の言い落とし、婉曲な表現を解釈するすべを知らなければならない。「なにもないということにしろ、逆のものにしろ、別のものにしろ、それはつねに何物かではなかろうか？」と彼は問いかける。別のところで、ジャンケレヴィッチはさらに核心に迫る。

ラヴェルは、心の動揺が激しければ激しいほど、ますます生気のない、行儀正しくて変化のない調子を装うのである。したがって、ラヴェルの反ロマン主義は、彼の意志が弱まったならふたたびそうなってしまうかもしれぬロマンティックなものにたいする反動であった。

（『ラヴェル』）

逆の見方をするなら、ラヴェルの作品は、彼のこうした気質を頭に入れておかない限り、作曲者の意に反してロマン的になってしまう危険性を秘めているということになる。ラヴェルは、少なくともドビュッシーよりはずっと「歌」のある作曲家だったが、生来の含羞からか、あるいは別の理由からか、強い抑制が働くのである。いわば、抑制することが彼の裏返しのロマンティシズムの発露である、とでもいうように。したがって、詮索好きな演奏家が彼の「故意の言い落とし」を拡大解釈してあばき出してみせたなら、ラヴェルは身も世もあらず赤面することだろう。作品から自分自身を切りはなすことに成功したラヴェルは、レオン＝ポール・ファルグのいわゆる「オブジェの巨匠」となる。彼の卓抜した名人芸は、現実世界の事物、ことに生命あるものを、純粋に客観的な想像力をもって逐語的に模倣してみせることができるという、まさにそのことゆえに、彼の音楽を決定的に自然から遠ざける。

ラヴェルがヴィリエ・ド・リラダンの『未来のイヴ』を好んでいたことは前に述べた通りである。その精密な仕事ぶりから、ラヴェルを「スイスの時計技師」と呼んだのはストラヴィンスキーだが、彼の死の翌年、アンリ・ビドゥは『ルビュ・ミュジカル』誌で次のように書いた。

ラヴェルの機械仕掛のものへの趣味を語るとき、ひとはかれのスイス系の遺伝に思い当たるが、それは少々うがちすぎではなかろうか。かれのこの趣味はさらに『未来のイヴ』に大きな原因があるのではなかろうか？　『未来のイヴ』のなかでは、機械が人間と同じように生きているのである。
（『ラヴェルと私たち』）

『未来のイヴ』は、ポー『陥穽と振り子』とともに、二十世紀初頭に出現した機械文学といわれる一連の作品群の先駆となった。全くの偶然だが、この分野の代表的人物レーモン・ルーセルは、ラヴェルと全く同じ年にパリ音楽院のピアノ科に入学し、一八九八年、ラヴェルが作曲を学ぶために音楽院に戻った年まで在籍していたのである。ラヴェルの二歳年下のルーセルは、作曲家と同じように母親を熱愛しすぎたために生涯を独身で通し、華奢で優雅なダンディであり、服装にことさら気を配り、細かいことに神経質で王侯のように慇懃でよそよそしかったという。

もしかすると、ラヴェルの『オンディーヌ』も、実在するどの女性より完璧な美女、電気仕掛けのアンドロイド、ハダリーの仲間なのかもしれない。ときどき、彼女を本物の自然界の被創造物だと思いこむ人がいる。そうするとはなはだ危険なことになるだろう。何しろ、未来のイヴにはベルトのところに強力な電流の通った短刀が仕掛けてあるのだから、うっかり帯でも解こうとしようものなら、たちまちのうちに雷に打たれたように真っ黒焦げになってしまうにちがいない。

エピローグ

ラヴェルの『オンディーヌ』は、うちふるえるしずくを思わせる右手の複雑なトレモロではじまる。

しーんとした部屋にいると、耳が無意識のうちにとらえる空気の振動のように、音があるゆえに限りなく沈黙に近い時間が、静かに流れてゆく。ピアニズムの快楽。

嬰ハ長調の主和音の不思議な響き。親指と人さし指と中指で和音をおさえ、小指で半音低くされた六度音を弾く。途中、小指を支えに三和音をすばやく二回たてつづけに弾かなければならないので、ピアノの状態によってはリピート音が全部出てくれず、弾きにくいところである。左手もなくハダカだから、ごまかしもきかない。

むずかしいのは、拍の頭が、交替に和音と小指に当たることだ。どうしても和音が重たくなりがちなので、小指をよほどはっきりタッチしないと、ちぐはぐにきこえる。

やがてトレモロの下に、水の精の歌声を模した美妙な旋律がはいってくる。トレモロはときおりくずれ、細かい粒の連なりが旋律をふちどる。オンディーヌの歌は、水がどんなに泡立とうとも最後まで悠揚せまらざるリズムをくずさず、王女の威厳をみせつける。旋律が低い音域で歌われるようになると、それをとりまく水の量も次第に嵩を増して渦を巻き、渦の中心には湖底の宮殿がせりあがってくる。やがて水は静まり、オンディーヌは弱々しく彼女の願いをつぶやき、拒絶されるや一瞬のアルペジオの高まりのうちに消え去る。

ピアノから離れた留学生は、ひごろ愛聴している三枚のディスクを次々に聴いた。マルタ・アルゲリッチ、イーヴォ・ポゴレリッチ、そしてアルトゥーロ・ベネデッティ＝ミケランジェリ。いずれ劣らぬ絶後の名演である。

アルゲリッチのディスクは、ときおり拍がずれたり、トレモロの音が抜けたりするところがあるが、左手のベルカント奏法がすばらしく、ときおりみせるアルペジオのゆらぎが何ともいえない。しなだれかかるようなルバート、かと思うと無慈悲に鋭くはねてみせるグリッサンドの尻尾。全体をつつむ煽情的・蠱惑的なひびきは、あたかも彼女自身がオンディーヌであるかのようだった。

ベルトランの散文詩そのものが、さまざまな解釈を許すだろう。男を誘惑し、水の底にひきずりこもうとする悪い水の精。あるいは、せっかく人間の男と結婚して水底の国をおさめたいと願ったのに、指輪をさしだしても見向きもされなかった可哀相な水の精。それは、水底の国をどう理解するかにかかっている。アルゲリッチは、男を滅ぼすとみせかけて、実は男によって滅ぼされる水の精とみた。

ベネデッティ＝ミケランジェリのオンディーヌは、不感無覚の氷姫のようだ。マニエリストの極みであり、指の動き、腕の運動、タッチにかかわるあらゆる運動を事前にコントロールしなければ気のすまない彼の演奏は、すべての音が見事なまでに均一に並んでいる。指先の分離・独立に関しては、あきらかにアルゲリッチより上だ。そして、ペダルで混ぜられながらも個々の音が明晰さを失わないアルペジオは、もの凄いばかりの美しさを湛えている。しかし、なんという冷ややかさ！　もしかすると、ミケランジェリは哀れなオンディーヌの指輪をにべもなくはねつける「つれなき男」のほうかもしれない。

ポゴレリッチの録音は、アルゲリッチ盤やミケランジェリ盤に比べると、ずっと閉鎖的で耽美的な印象がある。かなり遅いテンポ。ミケランジェリに劣らず完璧な指の分離を誇る彼のトレモロは、ひとつひとつの音の粒がしっとりと露をふくみ、果肉の奥に核がすけてみえる葡萄の実のようだ。水そのものが言葉をもち、ささやきかける。メロディもよくのびる音でたっぷりと歌われるが、それは聴き手に呼びかける歌ではない。彼の内部で完結している歌だ。美しく装った姿を鏡に映してナルシスティックな陶酔にふける女装のオンディーヌ。

アルゲリッチ型とポゴレリッチ型は、ジェネラルなテクニックの分類にも応用できる。

プロローグで、音楽院の教授に教えられた弾き方は、アルゲリッチ型、つまり、柔軟性を利用する奏法だった。

できるだけ指先をのばして天井を高くとり、手のひらの内側だけを緊張させた手を鍵盤の半分まで沈め、力を完全に抜いて、ひじと手首を微妙にふるわせ、鍵盤が反発しようとする力を利用しながら、その動きにさからわずに弾く。すると、ふわーんと、全部のひびきがないまぜになった絶妙の霧が宙に浮かぶ。美しい。

しかし、手の硬い留学生にはどうしてもできない芸当だった。彼女自身は、ポゴレリッチ型をアレンジする。手を固め、魔法使いのおばあさんのように筋を立てた指で、手首だけはつっぱらないように注意しながら、指の根元の関節のバネを利用して、全部の音を弾く。すると、霧のかわりに、水の粒がひとつひとつキラキラしてくる。

左手に遅れてはいってくるメロディは、どちらかというとその裏に、キラキラする水のゆらめきがかぶることによってよりいっそう神秘的になるというふうが、留学生は好きであった。

先生のメロディは、トレモロの霧の上にくっきりと、計算して甘く歌い上げられる。

ただ叩いただけでは音のボツボツ切れてしまうピアノは、歌が歌にきこえるためには、いろいろと細工をしなければならない。長くのばした音のあとは、その音が減衰した音量にあわせて次の音をはじめる。音がいくつか並ぶ場合には、それがカーブをえがいてきこえるように、ちょうどギリシャの神殿のエンタシスの理論のように、そのうちどれかを他の音より少し長めに弾く、など。

それは、荒いヴィヴラート、細かなヴィヴラート、冷たい音程にあたたかい音程を駆使して官能豊かに歌い上げるヴァイオリンの音色を理想としている。

しかし留学生は、あまりに巧妙につづきすぎる旋律、あまりにロマンティックなアプローチは、水には似合わないような気がしたものである。

水は本来抽象的なものである。水はどんな形でもとることができるが、そのどれでもない。それは、ピアノの音についてもいえる。ピアノは、イマジネーション次第でオーケストラのいかなる楽器にも擬せられるが、実は何でもない。

水は、ピアノに似ているのである。その証拠に、水をテーマにした歌曲の水の描写の部分は、いつも伴奏のピアノが受けもつではないか。

メリザンドのようなオンディーヌとは、つまりそういうことなのらしかった。留学生は、何より水を弾きたかったのだ。「出かけていく女」オンディーヌは水の擬人化としての水の精であり、「何もしない女」メリザンドは、擬人化される前の水の象徴だった。メリザンドとオンディーヌは、彼女の中では、水によってつながっていたのである。

水は、突然何メートルもある渦をまき、あるいは鏡のように静かになり、心地よいさざ波をたてたり、どんよりしたよどみ水になったり、さまざまに姿を変えるが、本質まで変わることはない。水は、すべての可能性を秘めながら、ひたすら水でありつづける。

留学生にとっての水は、いつも冷たく透明で、白い腹をみせて浮く死んだ魚を消化する間ですら透明であり、底に何を隠すも何くわぬ顔をして、いつも同じリズムで呼吸している。

デカダン詩人ジャン・ロランが、「どの泉にも死体があり、蓮の下で眠っている」と歌ったように。

こうした水の何気ない恐ろしさというようなものが、ラヴェルの音世界にはひそんでいる。留学生にとっては、それこそが幻想であり耽美なのであった。

『オンディーヌ』の精緻をきわめた細部の彫りこみを弾くとき、執拗にくり返される凝ったトレモロ、はっと息をのむようなアルペジオのきらめき、わざとずらされたオクターヴの旋律の上方をひびかせるとき、ピアノの抽象的な音が、むしろそのことゆえに、他の楽器には手の届かない水に限りなく近づく。

しかし、何よりも水そのものなのは、メリザンドなのだった。

ゴローは叫ぶ。

「この眼、この大きな眼をよく見てくれ……。この眼は、美しいことを誇りたがるようではないか」

「わしには無邪気な心しか見えぬが」

と、アルケル。

「無邪気ですと！　これは無邪気以上なんだ！　この眼は小羊の眼よりも純粋で、神様にだって無邪気を教えられるくらいなんだ！」

メリザンドの大きな二つの眼は澄みきってナルシスの銀の泉となり、そこをのぞきこむ人自身の心を映し出す。

主要参照文献（引用したものに限る）

プロローグ

メーテルランク『ペレアスとメリザンド　対訳』杉本秀太郎訳（岩波文庫、一九八八）

第一章　水の精のイメージ

ジェーン・E・ハリソン『ギリシアの神々』船木裕訳（ちくま学芸文庫、一九九四）
ホメロス『オデュッセイア』松平千秋訳（岩波文庫、一九九四）
オウィディウス『変身物語』中村善也訳（岩波文庫、一九九〇）
ブルフィンチ『ギリシア・ローマ神話』野上彌生子訳（岩波文庫、一九七八）
ヘシオドス『神統記』広川洋一訳（岩波文庫、一九八四）
ジュール・ラフォルグ『伝説的な道徳劇』吉田健一訳（『ラフォルグ抄』、小沢書店、一九七七）
ジョン・キーツ『エンディミオン』大和資雄訳（岩波書店、一九四九）
フェリックス・ギラン編『ゲルマン、ケルトの神話』清水茂訳（みすず書房、一九七五）
フィオナ・マクラウド『ケルト民話集』荒俣宏訳（ちくま文庫、一九九一）

第二章　善い水の精と悪い水の精

アポロニオス『アルゴナウティカ――アルゴ船物語』岡道男訳（講談社文芸文庫、一九九七）
アポロドーロス『ギリシャ神話』高津春繁訳（岩波文庫、一九七八）
ヴィック・ド・ドンデ『人魚伝説』荒俣宏監修・富樫瓔子訳（創元社、一九九三）
プラトン『国家』藤沢令夫訳（岩波文庫、一九七九）
トマス・カイトリー『妖精の誕生――フェアリー神話学』市場泰男訳（現代教養文庫、一九八九）
ハインリヒ・ハイネ『流刑の神々・精霊物語』小沢俊夫訳（岩波文庫、一九八〇）
フェリックス・ギラン編『ロシアの神話』小海永二訳（青土社、一九八三）
キャサリン・ブリッグズ『妖精の国の住民』井村君江訳（ちくま文庫、一九九一）
ルース・マニング＝サンダーズ『人魚の本』西本鶏介訳（『世界の民話館』、TBSブリタニカ、一九八〇）
ジャン・マルカル『メリュジーヌ――蛇女＝両性具有の神話』中村栄子・末永京子訳（大修館書店、一九九七）

第三章　創作された水の精

フケー『ウンディーネ』深見茂訳（前川道介編《ドイツ・ロマン派全集》5『フケー／シャミッソー』、国書刊行会、一九八三）
大橋博司『パラケルススの生涯と思想』（思索社、一九八八）
アンデルセン『人魚姫』大畑末吉訳（『アンデルセン童話集』1、岩波文庫、一九八四）
『人魚と漁師』（植田祐次・山内淳訳編『ブルターニュ幻想集　フランス民話』、現代教養文庫、一九九一）
ハウプトマン『沈んだ鐘』秋山英夫訳（『ノーベル賞文学全集』19、主婦の友社、一九七二）
ジャン・ジロドゥ『オンディーヌ』内村直也訳（『ジロドゥ戯曲全集』第五巻、白水社、一九五八）
ジョン・キーツ『レイミア』出口保夫訳（『キーツ全詩集』第二巻、白鳳社、一九七四）

アンデルセン『氷姫』大畑末吉訳（『アンデルセン童話集』5、岩波文庫、一九八四）

第四章　魔界と人間界

フーケー『水妖記（ウンディーネ）』柴田治三郎訳（岩波文庫、一九七八）
オスカー・ワイルド『漁夫とその魂』西村孝次訳（『幸福な王子——ワイルド童話全集』、新潮文庫、一九六八）
アンデルセン『沼の王の娘』大畑末吉訳（『アンデルセン童話集』4、岩波文庫、一九八四）
山室静『アンデルセンの生涯』（新潮選書、一九七五）
松浦暢『水の妖精の系譜——文学と絵画をめぐる異界の文化誌』（研究社出版、一九九五）
アロイジウス・ベルトラン『夜のガスパール　レンブラント、カロー風の幻想曲』及川茂訳（岩波文庫、一九九一）
河盛好蔵『パリの憂愁——ボードレールとその時代』（河出書房新社、一九七八）
ボードレール『パリの憂愁』福永武彦訳（岩波文庫、一九六六）
ヴィクトル・ユゴー『ライン河幻想紀行』榊原晃三訳（岩波文庫、一九八五）
ジェラール・ド・ネルヴァル『ローレライ』篠田知和基訳（思潮社、一九九四）
立川希代子『ローレライは歌っているか　ハイネの『旅の絵』とバラード』（せりか書房、一九九三）
アポリネール『ローレライ』堀口大學訳（『アポリネール詩集』新潮文庫、一九五四）

第五章　音楽になった水の精

井上和男『ボロディン／リムスキー＝コルサコフ』（音楽之友社、一九六八）
モーリス・ブランショ『来るべき書物』粟津則雄訳（筑摩書房、一九八九）

Henri de Régnier, *Poèmes anciens et romanesques*, Mercure de France, 1887-90.

Edward Lockspeiser, *Debussy: His Life and His Mind*, 2vol., Cassel, 1962, 1965.

川村二郎『白山の水』（講談社、二〇〇〇）

原作M・フーケー／絵アーサー・ラッカム『ウンディーネ』岸田理生訳（新書館、一九八〇）

Robert Schumann, *Musik und musiker*, Breithopf & Häretel, 1985.

バルバラ・スモレンスカ＝ジェリンスカ『ショパンの生涯 決定版』関口時正訳（音楽之友社、二〇〇一）

Jeam Kleczyński, *Chopin's Greater Works*, William Reeves, 1886.

Edouard Ganche, *Dans le souvenir de Frédéric Chopin*, Mercure de France, 1925.

アーサー・ヘドリー『フレデリック・ショパン』野村光一訳（音楽之友社、一九八三）

カミーユ・ブールニケル『ショパン』荒木昭太郎訳（音楽之友社、一九九四）

アラン・ウォーカー編『ショパン――その人間と音楽』和田旦訳（白水社、一九六八）

アンドレ・ブクレシュリエフ『ショパンを解く！――現代作曲家の熱きまなざし』小坂裕子訳（音楽之友社、一九九九）

Heinrich Heine, Ueber die französische Bühne. in: *Historisch-kritische Gesamtausgabe der Werke*, Hrsg. v. Manfred Windfuhr, Hamburg, 1973-97.

野本由紀夫「時代が変えた標題音楽」（「フィルハーモニー」一九八七年四月号）

カール・ダールハウス『絶対音楽の理念』杉橋陽一訳（シンフォニア、一九八六）

第六章　『ペレアスとメリザンド』とおとぎばなし

『完訳グリム童話集（一）―（五）』金田鬼一訳（岩波文庫、一九七九）

『新編世界むかし話集3 北欧・バルト編』山室静編訳(現代教養文庫、一九七七)
マックス・リューティ『昔話の本質――むかしむかしあるところに』野村泫訳(福音館書店、一九七四)

第七章 『ペレアスとメリザンド』のドラマ構造

高宮利行『アーサー王物語の魅力』(秀文インターナショナル、一九九九)
クードレット『メリュジーヌ物語――母と開拓者としてのメリュジーヌ』松村剛訳(青土社、一九九六)
吉田知生「マーテルランクと中世伝説――《メリュジーヌ》から《メリザンド》へ」(『言語文化』七号、明治学院大学言語文化研究所、一九九〇)
吉田知生「ペレアスとメリザンド――指輪と泉」(「青山学院大学文学部紀要」三二号、一九九〇)
メーテルリンク『夢の研究』堀田郷弘訳(『フランス幻想文学傑作選』3、窪田般彌・滝田文彦編、白水社、一九八三)
山口昌男「『ペレアスとメリザンド』又はオペラの脱構築」(二期会『ペレアスとメリザンド』公演プログラム、一九八八)
阿部年晴『アフリカの創世神話』(紀伊國屋新書、一九六五)

第八章 「宿命の女」と「つれなき美女」

ジャン・ピエロ『デカダンスの想像力』渡辺義愛訳(白水社、一九八七)
松浦暢『宿命の女――愛と美のイメジャリー』(平凡社、一九八七)
マリオ・プラーツ『肉体と死と悪魔 ロマンティック・アゴニー』倉地恒夫ほか訳(国書刊行会、一九八六)
マシュー・グレゴリー・ルイス『マンク』(国書刊行会、一九九五)

ユージェーヌ・シュー『パリの秘密』関根秀雄訳（『世界大ロマン全集』第十五巻、東京創元社、一九五七）
プロスペル・メリメ『カルメン／コロンバ』平岡篤頼訳（講談社文芸文庫、二〇〇〇）
オクターヴ・ミルボー『責苦の庭』篠田知和基訳（国書刊行会、一九八四）
ピエール・ルイス『女と人形』生田耕作訳（白水社、一九八八）
Jeséphin Péladan, *Le Vice Suprême*, Librarie Moderne, 1884.
ロバート・バルディック『ユイスマンス伝』岡谷公二訳（学習研究社、一九九六）
ギュスターヴ・フロベール『サランボオ』神部孝訳（角川文庫、一九五三―五四）
ジョン・キーツ『キーツ詩集』出口保夫訳（『青春の詩集／外国編』14、白鳳社、一九七五）

第九章　メリザンドと水

谷田博幸『ロセッティ――ラファエル前派を超えて』（平凡社、一九九三）
河村錠一郎『ワーグナーと世紀末の画家たち』（音楽之友社、一九八七）
フィリップ・ジュリアン『世紀末の夢――象徴派芸術』杉本秀太郎訳（白水社、一九八二）
宮澤政男「世紀末のナルシスティック・スフィンクス」（『美術手帖』クノップフ特集、一九八九年三月号）
ブラム・ダイクストラ『倒錯の偶像――世紀末幻想としての女性悪』富士川義之ほか訳（パピルス、一九九四）
シャルル・ボードレール『赤裸の心』矢内原伊作訳（福永武彦編『ボードレール全集』Ⅱ、人文書院、一九六三）
エレミール・ブールジュ『神々の黄昏』中島廣子・山田登世子訳（白水社、一九八五）
ラシルド『ヴィーナス氏』高橋たか子・鈴木晶訳（人文書院、一九八〇）
J・K・ユイスマンス『さかしま』澁澤龍彥訳（桃源社、一九六六）
ギュスターヴ・フローベール『ヘロデア』蓮實重彥訳（『三つの物語』《世界文学全集》37、講談社、一九七五）

オスカー・ワイルド『サロメ』福田恆存訳（岩波文庫、一九五九）
堀江珠喜『サロメと世紀末都市　ワイルドにおける悪の系譜』（大阪教育図書、一九八四）
ヴィリエ・ド・リラダン『未來のイヴ』齋藤磯雄訳（創元ライブラリ、一九九六）
Mireil d'Ottin Orsini, *Cerre femme qu'ils disent fatale*, Grasset, 1993.
渡辺義愛「宿命の女拾遺」（『ふらんす』一九九一年四月号—九二年三月号）
Claude Debussy, *Lettre à André Messager*, Dorbon-Aine, 1938.

第十章　水の音楽

アーサー・ヘドレイ編『ショパンの手紙』小松雄一郎訳（白水社、一九六五）
ジャン＝ジャック・エーゲルディンゲル『弟子から見たショパン——そのピアノ教育法と演奏美学』米谷治郎・中島弘二訳（音楽之友社、一九八三）
エレーヌ・ジュルダン＝モランジュ『ラヴェルと私たち』安川加壽子・嘉乃海隆子訳（音楽之友社、一九六八）
マニュエル・ロザンタール『ラヴェル——その素顔と音楽論』マルセル・マルナ編／伊藤制子訳（春秋社、一九九八）
ウラディミール・ジャンケレヴィッチ『ラヴェル』福田達夫訳（白水社、一九七〇）
アラン・ウォーカー『リスト』内野允子訳（全音楽譜出版社、一九七五）
ジョルジュ・レオン『ラヴェル』北原道彦・天羽均訳（音楽之友社、一九七四）
ロジャー・ニコルス『ラヴェル——生涯と作品』渋谷和邦訳（泰流社、一九九六）

あとがき

ハインリヒ・ハイネ『ルテーチア――フランスの政治、芸術および国民生活についての報告』木庭宏責任編集／木庭宏・宮野悦義・小林宣之訳（松籟社、一九九九）

主要ディスコグラフィー（青柳いづみこ『水の音楽』〔KING〕収録のピアノ曲はのぞく）

カタラーニ『水の精の踊り』（歌劇『ローレライ』より）
指揮：アルトゥーロ・トスカニーニ／NBC交響楽団　不滅のトスカニーニ・シリーズ第X巻「イタリア管弦楽集」（BMG）
メンデルスゾーン『美しいメルジーネの物語』
指揮：クラウディオ・アバド／ロンドン交響楽団（GRAMMOPHON）
ストラヴィンスキー『ディヴェルティメント』（バレエ音楽『妖精の口づけ』による）
指揮：リッカルド・シャイー／ロンドン・シンフォニエッタ（DECCA）
シマノフスキ『アレトゥサの泉』（『神話』より）
ヴァイオリン：諏訪内晶子／ピアノ：フィリップ・モル（PHILIPS）
シマノフスキ『メトープ』
ピアノ：岡田博美（SHUNJUSHA EDITION）
クセナキス『エヴリアリ』
ピアノ：高橋アキ（『季節はずれのヴァレンタイン』）（MISUCALNOTE）
リムスキー゠コルサコフ　歌劇『サドコ』
指揮：ヴァレリー・ゲルギエフ／キーロフ歌劇場管弦楽団（PHILIPS）

ドビュッシー『シレーヌ』(『夜想曲』より)
指揮：エルネスト・アンセルメ／スイス・ロマンド管弦楽団（DECCA）
ホフマン『ウンディーネ』
指揮：ローランド・バーデル／ベルリン放送交響楽団（KOCH SCHWANN）
ロルツィング『ウンディーネ』
指揮：クルト・アイヒホルン／ケルン放送交響楽団（CAPRICCIO）
ツェムリンスキー『人魚姫』
指揮：リッカルド・シャイー／ベルリン放送交響楽団（DECCA）
ドヴォルザーク『ルサルカ』
指揮：ヴァツラフ・ノイマン／チェコ・フィルハーモニー管弦楽団（SUPRAPHON）
ドヴォルザーク『水の精』
指揮：エリアフ・インバル／フィルハーモニア管弦楽団（TELDEC）
ドビュッシー『ペレアスとメリザンド』
指揮：ピエール・ブレーズ／コヴェント・ガーデン王立歌劇場管弦楽団（SONY CLASSICAL）
リスト『鬼火』(『超絶技巧練習曲』より)
ピアノ：ホルヘ・ボレット（DECCA）
ラヴェル『オンディーヌ』(『夜のガスパール』より)
ピアノ：マルタ・アルゲリッチ（GRAMMOPHON）
ピアノ：アルトゥーロ・ベネデッティ＝ミケランジェリ（MEMORIA ABM）
ピアノ：イーヴォ・ポゴレリッチ（GRAMMOPHON）

あとがき

CD録音を終えたところである。

テーマは、本書と同じく「水の音楽」。曲目は、リストの『エステ荘の噴水』と、それを下敷きにしたラヴェルの『水の戯れ』。タイトルこそ同じだが、曲想は全く違うドビュッシーとラヴェルの『オンディーヌ』。「なじかは知らねど」で知られるハイネの『ローレライ』にもとづくリストの歌曲『ローレライ』のピアノ編曲版、一説にはハイネやミツキェヴィッチの水の精の物語にヒントを得たといわれるショパン『バラード第三番』など、水づくしの内容である。

長い間、書くことと弾くことのかねあいに――精神的にも肉体的にも――悩まされてきたが、今回ほどその問題に直面させられたことはなかった。これまでは、レコーディングや大きなリサイタルの前には二ヶ月の準備期間を置き、その間は単行本の進行もとめてもらい、連載や単発のエッセイ等も前だおしで処理して、少なくともその期間だけは練習に専念できるようにスケジュールを組んできた。しかし、今回は同時進行ということで、レコーディング一ヶ月前には、まだ五百枚弱の原稿を執筆していたし、その校正ゲラが本番一週間前に出てくるという事態にも追いこまれた。いずれも、その時期をはずすと予定通りに刊行できないという。

演奏と文筆の両立などと口でいうのは簡単だが、ひとつ間違うとどちらも不満足なものになりかねない。かつてないプレッシャーに襲われ、何度逃げ出そうと思ったかしれない。

覚悟を決めて臨んだ三日間の録音にはさまざまな局面があったが、もっとも楽器が手になじみ、楽器自体もホールの空気になじんでいた二日目の午後、全体の構成の中でどのようなテンポを選びとり、また歌い方を選びとるか、ディレクターとやりとりしていた、少なくともその時間だけは、音楽とじかに向きあっている充足感があった。もっというなら、音楽の神さまと相撲を取っては、そのつどはねかえされる気分だった。はねかえされても、肌に一瞬ふれた感覚は残る。これは、文章を書いているときには味わえない、演奏特有のよろこびかもしれない。

CDの企画は今年にはいってから持ちあがったものだが、本のほうははるかに長い道程をひきずっている。本書の核となる「水の精と音楽」という三十枚ほどの文章を書いたのは、かれこれ十八年前にさかのぼるだろうか。

「水の精と音楽」は、フランス留学から帰ってピアニストとしてデビューしたのち、藝大の博士課程に再入学した私が、最初に書いた二つの論考のうちのひとつである。もう一本の「ドビュッシーと幻想文学」は、『音楽芸術』という、のちに廃刊した評論雑誌に掲載され、ドビュッシーの評伝に発展したが、「水の精」は活字になる機会を逸した。

その後数年を経て、原稿は、同じように書きためた何篇かの評論とともにさる編集者の手にわたり、アンソロジーとして企画会議にかけられたが、出版には至らなかった。さらに、お世話になった出版プロデューサーの助言で二百五十枚に書きのばされ、人を介してある出版社に送られたものの、連絡がないまま十年ほどが経過した。

なかなかまとまらないのは「水の精」ばかりではなく、ドビュッシーの評伝も、とりかかってから出版に至るまで十年以上を要している。あまりのことにじれてしまい、未発表の原稿や、雑誌に発表した記事のいくつかを一枚のフロッピーにおさめ、遺書を書いたこともある。

今それを読み返すと、なぜ自分が必要な一歩を踏み出すことができなかったのか、その理由がありありとみてとれるように思う。そのころの私は、しきりに、誰かによって自分を決めてもらいたがっていたふしがある。私はいったい誰でしょう？　水をコップに入れるように、どんな在り方でもよいから私を規定し、形あるものにして下さい。

しかし、人が私をコップに入れようとすると、それは必ず大きすぎたり、私の望むような形ではなかったり、または小さすぎて私のほうがコップからあふれ出たりした。ピアニストが、常に指導を受ける教師に依存して育つことは本文でも述べた通りだが、ものを書くほうの私も、無意識のうちにその習性が身に染みついてしまっていたようだ。

自分でおおよその形態をイメージし、そこに自分自身を注ぐ努力をしてはじめて、容器の型も容量もおのずからさだまってくるものであることを、私はほかならぬレコーディングの現場で、音楽の神さまから教えられた。演奏と文筆はしばしばお互いを浸食しあうが、ときにはこんなふうに、演奏によって根性を鍛えなおされることもある。

旧稿を現在ある形に書きあらためる過程で、ハイネに興味をもつ機会に恵まれたことも大きな収穫だった。周知の通り、ハイネはドイツ・ロマン派の著名な詩人だが、熱烈な恋愛詩の作者としての顔のほかに、辛辣な文化評論家としての顔もあることを、私は浅学にして知らなかった。一八三一年五月、ショパンが亡命する四ヶ月前にパリに出てきたハイネは、五十八歳で亡くなるまでの二十四年間をこの街で過ごし、モンマルトルに葬られている。晩年は悪化する健康状態に悩まされたが、アウグスブルクの「一般新聞」にフランスの文化や政治についての紹介記事を書き、フランス人に向けてはフランス語でドイツの文化を紹介するという仕事をつづけた。

二年ほど前に邦訳された『ルテーチア』にはコンサート評もあり、当時のパリ楽壇の様子をリアル・タイムで知ることができる。たとえば一八四四年のシーズン、コンサートを催すピアニストには事欠かなかったが、真剣な考察に値する演奏家は三人しかいない、とハイネは書く。

「まずは、いとも優雅な音声詩人ショパンであるが、残念ながら彼はこの冬も病気が重く、あまり姿を現さなかった。次は、音楽のジェントルマン、タールベルクだ。この人は、美男子としていたるところで歓迎されるため、ピアノなど演奏する必要は結局のところまったくなかったろう。〔……〕第三はわれわれのリストである。彼はまったくのつむじ曲がりで、トゲトゲして角だらけなのに、それでも依然われらの大切なリストでありつづけ、そして、この瞬間、パリの美しい世界をまたも興奮の渦に巻きこんだのだ」。

伝説の名ヴィルトゥオーゾたちが、ハイネの的確な筆で活き活きと描き出されるのを読むのは、まことに楽しい。

故国にいたころのハイネは、ドイツ・ロマン派の旧弊な人生観や歴史観をきびしく批判し、多くの敵をつくってしまったが、いっぽうで、ハイネほどロマン派精神に満ち、ドイツ的なものを愛する詩人もなかった。彼にとっては、故国を離れ、異国の地から故国のかかえる問題を客観的にみつめ、その解決方法を考えることこそが、祖国愛の発露だったのである。ハイネは自由の都パリで、多くの文化人に囲まれ、生活のよろこびを味わい、大いに批評精神を発揮したが、彼の鋭い目は、フランスを支配するブルジョワジーの欺瞞、資本主義の矛盾をも看破せずにはいられなかった。

音楽の世界に対して文学や美術を発信し、文学の世界には音楽を発信しながら、ともすると、どちらにも居場所のないあやうさと寂寥感を感じている私には、ハイネの分裂状態とそれに派生する悩みが、ほんの、ほんの少しだけわかるような気がする。同時に、距離をおいてこそ、本当にその文化に対して愛情をもち、そのすばらしさを理解でき、また発展に寄与できるのだ、というハイネの主張に大いに勇気づけられたこともたしかである。

「水の音楽」について書くようにすすめて下さった東京藝術大学の船山隆先生、メーテルリンクの研究をしておられる根岸(吉田)知生さんをはじめ、文章を引用させていただいたすべての著者・訳者の方々、ハイネの未訳の評論を訳出して下さった神戸大学の木庭宏先生、レニエの未訳の詩を訳出して下さった早稲田大学の川瀬武夫先生、ミツキェヴィッチとバラードの問題について調査して下さった東京外国語大学の関口時正先生とワルシャワ大学大学院の寺門祐子さん、標題音楽の問題でご教示下さった桐朋学園大学の野本由紀夫さん、貴重な資料を閲覧させて下さった国立音楽大学の図書館の方々、ＣＤ制作をアレンジして下さったハーベスト・コンサーツの木田好子さん、本書の編集にあたって下さったみすず書房の尾方邦雄さんに、厚く御礼申しあげる。

二〇〇一年盛夏

青柳いづみこ

付録　さらば、ピアノよ！

「いっけねぇ、寝すごした」

時計をみたら、七時四十五分。

ベッドからとび起きたミズキさんは、着がえをしながら頭の中で忙しく計算した。カオリンと約束した八時の「のぞみ」にはとうてい間に合わない。ホール入りは十一時、ホンバンは二時からだ。新大阪からホールまでタクシーで十分。家から駅まで歩いて六分。駅から東京駅まで二十五分。ということは、新幹線は無理だ。

飛行機はどうか。いつも大阪に教えに行くときは、便出発の一時間四十五分前に家を出ることにしている。つまり、八時に出れば九時四十五分発の全日空に乗れる勘定だ。伊丹着十時四十五分。空港からタクシーをとばして、何とかいける！

問題は、十五分で旅の仕度ができるか、だった。出かけるときは、しわにならないブラウスとのびちぢみするGパンで十分。ドレスと靴、ホンバン用の下着とストッキングは、宅配便で送ってある。楽譜とトークの原稿は、旅行かばんの中。

顔を洗って歯を磨いたあと、化粧道具をつめ、ふと思いついて、下地用の化粧水と乳液、ヘア・ムースもポーチに入れた。化粧と髪のセットは、飛行機のトイレですればいい。リップクリームと日焼止めだけ塗り、ゲイノー人でもないのにサングラスをかけたミズキさんは、ジャケットをはおって家を出た。

JR中央線の車内で、ミズキさんはまた忙しく計算するのだった。浜松町に行くには、新宿まわりと東京まわりの両方がある。いつもは早朝で急行がないから、新宿から山手線に乗り換えたほうが、若干早く着く。新宿まで各停で十一分、浜松町まで山手線で二十五分。でも、今日はウィークデーの出勤時間帯。東京まで急行で二十五分、東京から山手線外回りで九分。東京経由のほうが早いゾ。

羽田に着き、十六番ゲートに向かうとき、ケータイでカオリンに電話した。彼女は、ミズキさんが所属するラルク音楽工房の担当。今ごろ新幹線の普通車に乗り、ミズキさんがグリーン車にいるものとばかり思っているはずだ。

「お早うございます。今、空港でーす」

「えっ、なになに、どうしたんですか?」

空港アナウンスにまじって、カオリンのすっとんきょうな声が聞こえる。

「寝すごしたんだよ。そいで、新幹線間に合わないから、飛行機」

「なんだ」

「大丈夫、ちょい遅れぐらいではいれますよ」

「ほーい、お待ちしてまーす」

ANAの座席に座ったら、隣が赤ん坊連れだった。お母さんが膝に抱いて、あやしている。ちっちゃなタータをはいた太いあんよが、ときどきこっちにやってくる。飛行機が離陸するとき、どうしても耳が痛くなるから、きっとギャーック泣き出すに違いない。いつもはがまんしちまうが、今日はいけない。ミズキさんは、CAさんに頼んで席をかえてもらうことにした。

通路側の席。これがお約束。窓側に坐ると、なかなかトイレに行きにくくなる。便が飛ぶ前に席を立ち、狭いトイレで身仕舞いをすませる。客席にお戻り下さいというテロップが出ているが、無視する。今日はステージだから、頭のてっぺんに少し逆毛をたてる。

喉がいがいがする。漢方の風邪薬は眠くならないだろうか? 説明書には、一応、眠くならないとは書いてある。あまり信用できないが、とにかく飲んじまう。少しおさまる。

寝すごしたのも、こいつのせいだ。

ミズキさんは気管が弱く、ホンバン前になると、何でもないことですぐに風邪っぽくなる。元気に買物に出ても、途中で喉がいがいがしてくる。行きつけの鍼灸院にとんでいく。普通の感覚では見当もつかないような、足の甲だか手首だか、とにかく喉とはかけはなれた場所に鍼を打ってくれ、おさまりましたか？　ときかれると、おさまったような気になる。

ところがまた、少し練習するといがいがしてくる。要するに、プレッシャーなのだ。

昨日の夜は、八時に鍼灸医のところから帰ってきて、もう練習しないで夕食をたっぷり食べ、十時にはベッドにはいった。ビール五百ミリリットルひと缶。意外にすっと眠れた。しかし、二時に目がさめてしまった。

布団の中でごくんと唾を飲み込む。ちょっとひっかかりがある。ミズキさんは迷った。風邪薬を飲もうか、漢方薬にしておこうか。次の日のホンバンが夜だったら、風邪薬にしていたろう。しかし、今回は二本立てで、一回目はマチネ（午後の公演）だから、万が一薬が残っていたら、必ず指使いが混乱したり暗譜（譜面を見ないで弾くこと）を間違えたり、妙なことが起きる。ピアノの演奏は、車の運転よりデリケートなのだ。漢方薬を飲んでまた眠った。次に目をさましたのは、明け方の五時だ。喉のいがいがは、前よりひどくなっているように思った。ええままよ、ヤケクソになったミズキさんは風邪薬を飲んだ。そして、見事に眠り薬が効き、めざましもきこえず、寝すごしちまったというわけだ。

伊丹空港の売店でマスクを買い、それをかけてタクシーに乗った。

「おっちゃん、フェニックス・ホール行ってや」

何だか知らないけど、大阪に着くと大阪弁もどきになる。ショパンを弾くとなよやかな気分になり、ベートーヴェンを弾くといかつい気分になるピアノ弾きの性（さが）か。

運転手のおっちゃんは、フェニックスってどこやねん、と首をかしげている。

しまった、ホールの地図はカオリンが持ってるんだった。ミズキさんは、自分のピアノ・リサイタルのチラシをみせて、「ここ」と指さした。チラシの裏には、小さいながら地図も書いてある。しかし、現実にはありえないような真四角の道に円い点であらわしたビル。ビルの名前すら書いていなくて、これで一般人にわかるわけはない。

クラシック音楽の関係者は、完璧に地動説で、クラシックの世界がすべてだと思ってる。フェニックス・ホールは、大阪市内のコンサート用の中ホールとして誰知らぬ者もない、きわめてポピュラーな会場だったが、日本のクラッシック人口なんぞというものは、全人口の一パーセントぐらいにすぎないのだ。

仕方なくミズキさんは、またカオリンに電話した。

「運転手さん、フェニックスって知らないってよ。どこのビル?」

「電話、かわってもらえますか?」

ミズキさんは、ケータイをおっちゃんに渡した。

ホールに着くと、カオリンが出迎えていた。なびく金髪、白のカット・ソーにぴったりした黒のコットン・パンツ。なかなか格好のいい女の子だ。

「お早うございます。大丈夫ですかぁ?」

クラシック界はゲイノー界ではないんだが、この、いつでもどこでも「お早うございます」というのは、変わりない。NHKの、昼だろうが夜だろうが陽のささない完全密封のスタジオでこれを言われると、ちょっとこわいものがある。もっとも、このときはまだ午前中だったから、本当に「お早うございます」ではあったのだが。

ミズキさんは喉をおさえ、できるだけ重々しくうなずいてみせた。

楽屋は、ビルの二階にある。ガラスのドアをあけて、楽屋口から大阪のマネジメントの社長サンが出てきた。

ミズキさんのマスクをみて、ちょっとぎょっとしたような顔をして、でも、なんにも言わずに深くお辞儀した。リサイタルはミズキさんの自主公演で、客がはいろうがはいるまいが、演奏がうまくいこうがいくまいが、いい批評が出ようが出まいが、事務所サイドには何も関係ない。いちいち心配しているひまはないのだ。この事務所だけで、今日は四公演重なっているときく。

個室は六畳ぐらいの洋室で、ソファとテーブル、化粧台、全身を映し出す鏡など、どこのホールの楽屋も似たようなものだ。宅配便の箱から二種類のドレスを出したミズキさんは、背の高いハンガーに吊るした。金色のステージ靴は、その下。昔は、リサイタルの途中でお色直しするピアニストなんていなかったが、このごろは、プログラムの前半と後半で衣装を替えるのはちっとも珍しくない。

化粧台の上には、小さな花束とフェイスタオルが置かれている。「本日はおめでとうございます。心をこめて精一杯お世話させていただきます。タオルは弊社のオリジナルの品です。どうぞお使い下さいませ」というメッセージが添えられていた。

いかにも大阪らしい、細やかな心遣い。横には、事務所の名前を印刷した封筒。新聞広告や記事をまとめてコピーしたものが入れてある。「今宵の記念に……」と書いてある。知り合いの新聞記者に電話しまくって記事書いてもらったのは、私なんだけどね、とミズキさんは思った。

テーブルには、とても大きな花籠が飾られている。リボンの下に、贈り主の名を記した小さな紙が張り付けてあった。昔、田舎であそんだ幼なじみが、結婚して大阪に住んでいるらしい。

東京と大阪の事務所で一番違うのは、お花やプレゼント類の処理方法だろう。歌舞伎やお芝居の公演ほどではないが、コンサートを開くと、お花やプレゼント類がけっこう届く。同僚のピアニストや教えている生徒たち、知り合いの招待客。終演後、楽屋に来て直接手渡してくれる人もいる。プログラムを弾き終えた興奮で頭がキョーテンドーチしているミズキさんは、ずらりと並んだ行列の、いったい誰がチョコレートさんで誰がワイン君だったのか、すっかり忘れてしまう。

東京の事務所はただ預かるだけだが、大阪では専用の用紙をつくって、持参者が直接書き込むシステムになっている。受けとるほうは、あとで失礼がないように挨拶できるから助かる。

しかし、細やかな心くばりに感激していると、ときに細やかな金銭感覚にびっくりすることもある。たとえば、DMの件。アーティストが何かの団体の名簿を持っていて、自分でDMを送るのが面倒くさい場合、マネジメント側で住所を書いてくれる。大阪の事務所に頼んだら、書く手数料が一件ごとに四円、事務所の名前を印刷した封筒一枚につき二円いただきます、と言われた。あんまりバカバカしいのでミズキさん、自分で書いちまったが、六百枚書いたら手が痛くなった。

こうして、表面上はものあたりやわらかく、しかし裏でしっかり金をとるのが関西のやり方だ。生き残っていくためには、仕方がない。何しろクラシック業界、ほとんどタイタニック状態なのだから。

1

吉田水城（みずき）。これがミズキさんの正式な名前だ。

身長は百五十八センチ、体重は秘密。重いほうが音量が出るというので、わざわざ体重を十キロ増やしたピアニストがいるという話があるが、ミズキさんの場合は必要ない。人間ドックを受けると、お医者さんは残念そうに、「幸か不幸か、肥満による弊害がどこにも出ていない」とコメントする。

いつも坐ってばかりいるから、お尻は特大なのに、バストはBカップ。ピアニストは横を向いて弾く商売。ドレスを着るとラインが出ないから、ホンバンのときはブラジャーの中に水増しのパッドをしのばせる。

それにしても、クラシックのピアニストって、よく考えたら奇妙な格好してるもんだ、とミズキさんは思うのだった。十八世紀の宮廷文化華やかなりしころのファッション。ローブ・デコルテに塔みたいに結い上げた頭。じゃらじゃらのネックレスにイヤリング。こんなのって、エリザベス女王の戴冠式とかでしかお目にかかれない。もっとも、あちらは本物のダイヤだが、こちらはただのガラス玉。

顔は……残念ながら、あんまり美人とはいいがたい。ちょっと顎がはっていかつくて、正面を向くと鼻が大きくて、鼻の下が長すぎ。自意識過剰のミズキさんは、自分ではけっこう美人だと思っているから、ときどき小野ヨーコに似ていると言われると、がっかりする。唇が薄すぎて、口角が下がり気味なので、女性週刊誌の顔相占いでは縁遠い相と出る。実は、ちゃんと結婚して子供もいるんだけど。

それでも、カメラさんが精一杯ジャスト・アングルで撮ってくれる写真の中には、悪くないものもあった。ところが、それをチラシに載せるとなると、今度は別の問題がもちあがる。コンサートに来た人が言うに、「ずいぶん写真うつりがいいんですね」。

余計なお世話だ。メークに二時間かけて、修整しまくった写真で、写真うつりがいいもへったくれもあるか。

出身は日本で唯一の国立音大。留学は南フランス。コンクール入賞歴、なし。定職もなし。大物評論家や指揮者のお墨つきも、なし。月に一度だけ大阪の音大にフランス音楽の特別講義で通っている。東京でも、月に一度フランス音楽の講座を開いている。年間公演回数は……これもひと月に一度あれば、いいほう。

いつか、楽壇のある重鎮氏と話していたときのこと。ミズキさんが「私って、なぜこんなに売れないんでしょうね？　顔のせいでしょうか、カラダのせいでしょうか、それとも、腕前のせいでしょうかね」ときくと、重鎮氏はこともなげに、「そりゃ、それぞれ少しずつ足りないからに決まってるじゃないですか」と言ったもんだ。足りないのは、バストだけじゃなかったか。

それでも、デビュー・リサイタルは妙にうまくいったのだ。M新聞の週評に、辛口で知られる大物評論家が批評を書いてくれた。なぜ、自分みたいな無印がとりあげられたのか、ときいたら、海外の音楽祭等で活躍しているようだったから、と言われた。うぉっ、じゃぁ、あの略歴がきいたんだ。ミズキさんはお腹の中で小躍りした。

留学先の南フランスで、先輩のピアニストが出演できなくなった夏の音楽祭のステージをいくつかまわしてくれた。音楽祭といったって、地中海地方音楽祭という、きいたことないもので、ちゃんとしたホールではなく、古い僧院の中庭とか、海辺のロッジとか、愛好家の別荘のサロンとか、とにかく仮設ステージだらけだったんだが、実際に目撃していない人には、新人の登龍門で知られるボルドー音楽祭みたいな立派な音楽祭に思えたのだろう。

批評家さんのカン違いはさておき、新聞の批評といえば外来アーティストのコンサートしか出ないし、日本人でも大家に限られるのが普通だったから、友人たちは、こんな幸運なデビューはない、とさわいだ。次の年も、A新聞に別の批評家が書いてくれた。

ところが、これがよくなかった。いや、評はそこそこよかったんだが、すっかりテングになってしまったミズキさんは、もともと好きではない練習をサボるようになり、レパートリーではないプログラムでも平気でステージに乗せはじめた。

三回目のリサイタルで、早くもボロが出た。フランス六人組の作曲家プーランクの個展を企てたミズキさんは、知り合いの声楽家とヴァイオリニストに声をかけ、『ピアノ組曲』、『ヴァイオリン・ソナタ』と声楽曲でひと晩のプログラムをつくった。経費節約のために、『ヴァイオリン・ソナタ』のピアノ・パートと歌曲の伴奏も、自分で弾く。ソロは暗譜しなければならないが、室内楽や伴奏は譜面を見てもいいし、楽じゃ、と思った。ところが、蓋をあけてみるとこれが意外に大変だったのだ。

『ピアノ組曲』ではソリスト、『ヴァイオリン・ソナタ』では室内楽の共演者、歌曲では伴奏者。同じピアノを弾いていても、全然立場が違う。椅子の高さから変わってくるし、タッチの神経の使い方も違う。ソロを弾くまでにすっかり疲れ果て、肝心の『ピアノ組曲』は見るも無残な演奏。

こんな体たらくでは、演奏一本は無理だ、と判断したミズキさんは、もともと好きだった音楽学の勉強をはじめ、大学院でハカセ・ロンブンなるものを書いた。

その後は、ハカセ・ピアニストとして再デビューし、演奏のかたわら雑誌に記事を書き、それをまとめて本にする作業にいそしんだ。本を出すだけではなく、本のテーマに沿ったCDをリリースし、自主公演の記念リサイタルを開く。この一人メディア・ミックス・スタイルがけっこう受けて、ピアノ界の片隅に小指をひっかけてぶらさがっているぐらいのことはできるようになった、というわけだ。

ところで、当たり前のように使っているピアニストという肩書。自分は本当にピアニストと言えるのだろうか。ここでミズキさんは、大いに悩んでしまうのだった。

フランスでは、ピアニストといったら、アマチュアでも何でも、ピアノが弾ける人のことだ。演奏活動をしているプロのピアニストは、コンセルティストと呼んで、区別する。それも、ただステージで弾くだけではなく、先方から依頼があり、仕事として演奏するピアニスト。そもそも、プロってそういうことじゃない？

でも、待てよ。日本でそんなこと言い出したら、吉田水城だけじゃなくて、大半のピアニストが、ピアニスト以上、コンセルティスト未満ってことになるぞ。

日本のピアニストには、大まかに分けて三つのカテゴリーがある。音楽事務所に所属して、バンバン仕事を入れてもらい、事務所を儲けさせる人。これがフランスでいうコンセルティストで、ソロではあんまりいない。あるマネージャーさんにきいたら、全ピアニスト人口の一パーセントぐらいだとか。室内楽奏者や伴奏者になると、需要が多いからかなりいるだろう。仕事はすべて事務所を通してはいり、ギャラのうちから、マネジメント料、制作費などを差し引いた額（二、三十パーセント引き）がアーティストに支払われる。

第二以降は、日本特有のケース。事務所に所属していてもほとんど仕事の依頼がなく、自主公演ばかり開いている人。ミズキさんも、その中にはいる。所属という形をとらず、そのつどの自主公演で事務所にマネジメントを頼むピアニストが、第三のカテゴリー。ミズキさんも、最初はそうだった。

自主公演は、日本の音楽事務所最大の財源で、事務所によっては、それだけで経営しているところもあるぐらい。仕事の内容は、ホールや楽器、調律の手配、チラシやポスター、プログラムの制作、チケットの発券、プレイガイドへの手配。音楽雑誌・新聞への広告や記事の依頼、当日の受付やステージ・マネージャー、楽屋の片づけなど。

実費はすべて請求するが、その他に「マネジメント料」が発生する。マネジメント協会に所属する事務所は、六百人未満のホールでは三十万円、それ以上のホールでは三十五万円と、それぞれ金額が定められている。事務所のほうでは、自主公演を多くかかえていれば、入りに関係なく一定の収入がはいるし、仲介する印刷費などからもマージンをとっているから、堅い商売になる。これを「お手伝い」と呼ぶあたりが、とっても日本。

これは、何が悪いのか、政府の文化行政が悪いのか、クラシック界が悪いのか、そもそも日本人がクラシックなんかやることに無理があるのか。よくわからないが、なぜこうなってしまったかっていうと、アーティストの数が多すぎ、聴衆が少なすぎるからだ。

日本のクラシック界ぐらい、演奏家の需要と供給がアンバランスな国もないんじゃないかと、ミズキさんは思うのである。とくに、ピアニスト。たとえば、パリ国立高等音楽院のピアノ科など、卒業生は年に七、八人だが、日本の音大では、唯一の国立の藝大でも三十人。私立では、ひとつの音大について平均二百人ぐらい。それで、首都圏の単科音大だけでも七校、音楽科をもつ大学が七校。地方の公立音大が名古屋、京都、沖縄に一校ずつ。私立の単科大学は名古屋、大阪、広島に一校ずつ。大学の規模によって人数は違うが、毎年、どれだけの「ピアノ科卒業生」が送り出されるか、わかろうというものだ。

ミズキさんが知り合いのドイツ人と音大事情について話したときのこと。日本の音大が、とんでもなく多い数の学生を受け入れ、しかもそのまま卒業させてしまうときいた友人は、ものすごくびっくりしていた。ドイツの音大では、入れる人数も少ない上に、卒業試験がとんでもなく難しい。リサイタル三つ分のプログラムにコンチェルトを二つ用意しろ、とか平気で言われる。卒業試験は国家試験を兼ねていて、合格した人は、演奏会を開くたびに国家から補助がある。そんな関門をくぐりぬけた精鋭ですら、ピアノ・ソロで活動していくのは至難のわざだというのに。

もちろん、日本だって、音大の卒業生全員が「ピアニスト」になるわけではないが、自主公演制度の確立している国だから、極端に言えば、お金さえ払えば誰でも一律にデビューできる。自主公演であろうが依頼された公演であろうが、企業のスポンサーがついたカンムリ公演であろうがなかろうが、同じように批評が出るし、音楽賞の対象にもなる。つまり、キャリアとして認知される。

これを出版界にたとえるなら、自費出版が商業出版と同じ扱いで、新聞の書評にも載るし、文学賞の対象にもなる、という状況。

だから、コンサート・ホールはいつもスケジュールでいっぱい。

といっても、プレイガイドでチケットが売れるわけがないから、一族郎党、友人知人に三拝九拝して、チケットを「お手伝い」していただく。ミズキさんだって、デビュー・リサイタルのときはともに教師だった父親や母親の人脈を利用して切符を一人十枚ぐらい売ってもらい、音大時代の同級生にも大分「お手伝い」してもらって、ようやくほぼ満員というところにこぎつけたのだ。何だか、選挙運動みたいだった。

その調子で、何回目かのリサイタルまでは、「盛会」のうちに成立する。批評は、とくにピアノ雑誌の場合は、広告料を払ってさえいれば、おおむね身内ぼめの評が載る。そうやっていくら満員になっても、クラシック人口が増えたことにはならない。

そのうちだんだん、リサイタルの規模は縮小され、招待客が多くなり、ある年、立ち消えになる。多くは、ピアノ教師としてレッスン・プロの道を歩む。音大に就職できれば、いいほう。普通は、自宅でピアノ教室を開き、近所の子供たちを教える。このごろは、中学受験で小学校五年生ぐらいになるとみんな塾に行ってしまうので、この商売もだんだんたちゆかなくなってきた。

しかし、何しろ放っておいても毎年一万人ぐらいのピアノ科卒業生が出るのだから、自主公演要員そのものは、次々と補充される。新たな聴衆を獲得する努力は一切しないで、狭いクラシック界の中で、手っとり早くチケットをやりとりする。業界自体が売り出しに努力しないで、表面上は毎日多数の公演があり、自主公演に限ってはホールも満員という状態が、業界を活性化するとはとても思えない。

いっぽうで、レコード会社のディレクターたちは、美人コンテストの会場で、一生懸命、ピアノも弾けるカワイイ女の子を捜す。あるいは、楽器がとってもうまくてカワイイ女の子や男の子に、クラシック以外のものを弾かせる。

どれも、ちょっと違うんじゃないか、と思う。

「こないだ、ひっどかったんだよお」

ミズキさんは、レッスンにやって来たシズカちゃんに言った。ミズキさんが講師をつとめるフランス音楽のセミナーの卒業生で、いまや売り出し中の新進ピアニスト。

「新人演奏会で頼まれたの」

「ん？　先生が新人？」

シズカちゃんは、ただでさえまんまるい目を余計まるくした。

「じゃなくて、その前のスピーチ」

Y新聞の文化部から電話がかかってきたのは、二週間前ほどのことだ。その新聞社で主催する新人演奏会の前に、出演者を囲んで食事会を開く。その席上、これから巣立っていく若い音楽家を励ますためにスピーチをしてほしい。

この新人演奏会は歴史が古く、ミズキさんが大学を卒業したときも、もちろんあった。声楽、ピアノ、弦楽器、管・打楽器。各専攻の上位の学生しか出られない。

「文化人として認知されてきた証拠ですねぇ」

「冗談じゃないよ。第一、それ出たことない」

「私も！」

シズカちゃんが言うと、妙に嬉しそうにきこえる。

「記者さんに、「誰が名前あげたんですか？」ってきいてみたの。そしたら、識者でつくってる委員会があって、さる評論家が私に頼んだらどうかって言ったんだって」

その評論家の名前はミズキさんも知っていたが、顔みしりではなかった。

「ご存じの通りのきびしいご時世でございますのでね、先生にご自身の道のりなどをお伺いするとともに、今後の指針になるようなアドバイスをいただきたいと存じまして」

あっ、そうか。ミズキさんは妙に納得した。要するに、普通のやり方ではなかなかクラシック界を渡っていけない今日このごろ、変わり種に秘訣をききたいのだろう。

そういうことなら、とOKして出かけて行ったのだ。

会場は大広間で、すでに百人近い出演者が席についている。スピーチする人は、もう一人いた。高名な指揮者で、かなりの年配だ。

もちろん、その指揮者氏のほうが先に演台に立った。

「皆さん、新人演奏会ご出演、詢におめでとうございます。私は今日、この栄えある演奏会を知らせる新聞の広告を持ってきております」

指揮者氏は、何日か前の新聞をひろげて見せた。

「これが、皆さんの活動を報じる最初の記事です。これから皆さんは、多くの新聞記事で報じられるような存在になられることでしょう」

ホントかなぁ、百人もの演奏家が一斉に報じられたら、いったいどうなるんだ。ミズキさんは首をかしげた。

「選ばれた皆さん方は、空の星で言うなら一等星です。夜空に輝く一等星です。でも、皆さんは、その陰でさほど輝いてはいないが、よい級友であった五等星、六等星の皆さんのことも忘れないであげて下さい。皆さんが輝いていられるのは、その方々のおかげなんですから」

最後のくだりには胸がいたんだ。

「皆さん、私は六等星です」

自分の出番になったミズキさんは、のっけから言った。

「残念ながら、新人演奏会にも選ばれませんでした。卒業試験は、自分ではとってもうまくいったつもりだったんです。聴いていた仲間たちも、ほめてくれました。でも、お成績がよくなかったんです。審査員の先生方の中には、私が何を弾いたか、おぼえていない方もいらっしゃいました。そこで私は、審査する耳と音楽を楽しむ耳がときどきずれることを知りました。

留学から帰国してデビュー・リサイタルを開いたときは、引退興行のつもりでした。ところが、ある新聞——すみません、今日の新聞社じゃありませんけど——の批評でとてもほめていただきました。理由をきいたら、プログラムが面白かったと言って下さったんですね。ここで私は、経歴だけではなく演奏会の企画も大事なのだということを知ったのです。

演奏家として王道を行かれる皆さんのもとには、きっといろいろなよいお話があることでしょう。私の体験談など何の参考にもならないかもしれません。でも昨今は、経済不況ということで、だんだん企業の援助も少なくなっています。また、新人の皆さんにいきなり援助を申し出る企業もあまりないかもしれません。

そんなときは、どうぞ自分で企画を立てて下さい。事務所に「所属」しているアーティストは、アーティスト写真をパンフレットに掲載し、レパートリーを書き、じっと待つだけです。あとは、マネージャーさんがあちこちのホールや公共団体、企業をまわり、アーティストの説明をして仕事をとってきます。つまり、徹底的に受け身です。

自主公演の場合は、自分でホールをとり、自分でマネージャーに依頼し、自分で公演を企画します。自分の聴衆相手のプログラムだから、誰でも知っているポピュラーな曲とかを弾く必要がありません。

私も、いろんなことをやりました。「仮面舞踏会」という企画では、知り合いの画家にアルルカンやプルチネルラのお面をつくらせて、出演者にかぶってもらいました。もちろん、私もかぶりました。アルルカンのお面をつけてシューマンの『謝肉祭』なんかを弾くのは、大変だったけれど、ミスタッチをお面のせいにできて、助かりました。

「一九一三年を中心に」というプログラムでは、ストラヴィンスキー『春の祭典』が初演された一九一三年で輪切りにして、その年に書かれたピアノ曲を集めて弾きました。うしろを向いているスクリャービンやプロコフィエフ、斜にかまえているサティ。世紀末デカダンスに沈殿しつつ、実は虎視眈々と未来をねらっていたドビュッシー、調性音楽をひっくり返してしまったシェーンベルク。いろんな作曲家の顔がみえてきました。

このときは、客席に呼びかけて、ロビーで討論会を開きました。いろんな質問が出て面白かったです。お一人、ドビュッシーの交響詩『海』にくわしい方がいて、スコアの何小節目の何段目の書法は……などと演説をぶつので、『海』のスコアなど読んだこともない私は、ホールの閉館時間が迫っていることにして難を逃れました。

リサイタルを開くとき、私はプロモーションを事務所まかせにしないで、自分でプレス・リリースを書くことにしています。音楽ジャーナリストといっても、音大出身者はあまりいません。皆さん、一般大学でロンブンを書いてきた方たちです。演奏家の喉や指の都合で何のコンセプトもなく並べられた曲目よりは、何か新鮮な切り口をもった企画があれば、必ず、興味をもって読んでくれるはずです。

メディアというのは妙なもので、たった一人が何十万人になります。つまり、記事が載るというのは、たった一人の記者さんなり編集者さんなりが、このネタ、面白いゾ、と思ってくれればよいのです。その上で、そのネタなりネタの発信者なりが、ある程度の普遍性をもっていれば、それがそのメディアを読む人々すべての間に伝わっていきます。大きなひろがりができます。

お客さんも、自分で集めて下さい。音楽の世界でチケットの貸し借りをやっているだけでは、世界が発展していきません。私の場合は、コンサートのたびに聴衆にアンケートをとります。最初は二枚ぐらいでした。次からもう少し増えました。ある公演のとき、事務所の人が、アンケートをお知らせする張り紙を壁に張りながら、こんなのやったって、どうせ二枚か三枚なんだよなぁ、意味ないね、と言っているのを偶然聞いてしまいました。でも、そのコンサートでは、何と五十枚ものアンケートが集まったのです。

次の公演で、その方々全部が来て下さるわけではありません。でも、少なくともDMを送る名簿はできます。そうやって少しずつ集まって下さるお客さまは、皆さん方の聴衆です。演奏は、聴衆とともにつくるものです。自分の聴衆ができれば、自分の音楽も深まっていきます。ターゲットがはっきり定まるからです。

こんな無印の私ですら、ある程度活動ができるのですから、一等星の皆さんだったらもっともっとすごいことができると思います。まずは、新人演奏会でのすばらしい演奏をお祈りします。そして、輝かしい未来も」

チョット感動的すぎたかなぁ。

ミズキさんは、半分照れて席に戻った。

「それで、反応はどうだったんですか？」

シズカちゃんがきいた。

「全然。主催者のおえらいサンたちは、みんなシブーイ顔してたよ」

「いや、学生さんとか」

「わかんない。だって、励ますとか言っておいて、歓談の機会は全然ないんだよ。ただこっちは壇上でしゃべって、離れた「貴賓席」で食事して、まだ会も終わってないのに別室に下がり、金一封いただいて帰るだけ」

「要するに、人選ミスですね」

シズカちゃんは、あっさり言った。

「通りいっぺんの挨拶がほしいんなら、型通り新人演奏会に出て、その後も大活躍って人を呼べばよかったんじゃないですか？」

「そうだよね。そしたら、自分もシンジンに出させていただいて、おかげさまでその後順調にお仕事させていただいてます、とか挨拶するだろうし」

「私だったら、とっても参考になったかもしれない。でも、私もシンジンなんてひっかかる成績じゃなかったですから」

シズカちゃんが、言った。

「そーなんだよね、そこが一番の問題なんだよなぁ。NHKのディレクターさんにきいたんだけど、洋楽オーディションとか、音大の先生ご自慢のエリートさんがたくさん受けに来るんだけど、タレント性がないから、出てきただけでペケつけちゃうって」

「いくらなんでもピアノぐらい聴いてほしいですね。ルックスですか？」

「じゃなくてね、何か匂いみたいなもの。椅子に坐る前にわかるって」

「うーん。それもハラ立つけど。要するに、目のつけどころが全然違うんですよね」

シズカちゃんの出た私立のT学園大は、日本で一、二を争う名門音大だ。ミズキさんと同じで無印のシズカちゃんは、スタジオの仕事とか伴奏の仕事をこなしながら、着実にキャリアを積み重ね、ソロの自主公演を開くまでに成長した。

「ドビュッシーとラテンを弾く」というリサイタルの前日、セミナーで予行演習をやったんだが、

「これ、アンコールの曲なんです」といいながら、ドビュッシーの『ミンストレル』を楽譜を見ながらつっかえつっかえ弾いている。「大丈夫かいな」という感じだったが、とにかくホンバンに強い子で、プログラムの最後ではブレイク寸前の盛り上がりを見せた。

その後、文化庁の派遣研修員に合格して官費で留学、一年間スペインで勉強して帰ってきたとこ

ろ。CDも一枚出して、けっこう評判がよい。

「私がスペイン行ったのはね、日本じゃソロのステージがないからなんですよ」

シズカちゃんは言う。

「伴奏とかならいっぱいあるんですけど、ちゃんとしたソロのリサイタルは、皆さんにチケット買って下さいってお願いするしかない。それも、お金がないから三年に一度ぐらいしか開けない。これじゃ、どうしようもないと思って」

「向こうでは、自主リサイタルなんて妙なもの、ないんでしょう?」

「きいたことないですよ」

「要するに、聴衆の絶対数が違うのね」

「そう、日本みたいに極彩色のチラシなんてなくて、ただのワラバン紙みたいなのに演奏家の名前と曲目と日時・会場を刷って貼っておくだけ」

「それで人が集まりゃ、言うことないじゃない」

「でもね、やっぱり経済事情の悪い国ですから、ギャラがとんでもなく低くて、とても演奏だけじゃ生活できないんですよ」

「だって、あっちで先生するのは無理でしょ? 国籍とかあって」

「スペインはね、そんなにうるさくないんですが、ソ連が崩壊してからロシア人が大挙して押しかけてきたので、ポストとるのも大変」

「そうか、旧モスクワ音楽院なんて、優秀なピアニストいっぱいいるもんね。こりゃ、普通にオーディションやったら太刀打ちできん」

「それで、先生に伺いたいんですが」

シズカちゃんは切り出した。向こうの大学で音楽学の研究をして論文を書き、ドクターをとることを勧められたという。そうすれば、就職には有利になる。しかし、日本でマスターをとっていないので、最低でも数年間はかかるだろう。

「みんな、反対するんですよ。ピアノだってロクに弾けないし、たくさん資料の山をかかえて調べ物するなんて信じられないって」

「私だって、言われたよ。パリの図書館にこもってドクター論文書いてるとき」

「やっぱり」

「財団の奨学金が出たので七ヶ月行ってたのね。その間、もちろんピアノはないから、たまーに図書館の上のスタジオで音出しするぐらい。それで、留学仲間にさんざんからかわれた」

「でも、先生はそれが苦にならなかったんでしょう？」

「そうだね、私みたいに、どっちかっていうとピアノ弾いてるより調べ物してるほうが幸せって人間しか向いてないかもね」

生活の安定はほしいし、かといってピアノから離れたくないし。シズカちゃんは大いに考え込んでしまったのだった。

2

新人演奏会さわぎから一週間後、ミズキさんのもとに一枚のファクスが舞い込んだ。所属事務所ラルク音楽工房倒産のお知らせ。

「弊社は、コマーシャリズムに毒されない、真に偉大な芸術家たちを招聘し、かつ国内の才能ある音楽家たちの育成を目的に数々の意欲的な催しを企画して参りました。その成果は着々とあがり、日本の音楽文化の発展と向上に多少なりとも貢献できたものと自負しております」云々と自社礼賛がつづいたあと、類を見ない経済不況のなか、必死で営業努力を重ねてきたが、この半年間で多額の負債を負ってしまったため、三月二十六日をもって事務所を閉鎖し、自己破産の申し立てをするに至った、あまりに急なことなので、所属アーティストの方々にご相談するひまもなく……と書かれ、「私どもの勉強不足、ならびに力不足のためにこのような結果を招き、ご迷惑をおかけすることを深くお詫び申しあげます」と結ばれている。

ラルクがつぶれそうな気配は、実は、少し前からあった。一月にＮＨＫの仕事でカオリンと会ったとき、サテンでお茶を飲みながら、暮れの公演が全然売れなくて、というグチをきかされたのだ。クラシックの世界では、年度がカレンダー上とも学校とも違う。オペラ歌手の演奏歴などを書くときも、だからとてもややこしいんだが、二〇〇〇／二〇〇一年のシーズンという言い方をする。つまり、音楽シーズンは秋にはじまり、次の年の春で終わる。その終わりかけているシーズンの企画が、ことごとくはずれ、不入りだったという。

「一番響いたのがタン・ドゥンで」

中国の作曲家兼指揮者タン・ドゥンが、バッハ・アカデミーに委嘱された新しい「マタイ受難曲」と銘打った『永遠の水』を発表する。十七個のパーカッションとストリング、合唱が織りなすスペクタクル・ドラマ。

「えっ、だって、新聞にデカデカと記事が出たじゃない」

ミズキさんは、びっくりした。A新聞の、それも朝刊に三段ぬきくらいの記事が出ていて、誰かが絶賛していた。

「そうですよねぇ、今までは、あんなに大きく載ったら、朝から電話がじゃんじゃんかかって応対しきれないぐらいだったのに」

「全然?」

「そう、ぽつん、ぽつんとくるぐらい」

ミズキさんの公演でも、夕刊に記事が載るだけで百枚ぐらいチケットが出ることがある。それが、もっと読者数の多い朝刊に載ったというのに。

「今、そうなんですよお。どういうメディアに載ったら売れるのか、全然読めなくなっていて、リスクを負っている事務所は、みんな一寸先は闇って感じで。スポンサーもどんどんつかなくなっているし」

リスクとは、アカ——赤字——が出るかもしれない危険性のこと。リスクを負うっていう言いまわしがあるということは、リスクを負わない事務所もあるということだ。あるどころのさわぎじゃない。日本のクラシック・コンサートの大半はリスクを負わない、つまりアーティストの自主公演で、事務所はただマネジメントの代行をするだけなんだから。

それだけに、事務所主催の公演は、プレッシャーがかかる。クラシックの根づいていない日本では、どのみちそんなに多くの集客は望めない。入場料収入だけでは採算が合わないから、事務所は必死になってスポンサーを捜す。不況で、だんだん企業のサイフのひもも固くなっているから、資金集めも大変だ。

「それにしても、おタクの公演って、めいっぱい地味だよね。ギターとかバロック・ヴァイオリンとか、フォルテピアノとか、音の出ない系が多くて」

「そう、社長の趣味でねぇ」

音の小さな楽器は、大きな会場では聞こえにくいから、容れ物——ホール——が小さくなる。キャパが少なければ、当然売り上げも減る。ホールが小さいからといって、チラシとかポスターとか、プロモートにかかる費用が少なくなるわけではないから、どうしても利益率が下がる。

「でも、このごろ、それじゃやってけないっていうんで、ほらね、年末のカウント・ダウンとか、この間のヴァレンタイン・デーのトーク・コンサートとか、少しポピュラーな企画も立てようとしてるんですけど」

そういえば、このごろラルクが送ってくるチラシは、何だからしくないものばかりだった。「限りない未来のために——カウント・ダウン・スペシャル・コンサート　二十一世紀の瞬間」。オーケストラ・日本フィルハーモニー交響楽団、ピアノ・山下洋輔、加羽沢美濃、うた・夏木マリ、ギター・木村大、電子オルガン・平沼有梨、パイプ・オルガン・今井奈緒子、司会とお話・茂木大輔。

「カウント・ダウン、どうだった？」

「それなんですよお。結局、蓋をあけてみたらどこの事務所も同じようなことやってて、ウチのは後発だから全然入らなくって」

カオリンはそれでも、「演奏はすごくよかったのに」と強がってみせた。

「カオリン、やっぱあれだよ、ラルクは自主リサイタルのマネジメント、もっと増やさなきゃ。ね、私たちみたいな自費出版アーティストから三十万ずつ搾取しなきゃ」

「でもね、毎回毎回「お手伝い」ばっかりじゃねぇ」

カオリンは、生クリーム入りのコーヒーをかきまぜて、ため息をついた。

そもそも、ミズキさんのように、ほとんど演奏の依頼がなく、年に一度、七夕様みたいに自主リサイタルを開くだけの、つまり利益をもたらさないアーティストなどを所属させているから、事務所がつぶれるのだ。


「すみません」

電話をかけてきたカオリンの声は、ほとんど消え入りそうだった。

「あなたがあやまることないでしょ」

「でも、吉田さんはこれからっていうときに」

ミズキさんは、秋に『水の幻想』というタイトルで、本とCDを同時に発売し、それを記念したコンサートも開催するというプロジェクトをかかえていた。

「それより、これからどうするの?」

「ええ、とにかく、ラルクのほうでもっていた公演は、いろいろなところにお願いして引き取っていただきました。それから、所属のアーティストですけど……」

「うん」

カオリンは、ミズキさんもよく知っている歌手とピアニストの名前をあげ、大手の事務所に所属をお願いできた、と言った。

「それと、これはまだ極秘ですが、TさんがA事務所からお話がきているので、何とかお願いできるかもしれません」

「Cは?」

ミズキさんは、現代音楽中心の事務所の名前をあげた。

「とんがったことやってるから、いいんじゃない?」

「ええ、実は、親しくしている方がいらっしゃるので、お話ししてみます」

数日後、カオリンはまた消え入りそうな声で電話してきた。普通は、こんな女々しい女のコじゃないんだが。

「すみません、Cの社長さんに話をつないでもらったんですが、今、かかえている方だけで手いっぱいで、コンサートのお手伝いならできるんですが」

「そういえば、大物チェリストがはいったよね」

「ええ、あと、Tさんなんですが、やっぱり以前からの所属の方で手いっぱいなので、まずは自主コンサートで実績をつくってから、と言われてしまいました」

うへぇ、また一からやりなおすのかよ。うんざりしたミズキさんは、いつか雑誌のインタビューで会ったことがある女性の音楽ライターに電話した。

「マネージャーが見つからないんですがね」

「どなたも、大変みたいですよ」

「大手で手堅くいくか、中堅で冒険するか」

「そうですね、だいたい、大手に所属していた方は、細かくケアしてくれる小さいところを望みますね。ところが、はいってみると、結局、かかえているアーティストがその人だけなもんだから、雇い人のお給料とか、全部その人の肩にかかってくるんですね。だから、いらない仕事をとって働かなきゃならない、嫌気がさして、また大手にもどる人もいますよ」

ライターさんは、一般的なことしか言ってくれない。音楽業界、ほとんど商売にならないから、大変だ。

「このごろ、一般メディアからどんどんクラシックのコーナーが削られてるんですよ」

ライターさんは、グチった。音楽雑誌の編集部をとび出してフリーのライターになったころは、イノナカノカワズ状態のクラシックを何とかして外に出さなきゃ、という使命感に燃えて、女性誌を中心にたくさんの紙面を開拓した。しかし、バブルがはじけたとたん、折角獲得した紙面がまたひとつ、またひとつと消えていく。

「紙面を増やすのには時間がかかるけど、なくなるのはあっという間です」

ダイエットの反対みたいな話である。

「海外の録音事情もひどくて、名前をきいたらあっというようなアーティストが、レコード会社の契約解除になってますよ」

ライターさんは、例として、ミズキさんも大いに推奨している、フィンランドの若手ピアニストの名をあげた。デッカで、ショスタコーヴィッチの前奏曲とバッハの平均律をユニットにしたディスクを出したときは、大きな話題を呼んだものだったが。

「デッカ、つぶれたもんね」

「つぶれたんじゃなくて、グラモフォン、フィリップスと統合されてユニヴァーサルという会社になったんですけどね、当然、そんなにたくさんの契約アーティストはいりませんからね」

タイタニック状態は世界的現象か。

ミズキさんは、最大手の事務所の広報の人に電話した。以前、外来演奏家のプログラムノートを書いたとき、とっても感謝されたおぼえがある。

「ラルクのニュース、ご存じですか?」

「あっ、そうですね。大変ですね。どうしてらっしゃる?」

「実はね、引き取り先がなくってね」

「Cなんて、どうですか?」

誰でも、同じことを考えるらしい。

「や、一回こっきりのはできるけど、「所属」は断られちゃって」

「それはそれは」

「それで、もちろん、お宅にお世話になるのは無理としても、どっか大手を飛び出した人で、入れてくれそうなところありませんかね?」

「そうですね、私たちのようなところだとどうしても分業になってしまいますけど、そのアーティストを本当に理解して二人三脚でやっていくようなところがいいですね」

広報さんは、「二、三心あたりを探してみましょう」と言って電話を切った。

返事はすぐきたんだが、がっかりするようなものばかりだった。大手の事務所は、多くの花形アーティストをかかえているため、「所属」という形はとれないが、「お手伝い」ならできる、とのこと。大手を飛び出して一人でやっている事務所は、現在かかえている人数で手いっぱいだから、と「お手伝い」すら断られた。吉田水城さんのピアノを聴いたことがないから、まず一度ステージを拝見させていただいてから、と言われたという。拝見させていただいてからってったって、その拝見させていただくステージをマネージしてくれるとこが見つからないんだ。これじゃ、卵が先か、鶏が先か、みたいな話だ。

ミズキさんは本も出しているから、新聞の朝刊とか週刊誌とか、けっこう一般メディアには名前が載っているはずなんだが、クラシック業界の人たちはコンサート関連の記事しか読まないから、ピアニストとしての吉田水城しか知らないらしい。

「てなわけで、困っちゃったのよ」

ミズキさんは、コバちゃんという女性に電話した。吉田水城のパーソナル・プロデューサーにしてホーム・ページの管理者でもある。

「それじゃ、ちょっと発想を転換してみましょうかね」

何があっても常にポジティブ・シンキング。全然メゲないのが、コバちゃんのいいところ。「仮面舞踏会」も「一九一三年を中心に」も、コバちゃんのサポートがあったから実現したことだ。

「クリエーション、知ってます？」

「そういえば、セツ・モード・セミナーで講師やってるファッション評論家が、「そこ、どうですか？」って言ってたな。シャンソンとか呼んでるんだって？」

「うーん、それは、昔の話。今はワールド・ミュージックと現代音楽に凝ってて、ほら、ジェフスキとかクロノス・カルテットとか呼んでますよ」

「ちょい、トンガリすぎてない？」

「でも、通りいっぺんの音楽事務所より、吉田さんのことわかってくれるかもしれませんよ。とにかく、社長のスガさんに話してみます」

数日後、コバちゃんが電話してきた。

「スガさんもお忙しい方で、なかなか時間がとれないんですよ」

コバちゃんは、言う。

「でも、吉田さんのお名前は知っていて、興味は持って下さっているようです」

あ、やっと自分を知っているという人がいた。ミズキさんは、ちょっと安心した。

「で、やってくれそうだって?」

「それは、お話ししてみないとわからないそうです」

なかなか、手間取らせるもんであった。

それから一週間ぐらいたって話がまとまり、スガさんに会うことになった。

駿河台下でコバちゃんと待ち合わせ。ドングリのように形のよい頭をベリー・ショートにしたコバちゃんは、眼鏡をかけ、オレンジの口紅を塗り、白いセーターをコットン・パンツの腰に巻いている。足もとはスニーカーで、コンサートに行くときも、このまんまだ。機能性が一番。とにかくよく動くコバちゃんの、これがモットー。

クリエーションは、古本屋街で知られる神保町のパチンコ屋「人生劇場」の二階にある。事務所のドアをあけると、極彩色のポスターが目にとびこんできた。中南米かどこかのダンスの公演。

こんなに色使ったら、お金がかかるだろうなぁ。ミズキさんは余計な心配をする。何せ、一色多く使うごとに何万という感じで経費が増えるから、同じ色でもアミカケにして濃淡を出したり、デザイナーをワンランク落として経費を節約したり、細かいところでケチケチする癖がついている。

ベルギー・ビールの店も経営しているというスガさんは、一見コワモテだけど、案外やさしい人かもしれない。慶應大の仏文出で、ミズキさんの本の書評も読んでいた。というより、普通の音楽マネージャーさんと反対に、文筆家・吉田水城しか知らないらしい。

「今度の企画は、本とCDの内容にリンクしていて、トークをまじえながら弾きたいんです。内容は、オンディーヌやローレライなど、水の精をテーマにした曲と、水そのものを音楽にした曲の二通りがあります。前半は水の精の物語の背景をしゃべりながら、それにちなんだ曲を弾いていこうと思っています」

「できたら、人魚の尻尾のついたスカートとかはいて」と冗談を言ったら、スガさんのほっぺがちょっとゆるんだ。横からコバちゃんが、しゃべったあとですぐに集中してピアノを弾ける人は、なかなかいないんですよ、とフォローしてくれる。

「面白そうじゃない」

スガさんは、言ってくれた。でも、どこのホール？

「そこなんです、問題は。トークも入れるので親しみやすいホールがいいことはいいんですが、やっぱり演奏の内容は本格的なものにしたいので、あんまり音響の悪いホールは困るんです。最初のエッセイ集が出たとき、六本木のライブハウスでトーク・コンサートやったんです。それはイベントとしては面白かったんですが、運び込んだベーゼンとホールの相性が悪くて……」

「今回のコンサートは、CDと本を売るのが目的なんです。水がテーマだから、あんまり響かないホールは干上がっちゃうし、逆に響きすぎるホールは音の洪水になっちゃうし。とにかく音のクオリティは絶対落としたくないんです」

コバちゃんも、言った。

スガさんは、いろんな可能性のある小屋を考えてみようと言い、カレンダーをみて、十一月だったら引き受けられる、と言ってくれた。ただ、クラシックの普通のアーティストを手がけたことがないので、勝手がわからない。事務所からのスタッフだけでは心もとないので、コバちゃんや、ラルクで担当だったカオリンも参加してくれないか、と。

参加するのはいいけど、そのギャラはどこから出るの？　クリエーションはリスクを負う気があるの？　ないの？　すべてがあいまいなまま、ちょうどいい具合に溶けかけたチーズをつまみにベルギー・ビールを飲んだだけで事務所をあとにした。

その後、スガさんの考える「小屋」についての情報も、実際に窓口になってくれるスタッフの情報もはいらないいまま、週末が来て、次の週もなかばをすぎた。

「どうなってんの?」

じれたミズキさんは、コバちゃんに電話した。

「大変なんですー」

コバちゃんは、ひーこら言っている。スガさんは忙しくて、電話でつかまえるだけで一日かかってしまったりする。やっとつかまえて話をする。スガさんは、会ったときや電話のときはとってもノリがいいのだが、あまりにコトが多いので、電話を切ったとたん、あるいはドアを閉めたとたんに忘れてしまうんだそうな。それを思い出させるために電話をかけるが、これがまた一日追いかけまわさないとつかまらない。

「だいたい、社長が窓口って変だよ」

ミズキさんは、言った。

「ラルクんときみたいに、誰か担当つけてくれなきゃ」

「それがですね、クリエーションは一人一人が独立してそのセクションに自信をもって仕事をしているので、スガさんの意志を代行するスタッフは基本的にいないんですよ。だから、スガさんをつかまえるしかないんですけど」

コバちゃんは、「もうちょっと、がんばってみます」と言って電話を切った。

その後も、いろんなプロセスを経たあと、次のようなことが決まった。

大阪公演は梅田近くのザ・フェニックス・ホール。ここは、音響もロケーションもいいがキャパが三百席と少なく、普通の開催では採算が合わないから、昼・夜の二ステージにする。東京公演は、やはり音響重視で浜離宮朝日ホール。こちらは、夜のみの公演。

クリエーションは、リスクを負う気はない。ここは「所属」という形をとらないし、音楽マネジメント協会にもはいっていないので、普通の事務所のような「お手伝い」方式もとっていない。基本的に、赤字の音楽会は引き受けないことにしている。今回は、特殊な事情なのでお引き受けするが、もし赤字だった場合は、次回はないと思ってほしい。スタッフの経費はクリエーションからは出せない。折衷案として、今までの事務所のやり方と同じようにアーティストから三十万もらい、それを事務所、コバちゃん、カオリンの三人で分ける方式ではどうか。

ミズキさんはＯＫし、やっと事務仕事がスタートしたのだった。

スタートはしたが、チラシひとつつくるんでも、大変だった。

ラルクにいたときは、曲目表とプログラムにちなんだ図案を出すだけ。事務所からデザイナーに依頼し、ラフをいくつかつくってもらう。それを見て、よさそうなのを選ぶという流れになっていた。

今度は、どうか。チラシの相談にクリエーションに行くと、スガさんが、一人の男性を紹介してくれた。ひょろ長くてドジョウひげをはやしていて、これで頭にターバンでも巻いてりゃ、『アラジンの魔法のランプ』に出てくる魔神みたい。

「ウチのデザイナーです」

「シゲでーす」とあいさつした男性は、一人一人に名刺を配った。

名刺に絵が描いてある。下のほうにお香を炷くような壺があって、そこから真っ赤な煙がたちのぼり、ひょるるんとでかくなった上に、緑色の後光を背負った観音様が、顔に比べてやたらに長い手を合わせている図案。これがシゲちゃんのデザインか。面白そう。クラシック調の通りいっぺんのデザインにうんざりしていたミズキさんは、かつてない事態に、わくわくした。

クラシックにはうといというシゲちゃんは、まずミズキさんがこれまで出したＣＤを朝から晩まで聴いてイメージをつかみ、それから、図柄として、ミズキさんが持ち込んでいた画集の中から、アーサー・ラッカムのイラストの一枚をチョイスした。

フケーの『ウンディーネ』につけた挿絵で、ドビュッシーの『オンディーヌ』というピアノ曲のもとになったものだ。

水の精のお姉さんが、白い衣装の袖をはためかせて海底に坐っている。渦巻く長い髪めがけて、お魚さんたちの群れが泳いでくる。お姉さんの前には、貝殻を帽子がわりにかぶったちっちゃな女の子。ちょっと意地悪そうな顔をしてこちらをにらんでいる。これが、水の精時代のウンディーネだ。

これからウンディーネは水の王様のはからいで、漁師小屋の前に置かれ、夫婦の養女として育てられる。人間の男をひっかけて、首尾よく結婚し、永遠の魂を得るためだ。

「これをコンピューターに移して、色合いを変えて、文字を組み合わせてみます」

シゲちゃんは説明する。

できたラフを送ってもらったら、茶色っぽかった。そもそも、ラッカムの原画が、こういう色なのだ。

「これじゃ、ドロ水だね」

みんなの意見が一致して、色を変えてもらうことになった。

また事務所に出かけていく。

「全体に少し青っぽくします」

シゲちゃんは、画面を操作する。

「それだと、ちょっと青すぎる」

「じゃ、上は残して徐々にグラデーションかけてきまーす」

「その赤ちゃんの顔、ちょっと意地悪すぎない?」

誰かが、言う。

「ちょっと笑わせてみます」

シゲちゃんは、口もとの線に手をくわえる。

「ダメだ、余計こわくなる」

「目だよね、この子の目」

「これがにらむところがいいんじゃない」

結局、赤ちゃんの顔はそのままになった。

こんなふうに、色味や線をみながら、ああでもない、こうでもないとやって、だんだんイメージ通りのものにしていく作業は、楽しかった。

しかし、チラシが順調に進行したのは、ここまで。デザイナーのシゲちゃん、色や線には強いが、文字にてんで弱い。

文学系と美術系に音楽系を組み合わせたミズキ

さんの企画は、特段に文字情報が多い。その情報を、コバちゃんがメールで送り、それを画面に移してもらうのだが、いくらやっても、適切な大きさの文字にならない。

「私がやれば、イッパツなんですけどね」

コバちゃんが、ぼやく。

おまけにシゲちゃんは、何だか昼夜逆転してるみたいだった。「連絡下さい」と伝言しておいても、突然、夜中の二時ぐらいに電話がくる。しかも、裏で、何やら怪しげな音楽が流れている。シゲちゃんの口調も、ちょっと変だ。舌がもつれたり、さっき言ったことをすぐ忘れたり。

「飲みながら仕事してるんですかね？」

そんな冗談を言いつつ、何とか文字校正も済ませて、やっとチラシ完成。ただし、チラシの上がりと同時にシゲちゃんは事務所をやめた。

「吉田水城　ピアノ・リサイタル。

二〇〇一年十一月一日（木）、ザ・フェニックス・ホール。

二〇〇一年十一月八日（木）、浜離宮朝日ホール」

深い海の底のようなみどりあおに、「水の幻想」の文字だけが、赤く光る。その下に、コピーライターでもあるコバちゃんが一週間かけてひねりだしたというキャッチ。

透明な光が夢とたわむれ、水面にまどろむ。
清らかな流れのまにまに揺れる
水の精の精妙なささやき。
たおやかな波のリズムは誘うように踊り
神秘の歌声はやがて
うねりとともに媚態をあらわす

企画にふさわしい、いい上がりだった。

ところが……。裏面を見たミズキさんは、目がテンになった。東京公演で使う浜離宮ホールの地図が、新橋駅から徒歩一分になっている。浜離宮は、朝日新聞社の新館にある。タクシーで五分、徒歩なら、たっぷり十五分はかかるぞ。

「ああっ、青焼きまで見たのに」

カオリンが悲痛な叫びをあげた。

「そのときは、ちゃんと十五分てなってたんですよ」

「ま、本気にする人はいないだろうけどね」

コンピューターの文字化けは、あとでCDをつくるときも悩まされることになる。まさに、オンディーヌの呪い？　のはじまりだった。

3

「ミズキさん、お早うございます」

フリーのプロデューサーのキダさんは、いつも妙なときに電話してくる。

ミズキさんの四冊目の本がある芸術評論の賞をとったときは、朝の七時だった。これでも待ったんよ、とキダさんは言った。六時に新聞見てね、もう嬉しくて、嬉しくて、すぐにお電話しようと思ったんだけど、まだお休み中だろうと思って、一時間がまんしたの。

こう書くと、何て情熱的なプロデューサーでしょうと思うかもしれないが、とんでもない。外出先から帰ってみると、五分に一回ぐらい留守電がはいっていることがある。

「キダです、お電話お待ちしています。キダです」

最初にキダです、と言い、最後にもう一度キダです、とくり返すのが彼女のスタイルだ。きっと、留守電の頭が切れてしまうときのことを考慮しているのだろう。

そこで、電話してみる。

「留守電、なあに？」

「何だっけ？」

とまぁ、こんな調子だ。

あんまりコトが多いので、何の件で電話したか、すっかり忘れてしまうらしい。

さて、そのときのキダさんは、けっこう入れ込んでいた。

「ミズキさん、どうだった？」

実は、フランス文学者だった祖父のことを書いた前の本が、かなり大きな文学賞にノミネートされて、最終候補まで行っていたのである。賞好きのキダさんとしては、それがとれたら、大がかりなプロジェクトを仕掛けようと思っていたらしい。

「あと一票、足んなかった。二票はいったのが三冊で、どれも決め手に欠けたって」

その文学賞では、最終候補作品の書き手に、選考日にどこにいるかを知らせてほしい、と言ってくる。何だか、芥川賞みたい。

「まぁ、残念」

トラヌタヌキの皮算用をあてこんでいたキダさんは、さすがにがっかりした声を出したが、そこはやり手のプロデューサー、すぐに気をとりなおして。

「ミズキさん、次の本は？」

「『水の幻想』ってね、実際にはオンディーヌとか水の精が主体なんだけど」

「うわっ、ステキ」

内容も知らずに感激できるのが、キダさんのいいところ、というか、アバウトなところというか。


「ミズキさん、その本、ピアノ曲もはいってます？」

「あるよ。ラヴェルの『夜のガスパール』のオンディーヌとか、ドビュッシーのオンディーヌとか。あと、ラヴェルの『水の戯れ』と、もとになったリストの『エステ荘の噴水』とかね」

「すごい、それ、CDにしましょ」

「そんなん、無理だよ。もう二月でしょ。本出るの、九月だよ」

CDをつくるには、レコーディングしてから最低三ヶ月はかかる。ということは、ギリギリで六月レコーディング。でも、そのころ、ちょうど本の校了予定。そうじゃなくても、本の執筆とレコーディングは、全くあいいれない作業なんだから。

「もっとさ、若くてイケメンの男の子かなんかに弾かせようよ」

「たとえば、誰？」

ミズキさんは、いつもここで絶句してしまう。普通にうまく弾くピアニストはたくさんいるんだけどね。

プロデュース大好き人間のミズキさんは、前々から、『水の幻想』に出てくるピアノ曲を誰かに弾かせてCDをつくりたいともくろんでいたのだった。しかし、なかなか本に合うコンセプトで弾いてくれそうな若手がみつからない。ミズキさんが求めるような耽美的なセンス、針の穴を通すような精細なピアニズム、グラデーションを重ねたような微妙な音色の変化には、特異なセンスが必要。日本のピアノ教育は、まず第一にきちんと、ミスなくきれいに弾くことを目標とするので、なかなか変わり種は上がってきてくれないのである。

「ダメダメ、ミズキさんが弾かなきゃ、意味ないよ」

「だって、私自慢じゃないけど、ロマン派なんて全然弾けないよ」

ミズキさんの演奏に対する評は、いつもクール、切れがよい、端正。これをひっくり返すと不感無覚で味もソッケもないということになる。

「私たちはね、文章も書いてピアノも弾けるミズキさんを見たいんです。どっちかいっぽうなんて、もったいなさすぎます」

「そりゃ、そうだけど」

「クイーン・レコードでいい？ 部長さんに話してみるから」

数日後、キダさんは電話してきた。

「ミズキさん、カレンダー出して。来週あいてる？」

クイーンの制作部のトップに話をもっていったところ、興味を示してくれたのだという。

「今、レコード全然売れないでしょう？ だから私、本屋さんでCDを売り、レコード屋さんで本を売るようにしましょう、って言ったの。そしたら、面白いって。音楽だけが先走っていても未来はないんだから、いろんな背景を理解して弾かなくては、結局底の浅いものになってしまうんだから」

キダさんは、理想論をまくしたてた。

「でも、クイーンって大手じゃない。買い取り枚数がすごいんじゃないの？」

「それがね、すごく条件がいいの。五百でいいって」

「あっ、それなら何とかなるね。いつも、何やかんやでそのぐらいは売れるから」

ミズキさんは、なんなくキダさんの網にひっかかってしまった。

クイーン・レコード会社とのレコーディングでは、びっくりすることが百ぐらいあった。まず最初は、キダさんに言われた待ち合わせの場所に誰もあらわれなかったこと。次に、打ち合わせの場所が事務所でも喫茶店でもなく、フランス料理のレストランだったこと。

池袋の芸術劇場の大ホールに上がるエスカレーターの下に制作部長さんが来るから、とキダさんは言ったのだ。しかし、本を出してくれるM書房の編集者と待ち合わせて行ってみると、エスカレーターはたくさんあって、どこだかわからない。おまけに、部長さんの顔もわからない。部長さんはミズキさんの顔がわからない。わからない、だらけ。

「あれかねぇ」

「行ってみましょうか」

エスカレーターの下で待っていると、どの男の人もクイーン・レコードの制作部長さんに見える。途中までついていってみる。でも、怪訝な顔で見られて、すごすご戻ってくる。

そんなことをくり返していたら、ケータイが鳴った。

「ミズキさん、どこにいるの？　もう部長さん来てるよ」

「だって、芸術劇場のエスカレーターの下だって、言ったじゃない」

「そうだっけ」

キダさんと仕事してると、いつもこの調子だ。

ミズキさんは、M書房の編集者を連れてレストランに急いだ。

制作部長さんはちょっと色の浅黒いダンディな紳士だったが、目つきが鋭い。この部長さんに限らず、レコード関係者というのは、みんな同じようなちょっとものすごい目をしている。それに比べれば、ミズキさんがユズオ君と呼んでいるM書房の編集さんは坊ちゃん坊ちゃんしていて、全然すれてない。細々とながらまだ商売になってるギョーカイとの違いだろうか。

レストランでは麗々しくワイン・リストなど持ってきたが、数年前に身体を悪くしたという部長さんは、お酒を飲まない。したがって、みんなも飲まない。

「吉田さんは、年間何回ぐらいコンサートがありますか?」

部長さんは、早速きいた。キタキタ、これだ。吉田水城なんてピアニストの名前、五大オーケストラの定期でも、サントリー・ホールでもオーチャード・ホールでも見たことないって思ってるんだろう。間違っても、年間公演回数十二回なんて言っちゃいけないぞ。

「それなんですよ。今年は本を書くので、ちょっとお休みしているうちに事務所がつぶれてしまいまして」

「それで、録音していただけるとして、どんな曲を考えていらっしゃいますか?」

「今のところ、ラヴェル『夜のガスパール』全曲とジョルジュ・ユゴンという現代作曲家の『マルドロールの歌』、リスト『エステ荘の噴水』とラヴェル『水の戯れ』、ドビュッシー『水の反映』、ショパン『バラード第二、第三番』」

「すばらしい曲目ですね」

早速、M書房のユズオ君が言った。ん? 少なくともユゴンの『マルドロール』なんて、こないだ譜面もらってきたばかりだぞ。

部長さんは、営業さんと顔を見合わせた。

「ええっとですね、ウチのディレクターとも相談したんですが、なるべくポピュラーな曲にしていただけませんでしょうか」

「でも、今度のプロジェクトは本とのタイアップで、基本的に本に書いてあるピアノ曲を弾こうということから始まったんですよ。それに、水に関する曲って、ピアノではあんまりないんです」

だいたい、音大のピアノ科の学生なら誰でも知ってる『バラ二』や『バラ三』が専門的っていうなら、いったい何を弾いたらいいんだ?

「逆に、どういう曲を思いつきますか？」

ミズキさんは、営業さんにきいてみた。

「水に関する曲ですか？　僕が知ってるのは『ベニスの舟歌』ぐらいですねぇ」

メンデルスゾーンの『無言歌』か。子供のおさらい会でよく弾く。きれいな曲だけど……。

「ショパンの『舟歌』なんて、いい曲じゃないですか」

部長さんは言う。それだって、十分専門的じゃ。

「今までリリースなさったCDは、どのぐらい出てますかね？」

部長さんは、さらにきいてきた。あくまでも、数字、数字。

「さぁ、会社もはっきりしたこと言ってくれないんですがね。でも、とにかく最初千枚プレスしたのがはけてしまって、何回かリプレスしたそうですから、二千枚は行ってるんじゃないでしょうか」

「うちはですね、いろいろ経費がかかるし、プロモートも百万円ぐらいかけてしっかりやらせていただくので、最低でも三千枚必要なんですよ。ところが、今じゃこれが並大抵の数字じゃなくてね」

「ぶっちゃけて言いますとね、いわゆるアーティストものというクラシックのCDは、何にもしないと二百七十枚ぐらいしか出ないんですよ」

営業さんも言う。

「でも、今までの会社では、全然宣伝しないでその数字ですし、今回は本とのタイアップだから、少しは一般メディアでも話題になるでしょうし」

「キダさんからも言っていただいたと思いますが、買い取りのほうは、その数字で大丈夫でしょうかね？　だいたい百万ちょっとになると思いますが」

「ええ。ただ、コンサートで売るCDは、自分の分から出していいですか？」

ミズキさんは、頼んだ。それがなかったら、いつどうやってCDを売ったらいいのかわからん。

OKした部長さんは、「本のクレジットは、何部ぐらいなんですか？」とM書房のユズオ君にきいた。

「それは、直前までわからないんですが、ウチは少部数できっちり売っていこうという会社ですので、初版は三千ぐらいだと思います。それでも、ウチではとっても多いほうなんですよ」

本とCDでは、クレジットのベースが全然違う。中村紘子さんのCDは一万枚売れるそうだが、これはきわめて珍しい例。本でいえば十万部ぐらいの感覚だろうから、三千はCDの三百だ。そして、このときは巧妙に伏せられていたが、買い取り分を除けば、本当に三百枚スタートだったことを、ずっとあとになってミズキさんは知るのだった。

「お礼なんですがね、演奏料形式にしますか？　それとも、アーティスト印税をお払いしましょうかね」

これだ、『およげ！　たいやきくん』がひっかかったのは。演奏料といっても、いいところ十万から二十万だ。最初にお金をもらってしまうと、あとでCDがどんなに売れても、一銭もはいらない。しかし、印税にしておけば、万が一バカ売れしたときは、かなりの金額がころがりこむ。

それにしても、アーティスト印税というのは、本の出版の著者印税に比べると、格段に低い。ミズキさんの最初の本の印税は七パーセントだったが、その後はすべて十パーセント。出版界ではこれが普通なのに、レコード業界は二—四パーセント。

一応商談が終わったあと、部長さんは、レコード大賞の話を始めた。ゲイノー界大好き人間のミズキさんは、熱心に耳を傾けたもんだ。

「レコ大が販売促進に役立ったのって、けっこう昔で、布施明ね、あの『シクラメンのかほり』が最後なんですよ」

「それって、相当前じゃありません？」

「そうなんですよね」

部長さんは、ちょっと哀しそうな目をした。

「クラシックのほうでも、記事を書いてもらったりするの、昔は袖の下っていう話がありましたけど、レコ大はもっとすごいんでしょうね？」

「いや、まぁ、今はありませんがね。でも、レコ大の季節になると、やっぱり審査員をお食事に招待して、お帰りには皆さんウン十万円ずつ封筒に包んで……」

何となく、複雑だった。

「出版業界のほうが、ずっと著者を大事にしてますよね」

あとで「ウィーン」という、絵に描いたようなしがないサテンに流れてお茶したとき、M書房のユズオ君がぽつんと言った。

「大事にしてる、じゃなくて、「大事にできる」だよ」

ミズキさんは訂正した。

「でも、広告費には百万かけるって言ってたよ」

「さっきのフランス料理屋代で目減りしてないといいんですがね」

これは、大きな新聞広告を打てないM書房の負け惜しみ。

「そりゃ、すごい！」

居酒屋に呼び出されたカタヤマ君は、大いに祝福してくれた。

ちょびひげに詰め襟の黒服。頭のてっぺんには円い帽子をちょこんとかぶり、ボッカチオの『デカメロン』に出てくるアブナイ神父さんみたい。これで、大手のCレコードのセールスさん。

「クイーンさんは、今クラシックじゃ一番元気がいいとこですからね。そこで五百の買い取りでいいというのは、本当に好条件ですよ」

そりゃ、そうだよね。六年前、ミズキさんが最初にCDをつくろうと思いたったとき、彼を仲立ちにCのディレクターに話をもっていったら、二千枚買い取りが条件だと言われて驚愕したことがある。二千枚といえば、定価三千円の七がけの卸価格で一枚二千百円としても、四百二十万。

それでも、いわゆる商業ベースに乗るレーベルではなく、自主制作ということがはっきりわかるカスタム・レーベルしかもらえない。

「ウチはねぇ、声楽の先生が多くて、そのぐらい簡単に買い取って下さるんで、どんどんハードルが高くなっちゃうんですよ」

カタヤマ君は、申し訳なさそうに言ったものだ。楽器を通して指導するピアノとちがって、声づくりからかかわるクラシックの声楽は、先生次第で声質も、レパートリーも変わってしまうというぐらいつながりが深い。先生のCDとあれば、門下をあげて販売にいそしむのだろう。

もっとも、クラシックのCDの買い取りはCレコードだけではなく、大手ではどこも判で押したように二千枚という数字を返してくる。

さっきもいったように、クラシックの世界では一万枚でも大ヒットで、ウタダやサザンなんかとはゼロが一つか二つ違う。大手の場合は、制作費や人件費で三千枚売り上げなければ利益がない。しかし、現実問題としては、普通にやっていたら、何百枚が相場なのだ。レコード会社としては、演奏家の買い取り分を計算に入れざるをえないというわけだ。

大手でのレコーディングをあきらめたミズキさんは、ウェイヴというインディーズ・レコード会社で録音した。ここは制作一人、営業一人でやっているから千枚プレスでモトがとれる。自主制作は三百枚からだが、七百枚買い取ってくれれば会社側の制作にしようと言われた。一枚目がわりと売れたので、次からは買い取りのノルマがなくなった。

「今回のプロジェクトは、レコード屋さんで本を売り、本屋さんでCDを売るっていう同時展開から始まったのに、肝心のその話し合いがうまくいかないみたいなのよ」

ミズキさんは言った。営業サイドのミーティングはカオリンがメールで実況中継してくれたので、すったもんだの顛末を知っていた。

「うーん。レコード屋で本を売るのはできるでしょうけどね、本屋でCDは無理じゃないかな。流通の問題で」

「M書房では、全国の四十ぐらいの本屋さんでCDもディスプレイしたいと思ってて、クイーンにその本屋に卸してくれるように頼むんだけど、まず正確に売れる数字を出してくれと言われるらしいのね」

「そんなの、出るわけないですよね。前例がないんだから」

「レコード会社としても、極力返品は避けたいけど、返品を断ると書店は注文しないのも知ってるから困ってるらしい」

「レコード店は、ほとんど買い切り制ですからね。なかなか本みたいに見込みで卸せない」

本大好き人間のカタヤマ君は、「折角のタイアップなのになぁ」と残念がった。

「出版社は返品を前提にして卸すけど、レコード会社は返品は受けないってこと？」

「僕もね、出だしは出版社だったんでよくわかるんですけど、要するに、レコード会社は倉庫持ってないんですよ。だから、返品されてもしまっとくところがない」

「あっ、だから増刷するときも千単位じゃなくて、百枚とか二百枚とかプレスするわけ？」

「そうなんですよ。結局不経済なんですけどね」

「出版界とレコード業界の本質的な体質の違いもあるけど、M書房とクイーン・レコードも水と油だもんね」

「姿勢が正反対ですよね。M書房のほうは全国で二百店舗ぐらいとしか取り引きしてなくて、そのかわりその本屋さんではきっちり売れるし、ステイタスは高いですよね。クイーンは、「あなたの町の新星堂」さんとかで広く売っていこうとする会社だし」

「部長さんにね、「クイーンは何で儲けてるんですか？」ってきいたら、シェアが一番多いのはアニメだって。でも、面白いよね。講談社とか小学館とかだって、もちろんマンガで儲けてるわけだけど、営業、一緒じゃないでしょ？　クイーンの場合は、歌謡曲もJポップもアニメも落語も、全部同じところで売ってる」

「そりゃ、ウチだって同じですよ。僕はクラシック専門だけど、隣の席は氷川きよしの担当ですからね」

「へぇ。だから、このごろクラシックの演奏家に演歌を弾かせるってアイディアが出てくるのか」

「そうですね。氷川きよしはおかげさまで売れてますけど、ほとんどの演歌歌手は今、クラシックと同じように地盤沈下状態ですからね、抱き合わせで何とかしようということじゃないかな」

「でもさ、たとえばマンガと売れない文芸関係といっしょに営業やってて、ただ数字が出ないから文芸はケシカランとは、ならないでしょう？出版界は、少なくとも」

「まだ、売れない部署はクオリティが高いとか、それなりに誇りをもってますよね」

「そんなん、数字だけで優劣つけられたら、たまらん」

「でも、とにかくうらやましいですよ。クラシックの新譜がつくれるってだけで」

カタヤマ君は言った。

レコード業界は悲惨な状況で、クラシックの新譜はどんどん少なくなり、前に出したものの焼き直しが目立つ状況。レコード店でも、渋谷のタワーレコードとか、クラシックのコーナーを廃止するところが増えてきた。

「何でそんなにクラシックは売れないの？」

「いや、CD全体が売れないんですがね、クラシックはとくにひどくて。どうも、若い子がケータイにお金を使ってしまうんで、CDに使う分が残ってないらしいですよ」

「そういえば、前グラモフォンにいたTさんは、どうしてる？」

「彼はねぇ、ユニヴァーサルになってから現場を離れて、販売促進部にいますよ。商品をつくるのと売るのとでは全然違うことなんですけどね」

フィリップスで内田光子さんの担当だった名物ディレクターのNさんも、統合を機に会社をやめ、新しいレーベルを立ち上げたという。

十一月、Cレコードには外資系の資本がはいって、全面リニューアル、Jポップ路線が主流になった。数字の出ないクラシック部門からは一時撤退、多くの契約アーティストはインディーズになだれ込み、カタヤマ君は故郷に帰った。

4

クイーン・レコードでのレコーディングは、六月十九―二十一日の三日間に決まった。

担当のディレクターは、カタヤマ君が、耳もいいし、譜面も読めるし、とっても優秀なディレクターですよ、と推奨してくれたMさん。もっとも、キダさんは、「ガンコ君」と呼んでいるが。

ホールは、いつも使っている三鷹の芸術文化センター。スケジュールをきくと、ミズキさんが希望する七月はすでにいっぱいで、八月ならあいているという。

「レコーディングしてからCDが出るまで、最短でどのぐらいかかります？」

ガンコ君にきいてみた。

「三ヶ月ですね」

「ということは、本の出版が九月末だから、八月のレコーディングじゃ間に合わないですね」

「そうですね。それだと十一月リリースになってしまいますね」

ガンコ君は言う。本の原稿を渡すのは五月の連休明け。それまでは執筆専念だから、六月レコーディングはキツイが、何とかやっつけよう。

「ところで、ホールの予約は早いほうがいいと思うんですが、もうそちらの会議は通ったんですか？」

会議というのは、本の編集会議にあたるもので、社員一人営業一人の会社では会議も何もないが、大手ではこれに通るのが大変らしい。最初に部長さんに会ったときは、二週間後に会議だときいていたのだが、一向に「通りました」という連絡がない。ガンコ君にきくと、『水の幻想』の企画はまだ会議にかけられていないという。

「申し訳ないんですがね、会議に正式に通りませんとホールもおさえられないんですよ」

仕方なくミズキさんは、カオリンに頼んでラルクの名前でホールを予約してもらった。それが、三月中旬。ラルクがつぶれたのは三月二十六日。

四月中旬になって、ホールの事務所から電話がかかってきた。

「ラルク音楽工房というところに電話しているんですが、どうしてもつながらないもんですから」と事務所の人は言う。

「予約金を入れていただかないとこれ以上ホールをあけておけないんですが、そのあたり、どうなっておりますでしょうか?」

びっくりしたミズキさんは、またガンコ君に電話した。

「あのう。会議のほうはもう通していただけたんでしょうか?」

「すみません、それがまだでして」

「ホールですが、お金入れないとほかの人にとられてしまうんですが」

「ウチとしては、今お金を入れるわけにはまいりませんので、もう少し待ってもらえませんかね」

結局、これは交渉で何とかなったらしい。ところで、会議はいつ行われたのか? これが大いに疑問だ。レコーディングが終わったあと、ガンコ君が「録音許可願」の書類を書いていたのを目撃してしまったから、もしかすると、CDがリリースされたころに会議が開かれたのかもしれぬ。

そういえば、リリースから一ヶ月半ぐらいたって銀座のヤマハでインストアのイベントがあったとき、立ち会いにやってきた部長さんが、実はね、ウチの社長が吉田さんのこと知ってましたよ、と言っていた。たぶん、いろんな会議を経て最後に社長決裁に至ったのがこのころだったんだろう。

レコーディングの曲は、クイーンの営業さんがポピュラーなものを、と要求してくるわりには、具体的な名前が全然出てこない。とにかく、本に出てくる曲ははずせない。ラヴェル『オンディーヌ』とドビュッシーの『オンディーヌ』、リスト『エステ荘の噴水』とラヴェル『水の戯れ』、ドビュッシー『水の反映』、リスト『波を渡るパオラの聖フランチェスコ』、ショパン『バラード第二番』と『第三番』、フォーレ『シチリアーナ』。それで、トータルの時間が約五十二分。

CDは最大七十五分まではいるが、あんまり詰めすぎなのもせせこましいから、だいたい六十五分ぐらいにおさめるのが普通だ。それでもまだ十三分足りないゾ。

ミズキさんは、ポピュラーな曲、がたくさんはいっている全音のピアノ・ピースの曲名リストを見た。ピアノの発表会などでよく使われるシリーズで、各曲の頭に、AからFまで、難易度のグレードというのがついている。

記念すべき第一番は、ベートーヴェン『月光の曲』。難易度がE。同じベートーヴェンの『エリーゼのために』が二番で、難易度B。『乙女の祈り』は意外にあとのほうで、十六番、難易度はC。クイーンの営業さんが唯一知っていたメンデルスゾーンの『ベニスの舟歌』がその次で、難易度B。制作部長さんがあげていたショパンの『舟歌』は一番難しくて、難易度F。

ざっとこんな具合で、四百三十番ぐらいまでずらっと並んでいる。

水、水。ベール『水の精』は難易度A。まさかね。オッフェンバックの『ホフマンの舟歌』、難易度B。チャンチャ、チャッチャ、チャンチャ、チャッチャ。ターリラーラ、タララリーラ、タラリーラ、ラー。映画はよかったな。二百六十五番、ラフマニノフの『舟歌』。何だろ、これ？

運よく、ミズキさんの手持ちのCDにその曲がはいっていた。ラフマニノフの自作自演集。ピースの難易度はCなのに、ものすごい超絶技巧の曲に聞こえる。こりゃ、お弾きドクかもしれん。

楽器店から譜面を取り寄せたミズキさんは、早速音出ししてみた。右手でトレモロを弾いている間に、左手がとぎれとぎれに物憂い旋律を奏でる。いかにもロシアふうの暗い水のイメージ。途中から右手に速いパッセージが出てきて、一気に渦に巻き込まれていく。こういうテイストのものも一曲ぐらいいいかもしれない。グレードCにしては、妙に弾きにくいけどね。これが四分だから、あと九分ぶん。

本当は、ショパン『舟歌』が弾ければ、一番よかったのだ。制作部長さんお名指しの曲でもあるし、演奏時間も八分ぐらいだし。

しかし、クリスチャン・ツィメルマンという、ショパン・コンクールに優勝したポーランドのピアニストのCDを聴いたミズキさんは、くずおれてしまった。

ゴンドラ・リズムといわれる八分の六拍子の左手にのって、三度の甘美な旋律が奏でられる。基本的に響き系とリズム系が得意なミズキさんは、自分の奏法でカバーできると思ったのだが、実際に弾いてみると、なかなか難物だった。ショパン特有の息の長いメロディは、なかなか難物だった。ミズキさんが弾くとスタコラサッサとなってしまって、何というか、色気というか、しなやかさが全然出てこない。とても、今からでは無理。でも、そうすると、収録時間が足りない！

図書館でラヴェルの『夜のガスパール』の朗読つきのCDを捜していたミズキさんは、偶然に、「ヴェルデルニコフの芸術」というシリーズをみつけた。ロシアのいにしえのピアニストの復刻CDで、まさにCレコードから出ている。第十巻が水関連のプログラムで、リスト『エステ荘の噴水』やラヴェル『水の戯れ』、『オンディーヌ』が並んでいる。最初に、リストの『ローレライ』という曲が収録されていた。

早速借りてきて、かけてみた。ピアノのオリジナルではない。ハイネの詩にリストが歌曲をつけ、さらにピアノ曲に編曲したものだ。

「なじかは知らねど　心わびて」で始まるレシタティーヴォ（朗唱）の部分。やがて、右手にローレライの歌が出てくる。河を見下ろす岩の上に坐って、夕陽をあびながら髪をくしけずるラインの乙女。だんだん雲行きが怪しくなって、音楽に短調がまざり、あたりが真っ暗けになったところで、激しいトレモロが船の難破をあらわす。やがて渦はおさまり、何ごともなかったかのように静まりかえった中に、ふたたびレシタティーヴォが、「歌声でそれをしてのけたのはローレライだ」と歌う。

楽譜を取り寄せたら、五線譜の上に、ちゃんとその部分に相当するハイネの詩が書きつけられていた。この曲が八分。トータルで六十四分。何とか、いけるだろう。

やっと曲目が全部決まった。これが、レコーディング一ヶ月前。

二週間ぐらいたって、ガンコ君が電話してきた。

「曲目はお決まりになりましたでしょうか？」

「まだ、ちょっと流動的で」

「いつ、決定されるんですか？」

ガンコ君の声が、急に冷やかになった。ソレミタコトカ、ドコの馬の骨かわからんアーティストなんかアサッテオイデ、みたいに聞こえる。

「いや、そうじゃなくて、少し多めに準備しておこうと思いまして」

「そういうことでしたら、余分でもかまいませんから全部おっしゃって下さい」

ガンコ君の声が、急にやさしくなった。

「それでですね。細かいところで違っていると困るので、できたらお使いになるエディションと同じ楽譜をそろえたいと思うのですが」

さすが、大手レコード会社のディレクターさんは違う。ミズキさんは嬉しくなった。

「ドビュッシー以外の曲は、普通の原典版で結構です。ドビュッシーだけは、現在パリの国立図書館で新全集が進行中なんですが、日本では手にはいらないので、コピーをお送りします」

ハカセ・ピアニストのミズキさんは、ちょっぴり専門的知識のあるところを見せた。

「さすがですねぇ。いや、勉強になります」

ガンコ君は感心している。そこまではよかったんだが、レコーディングのやり方、収録する曲の順番をめぐって意見のくい違いがあった。

録音するのは、フランス音楽系のラヴェルが二曲、ドビュッシーが二曲、フォーレが一曲。ロマン派系のリストが三曲、ショパンが二曲、ラフマニノフが一曲と、全十一曲。

「曲数が多いので、系統別に分けて録音し、その分については、その日のうちにOKを出していく方法をとりたいと思います。たとえば、フランス物で一日、ショパンで一日、リストで一日とか」

ガンコ君は、言う。

「どの日にどのジャンルを録音するか、前の日までにお知らせ下さい」

でも……と、ミズキさんは思った。誰にきいても、レコーディング初日は捨て日だ。

まず、オト決めがある。ピアノの位置、マイクを何本、どこに立てるか。それによって、全然音が変わってくる。たとえば、シャープな音が好きなディレクターさんは、ピアノの響板の中にマイクをつっこんでしまう。細かいミスまで全部聴きとれるので、完全無欠とはとても言えないミズキさんのピアノでは、無理。逆に、間接音を録りたい人は、客席にマイクを置いたりするらしい。

ウェイヴのディレクターさんは、「シンプル・イズ・ザ・ベスト」という主義で、ピアノの上の方に、天井から二本マイクを吊るだけ。それでも、微妙な高さで音が変わるらしく、移動させるたびに、エンジニアさんがカメラで位置を撮影していた。

最初は、パラパラ弾いているのを録り、モニタールームに行く。

「こんな感じで、どうでしょうか？」

「もうちょっと高音をクリアに」とか、逆に「からんからんすぎる。もっと響きを混ぜて」とか注文をつける。

またホールに行って弾いてみる。また聴きに行く。そんなことのくり返し。

これで、半日はつぶれる。時間も使うが、体力も神経も消耗する。

楽器の問題もある。三鷹のホール備えつけのニューヨーク・スタインウェイは、今までの三回のレコーディングで使った楽器だ。相性もいいし、癖も飲み込んでいるつもりだ。しかし、ピアノという楽器は、とにかく生き物だ。そのときの気候や湿度、弾く側の体調、前に弾いた人のタッチの癖、その他何だかわからん原因で、これが同じピアノか、と思うほど変化する。

こちらがそれに慣れるまで、そして、楽器のほうもスタジオの空気に慣れてくるまでに、一日かかる。よく鳴ってくるのは、たぶん二日目の午後ぐらいからだろう。

「今までのレコーディングでも、初日のテイクはほとんど採用にならなかったんですよ。二日目以降と音がまるで違うから」

ミズキさんが主張すると、ガンコ君はそれを逆手にとった。

「そうなんですよね、一日目のテイクは、折角一生懸命弾いていただいても使えないことが多くて無駄ですから、僕はその日その日でOKテイクをつくるようにしています」

無駄？　芸術なんて、壮大な無駄の堆積の上に成り立っているんじゃないか。

ガンコ方式をとるとして、では、どの順序で？　最初の日に弾くものは、よほど手にはいっている曲じゃないと危険だ。どんなに弾きにくい状態のピアノでも弾ける曲。しかも、オト決めに半日とられたあと、さっと録音を終えられる曲……。

しかし、平均点の演奏に興味のないミズキさんは、自分の一番いいところが出る曲、つまり、ショーブ曲ほど、最高の状態の楽器で弾きたかった。ということは、一番勝負できない曲、つまりミズキさんが苦手なショパンを、一番少ない時間で、一番鳴らない楽器で弾かなければならないってこと？

問題は、もうひとつある。どんなに弾き込んだ曲でも、レコーディングの現場で最初に弾くときは、初めてステージにのせたときと同じように不安になるものだ。くり返し弾くうちに、まわりの人に感想も言ってもらえるし、現場でどんどん音楽がこなれていく。ディレクターさんにダメだしされて、奮闘しているうちに、妙にうまく弾けてしまうことだってある。

ところが、ガンコ方式だと、毎日、初めて弾く曲が出てくることになる。これでは、熟した音楽づくりは望めないのではないだろうか。

しかし、文字通り頑固なガンコ君は、「これが僕のやり方ですから」とゆずらない。こういうふうに決めつけるように言われたとき、とにかく相手の容れ物にはいってみようかという気になる相対人間のミズキさんは、結局受け入れることにした。

レコーディング初日、ホールに行くと、ステージの上ばかりか、客席にまでマイクやスピーカーが林立しているので、びっくり仰天した。

「どーしたんですか、これ?」

「ま、これだけ全部使うということじゃないんですがね」

ガンコ君は、「これは直接音を録るマイク」、「これはホールの壁に当たってはね返ってきた音を録るマイク」、「これはホールの残響を録るマイク」……などと説明してくれる。

スタッフも次から次に出てきて、紹介される。ディレクターさんとエンジニアさんの二人しかいなかったウェイヴ・レコードとは、えらい違いだ。

ミズキさんのほうでも、カモさんとキタムラさんという、セミナーの受講生を二人、立ち会いに呼んでいた。

レコーディングの現場、弾いているほうは夢中だから、どこをどうミスったのか、正確には記憶していない。ディレクターさんやエンジニアさんは、たいてい楽譜が読めないか、読めても曲を知らないから、あんまり頼りにならない。ここはやっぱり、絶対音感を持っていて、曲を弾いたことがある専門家に立ち会ってもらうに限るのだった。

軽い指慣らしが終わると、すぐにオト決めにはいる。「一番音の大きな部分を弾いて下さい」とか「指が細かく動くところをやってみて下さい」とかいう指示に従って、適当なサンプルを弾く。前のレコード会社と違って、オト決めに弾き手を参加させない方針らしい。

モニタールームから戻ってきたカモさんとキタムラさんは、ちょっと浮かない顔をしていた。

「どうだった?」

「うん、高音と低音のバランスもいいし、どこの音が割れるってこともないし」

「バランスはいいよね」

キタムラさんは言う。

「でも、何ていうかな、オーラがない」

カモさんは、口をとんがらかせた。

「スタンダードって感じよね」

キタムラさんもうなずく。

「なんか、オーラがないって生徒たちが言ってるんですが」

ガンコ君に言ってみた。

「ま、これで楽器が鳴ってきたらまた変わってきますから」

でおしまい。

レコーディングには、いろんな録り方があって、それぞれ一長一短だ。

前にCDをつくったウェイヴ・レコードは、ライヴ感覚を大切にするところだった。最初の日、オト決めのあとにすべてのプログラムをざっと弾く。それから、お昼を食べに行ってちょっと休憩し、もう一度プログラムを全部弾く。さらに、キズのあった箇所だけを、その少し前から弾いておく。これを、カバーという。編集するときに、はめこんでいくのだ。

通して何度も弾くので、自然な流れができて雰囲気はよくなる。その分、意外なミスをカバーしそこなっていて、あとでテイクを探しまわったり、ぞっとするようなことも起きる。

友達にきくと、レコード会社によっては、「この音だけ弾いて下さい」とか言って、細かくカバーしていくところもあるそうな。そりゃ、毛ほどのミスもなくなるだろうが、下手するとお面みたいにのっぺりした演奏になりそう。

ガンコ君は、この中間だった。

「テスト録音です」と言って、一回弾かせる。当然、気楽に弾くから、あちこちでミス・タッチをする。

ついで、「分け弾きお願いします」と言う。楽曲をいくつかのブロックに分け、数回ずつくり返して弾くように指示される。それでもミスがなくならないときは、その部分だけとりだしてさらに録りなおす。

初日のショパンは、この録り方で正解だったのだ。とくに『バラード第二番』など、最初に弾いたときはどうなることかと思ったが、落ち着いて何回も同じところをくり返しているうちに、だんだんよいテイクが録れるようになっていった。

「あとでつないでみたら、こんなにうまく弾けてたのか、と思いますよ」

ガンコ君は太鼓判を押してくれた。

二日目は、予想通り、ピアノの調子もミズキさんの調子も、絶好調だった。楽器はこわいぐらい鳴り響き、思い通りに指がすべる。

この日はリストばかり。最初の『エステ荘の噴水』。キラキラ光る水、とびかう水、吹き上げる水。エステ家の別荘の噴水は、どれも鮮やかに弾けた。

「うまいですねぇ」

モニタールームで一緒に聴いていると、指揮でもするように右手でタクトをとっていたガンコ君が呼びかけた。まんざら、お世辞でもないらしい。

次は、一ヶ月前に譜面を見つけた『ローレライ』。船が難破したあと、ふたたびローレライのテーマが再現されて、それがやがて、ラインの乙女の金髪のように輝くアルペジオとなって溶け消えていくところは、格別にきれいに弾けた。

テスト録音を弾き終えると、ステージの横に設置されているスピーカーから、しばらくコメントが返ってこない。

ダメだったのかな？　と心配していると、「きれいな曲ですねぇ……」というため息がきこえた。大丈夫、ガンコ君は感激してる。

三曲目は『波を渡るパオラの聖フランチェスコ』。プログラム中、一番ヘビーな曲だ。イタリア本島とシチリア島を隔てるメッシーナ海峡。聖フランチェスコが着ていたマントを海の上に投げかけると、荒れ狂っていた海が一瞬にしておだやかになり、歩いて渡ることができたという伝説にもとづいている。

最初のうちは、楽しかった。ユニッソンで荘重な聖者の主題が奏されたあと、左手のトレモロに乗って、ふたたび右手に主題があらわれる。トレモロはだんだん音量を増して、波のとどろきを思わせるスケールのうねりに変わる。このあたりの盛り上げ方が、ガンコ君との間で議論になった。クレッシェンドのかけ方を、もう少し遅くしたら効果があがるのではないだろうか。あるいは、右手の小指で弾く旋律をもう少しきわだたせたらどうなるか、など、話し合いながら曲をつくりあげていく。音楽が、どんどん立体的になっていくのがわかる。

しかし、主題が左手に移り、右手が派手なアルペジオで装飾するあたりになると、ミズキさんはだんだんうんざりしてきた。

頭の固いガンコ君は、うまくいっているところもいっていないところも、判で押したように数回くり返して弾かせる。絶対にミスのないテイクを、と思うのだろうが、弾いているほうは、どんどんインスピレーションがなくなり、つまらない演奏になる。

手指もだんだん疲れてくる。聖者がひろびろした海原を渡っているようなクライマックス部分では、右手がフォルティッシモで主題を弾き、左手が何度も跳躍してそのたびに和音を連打しなければならない。跳躍をくり返すうち、腕がどろーんと重たくなって、指が言うことをきかなくなってしまった。

モニタールームに行ってみると、カモさんが怒り狂っている。

「先生のピアノが、どんどん悪くなる」

ほとんど、涙ぐむ始末。

「どうしてあんなに何回も弾かすんですか。最初に弾いたのがインスピレーションに満ちていて、すばらしかった。あれ以上の演奏はできないのに、どうして？」

「私には、職人性が不足してるんだよ。それが出ちゃっただけ」

こういうとき、コンクールでもまれてないと、おサトが知れるんだ。ミズキさんは、つくづく思うのだった。

コンクールというのは、悪いところはたくさんある。大勢で審査するので、どうしても平均的な演奏に票が集まりやすい。芸術性は受け取り方によってさまざまだから、技術的な面に焦点が当たりがちだ。しかしとにかく、朝の九時からブラームス弾いて下さいとか、ショパン、リスト、ドビュッシーにラフマニノフやスクリャービンの練習曲をたてつづけに弾いて下さいとか、演奏家を極限状況に置いて、それでもある程度のレベルの演奏ができるかどうかをテストするから、すべてにわたって強靭になる。

ショパン・コンクールのときのアルゲリッチなんて、朝早い呼び出しだったので、寝るひまがないとか言ってひと晩中トランプかなんかして起きていたそうな。彼女はそれでもバッチリ弾いたが、つきあわされた男どもはメタメタになったとか。

録音終了後、鍼灸医院にとんで行った。

「右手の薬指が上がんなくなっちゃいまして」

ミズキさんの肩や肩甲骨に手をまわした女性の鍼灸医さんは、あまりの固さにうぉっとうめき声をあげている。

「ばりんばりんですか?」

「昨日は、ふんわりやわらかくしてお帰ししたんですけどね」

仰向けに寝て、脈をとったあと、足先からはじまって全身をもみほぐしていく。肩甲骨の裏側など、とくに凝っているところは鍼を打つ。

患者がここが痛い、とか、ここがしびれるとか訴える箇所だけ治療してもダメで、全体のバランスが大事だという。

ひと通り治療が終わったあと、やっと右手の薬指の番になる。

ひじに近いところの腱の上に指を置いた鍼医さんは、「薬指を動かしてみて下さい」と言う。

ミズキさんは、薬指をのばしたまま上げ下げした。

「曲げるときですか? のばすときですか?」

「こう、のばしてひきあげるときに上がんなくて、くたーっと落ちちゃうんですよ。ほら、ぶら下げてみると、極端に右手の薬指のほうが曲がっているでしょう?」

鍼医さんは、腕の腱の上にトントンと鍼をさす。

「もう一度、上げてみて下さい」

不思議なことに、痛みはなく、スースー上がる。

鍼医さんは、今度は指と指の間の腱に鍼を打った。微妙なところだけに、ちょっと緊張する。鍼をまわすと、ズイーンという感覚があった。俗に言う、「ひびき」だ。

「また、明日はこれがばりんばりんになっているんでしょうね」

治療が終わったあと、鍼医さんは笑って言った。

「お疲れさまぁ」

三日間のレコーディングがめでたく終了し、ミズキさん、カモさんとガンコ君、エンジニアさんの四人で、ホール近くの居酒屋で打ち上げ。もう一人の立ち会い人、キタムラさんは家庭があるので先に帰った。

まずは、生ビール、生ビール。

突き出しに、生キャベツのもろみ添えが出てくる。

「終わった、終わったのだ」

ミズキさんはひたすらはしゃぐ。

「Mさんてね、私とおない年なんですよ。三十五歳なの」

カモさんが言った。モニタールームで調査したらしい。

「どうも、若輩モノが勝手なことを申しまして」

ガンコ君は、頭を下げる。

「前のレコード会社のディレクターさんがね、レコーディングはカメラ・セッションに似てるって言ってましたけど、Mさんはどうですか？　アーティストを盛り上げられるだけ盛り上げといて、一番いい瞬間を録るんですって」

「僕は、ダメなんですよ。盛り上げ下手で」

ガンコ君は、頭をかいた。

「あら、ずいぶん乗せて下さったと思うけど」

「あれ、本音なんです。本当にいいなって思ったんですよ」

「私のピアノってね、〝変な人〟リトマス試験紙なんですよ。反応しない人は全然反応しないんですけど、たまーに妙にはまって下さる方がいて、そうすると、前のCDでも、デッキに入れっぱなしでリピートかけて一ヶ月とか」

「わかりますよ。何となく、引きずり込まれちゃう感じ」

「ま、今回の録音ではちゃんと〝オンディーヌの呪い〟も起きたし、ね」

カモさんが、ちょっと厭味を言った。

「いや、申し訳ないです。どうしてあんなことになったのか、見当がつかないんですよね」

ガンコ君は一応あやまるが、あやまり方が、全然申し訳がってない。

ドビュッシーの『オンディーヌ』の録音のときのこと。一度さっと弾き、いつもながらに分け弾きをして録音したあと、最後の段落だけを何度か弾きなおす。三分足らずの曲で、お茶の子サイサイと思って録音を終えると、何だか周囲がざわざわしている。

「すみません。ちょっとお時間いただけますか?」

何でも、機械の故障だという。

「あとで聴いてみたら、雑音がはいっていまして、申し訳ありません」

さんざん待たされた上に、一番気持ちよく弾けたところが全部ボツになってしまった。

「楽譜もなくなりましたよね。ラヴェルのほうの『オンディーヌ』の」

「あれもねぇ、ちゃんとカバンに入れといたつもりだったんですがね、どこに消えたんでしょうね? 参ったなぁ」

ガンコ君は首をひねるばかり。

レコーディングのとき、モニタールームにいるディレクターさんは、楽譜を頼りにアーティストに指示を出す。何ページ目の何小節目から、もう一度お願いします、といった具合に。ラヴェルの譜面には小節数がついていなかったので、ガンコ君は自分で小節数を書き込んでいた。ところが、いざ録音となってみると、かんじんの譜面が見つからない。仕方なく、カモさんが持ってきた楽譜を使ったが、書き込みがないので困っていた。

「お祓いしなくちゃ」

ミズキさんは、シャーマンみたいに大きく手をふりあげてみせた。

「ディレクターさんって譜面の読めない人が多いけど、Mさんはバッチリですね」

カモさんが言う。

「あっ、僕はね、ホントは指揮者になりたかったんです。小澤征爾さんに憧れて」

「T学園に行ってらしたんですか？」

カモさんはT学園のピアノ科出身なのだ。

「いや、僕は、お恥ずかしいんですけどね、普通の大学で音楽学やったんです」

「一般大で音楽学？」

「ええ、ちょっとナマイキでして。音大では音楽しかできないから、視野が狭くなると思って。ちょうど、その大学には中世ルネサンス音楽の専門家がいらしたので、その先生を慕って」

「まぁ、ルネサンス音楽っていうと、パレストリーナとかラッススとか？」

「よくご存じですね。さすが、ハカセ・ピアニストだ」

本当はミズキさんの夫がこの辺りのフリークなのだが、そんなことは言わない。

「Mさん、血液型は？」

またカモさんの調査がはじまる。

「B型です」

「うぎゃっ」

ミズキさんは叫んだ。どうもBは苦手だ。

「スガさんは？」

エンジニアさんにきく。

「僕は、Oです」

「あっ、おんなじ」

と、ミズキさん。

「Mさん、結婚してらっしゃるの？」

カモさんがきく。

「いや、それがまだで」

「どんな女性がタイプなんですか？」

カモさんはしつこく追及する。

「こいつ、決まってるんですよ」

白髪まじりの長髪をクワイみたいにうしろで結んだエンジニアさんが言った。

「な？」

「あててあげましょうか」

と、カモさん。

「髪が長くて、色が白くて」

「どうしてわかるんですか？」

「もうひとつ、ヴァイリオン弾いてる人」

これは、エンジニアさん。

ガンコ君は、身の上話をはじめた。最初の恋人は大学オーケストラのメンバーで、ガンコ君は指揮、彼女はヴァイオリンを弾いていた。二人でがんばって、いいオーケストラにしよう、などと約束していた。でも、いつもガンコ君は待ち合わせに遅れてしまう。なぜか、タイミングが合わなくて、ここぞというときにはずしてしまう。

ミズキさんは、ガンコ君に気づかれないように、そっとカモさんに目くばせした。

ガンコ君は、耳もいいし、優秀なディレクターだが、マジメすぎて空気が読めないところがある。

ミズキさんがギンギンに盛り上がっているときに、「時間だから、お昼にしましょう」と中断させる。じゃなかったら、ピアノがゴキゲンに鳴りはじめたときに、「音が狂ったから、調律入れましょう」とくる。袖から出てきた調律師さん、今いじんないほうがいいと思うんですけどね、ピアノノって、ちょっと狂ってたほうがいい音するんでよ、と首をかしげている。果物だって、熟しきって腐る寸前がおいしいっていうもんね。

「なんか、タイミングはずす人よね」

カモさんと二人で言っていたのだ。

「じゃぁ、今お一人なんですか?」

「ええ、食生活が不規則になるから、どんどん体重が増えちゃって」

スタジオにこもっていると、外に出るひまがない。どうしても、お弁当の出前を頼むことになる。スタジオ内にはたくさんの宅配のメニューがあるが、油ものが多く、野菜不足になりがちだった。

「こんど、ご飯つくって持ってきます、私」

母性本能の強いカモさんは、俄然はりきりだした。

5

やっとレコーディングも終わったとほっとするのは、まだ早い。ここからが、「オンディーヌの呪い」本番。

グレン・グールドというピアニストがいる。ある時期から録音だけに活動の場を限定し、自分で編集にかかわり、奇妙奇天烈なアプローチで話題をさらった鬼才だ。

グールドは、いろんな演奏スタイルのテイクをたくさん録る。それからスタジオで、同じ方向、あるいは全然アサッテの方向のテイクをいろいろに組み合わせ、演奏を再構成していく。つまり、グールドは音源の提供者であると同時に、プロデューサーでもあるのだ。

『水の幻想』のCDでは、この編集の妙をちょっとだけ体験することができた。それもこれも、クイーンの担当ディレクターのガンコ君が、とんでもなく忙しかったせいだ。

もともと、レコードのディレクターというのは、出版の編集さん以上に雑用の多いものだ。ただレコーディングしてマスター・テープをつくるだけが仕事ではない。ジャケットのデザインの選定や校正、帯のキャッチ・コピー、ライナー・ノーツの執筆依頼や編集、校正、原稿料の支払いまで手配しなければならない。

おまけにクイーンは、数年前に大規模なリストラを行っていた。経営は正常化したが、社員の仕事は増えるいっぽう。ミズキさんのCDは十月三日リリースだが、その前、九月二十八日リリース分のCDだけで十点あるという。

最初、アーティストのスタジオ立ち会いは一日だけ、それも午後の三時間、と言われた。

「僕はいつもそうしています」と、ガンコ君。

でも、それじゃあ、初校だけで、それも、たった一日の校正で本を出すようなものではないか。

以下は、あくまでもウェイヴ・レコードでのCDのつくり方。

まず、ディレクターさんからざっと編集したテープが届く。それを聴いて、楽譜と照らし合わせてチェックしてから、スタジオに出かける。

同じテープを聴きながら、ここはミスっているとか、この表現はちょっとダメ、とか意見を言う。ディレクターさんは、数あるテイクの中から、こちらの要望に添いそうなものを捜してきて、聞かせてくれる。その作業が、延々と五時間も六時間もつづく。ときには、あんまり問題が多すぎて、夜中になってまうこともある。

そうやって討議した結果を反映させた再編集テープをつくり、送ってきてくれる。

普通のアーティストはだいたいこのあたりでOKを出すらしいが、ミズキさんは執念深い。まだまだアラ捜しをして、もう一度スタジオに出かけていく。

いよいよこれでマスタリング、というときは、曲間も決める。つまり、曲と曲の間をどのぐらいあけたらよいか、をディレクターさんと話し合うのだ。せっかちなミズキさんが、「このタイミング！」と言うと、いつも笑われる。まだ前の曲の余韻が鳴ってるよ、と。さすがディレクターさん、耳がいい。そして、出来上がったものを聴くと、ちょうどいいタイミングに仕上がってるもんだ。

「私はすっごくキムズカシイから、いくらなんでも三時間では無理です」

ミズキさんが主張すると、ガンコ君、「それでは、二日とりましょうね」と言ってくれた。

クイーン・レコードは大会社なので、大会社なりの問題がある。小さな会社は、ディレクターさんが一人しかいないから、スタジオは使い放題だが、クイーンでは、よい機材のはいっているよいスタジオは各方面でとりあいになり、なかなかあいていないらしい。かてて加えて、編集作業も分業で、ディレクターさんはただ指示を出すだけ、実際にテープをつなぐのはエンジニアさん。この二人のスケジュールがなかなか合わない。本の出版は迫っているから、できたらCDも同じ時期に並べたい。となると、期日はますます迫る。

八月の三日、朝から行きます、と言うミズキさんを、ガンコ君はおしとどめた。録音中に楽譜に指示を出したものを、エンジニアがざっとつないだ状態でテープが来る。それをまず自分が聴いて、おかしいところは入れ換えてから聴いていただきたい。

というわけで、午後イチでスタジオ入りした。

「すみません」

ガンコ君は言う。

「実は、前の仕事が押していて、まだテープ聴いてないんです」

「だめじゃーん」というわけで、一緒にテープを聴きはじめた。冗談じゃなくて、頭に足がつながっているようなところもある。小節がダブっていたり、逆に、数小節とばしてしまっていたり。演奏のチェックより以前に、まずつなぎミスのチェックが必要。そして、ダメ出ししたところを、これまたエンジニアさんがつないでいる間、延々と待っている。

いつもだったら、こちらは文句をつけて帰ってくるだけで、あとの作業はディレクターさんがやってくれるのだが、今回は、二日間で編集を終わらせなければならないということで、それができない。

しかも、夜になったら、ディレクターさんは会合があるからと出かけていってしまった。すみませんが、これを見て適当につないでおいて下さい、と編集記録を渡される。

Tはテスト録音。あとは、曲の頭文字につづいてテイクの番号が記してあり、若い順に並んでいる。小節数を書いて横線がひっぱってあるのは、そこまで弾いてやめたテイク。などなど、読み方を教わる。

ためしにやってみる。

「Bの三を下さい」

「ハイ」

エンジニアさんは、すぐにオトを出してくれる。

「じゃぁ、四は？」

「ハイ」

これも、すぐ出てくる。

ちょっと気持ちよかった。

エンジニアさんに頼んでいろんなテイクを出してもらい、聴き込んでいるうちに、だいたいの構図が浮かびあがってくる。

この流れだな。そうすると、ここの間だけ、ちょっとセカセカしてるぞ。待てよ、さっき聴いた中にわりとゆったり弾いてるのがあった。

「すみません、七お願いします」

あれれ、違った。こりゃ、途中で切れてるよ。こっちだったかな。出してもらお。

こんな感じで、何度か聴きながらあてはめているうちに、突然、ひとつの像が立ちのぼる。

「わかりました」

ミズキさんは、喜色満面で言う。

「何小節から何小節までは五、次が七。そして、何小節の何拍目から四、つないでみて下さい」

指示を出したあと、エンジニアさんがつないでくれたものに、細かいところでダメ出しをする。

「何小節の頭、つなぎ目がちょっと目立つかな」

「ここは難しいんですよ。何なら、その前の小節の最後の音から行ってみますか?」

エンジニアさんは物理的な観点からアイディアを出す。

こんな具合で、ミズキさんも最初のうちはとっても楽しかった。グールドの快感がわかったぞ、というような気分だった。ところが、途中で、また突然、わからなくなった。

何回くり返して聴いても、テイクたちがしかるべき像をむすんでくれない。これにこれをつなげば、ああ違った、これのほうがいいかな、いや、そうすると……。

組み合わせ次第で、全く異なった演奏になる。その選択が、できなくなってしまい、ありとあらゆる可能性が頭の中をぐるぐる回り出した。

パニックになったミズキさんをみたエンジニアさんは、「ちょっと休憩入れますか? 耳もくたびれるんですよ」と言ってくれた。

「編集っていつもこんな感じなんですか?」

ミズキさんはきいてみた。

「いや、ディレクターが編集に立ち会うのはクラシックだけなんですよ」

「へぇ。じゃ、珍しいんですか」

「ポップスなんて、エンジニアだけで勝手にミキシングやってますもん」

「じゃ、拘束時間が多くなりますね」

「今月のカレンダー見たけど、その日のうちに帰れたのは二日しかなかったですよ」

「残業手当てがっぽり?」

「昔はね。ここはリストラをやってスタジオ関係を全部別会社にしちゃったんです。そこからの出向という形なんで、いくら残業してもまるっきりただ働きなんですよ。でも、ディレクターに頼まれたらしょうがないですからね」

何となく、大工の棟梁さんとか、そんな雰囲気のある人だ。

元気が出たところで、再度挑戦、と思って立ち上がったところに、ガンコ君があらわれた。エンジニアさんは、ミズキさんが自販機のコーヒーを飲みに行っている間に、そっとガンコ君のケータイに電話して、戻ってくるように言ってくれたのである。

ちょっとお酒のはいったガンコ君、モニタールームにはいるなり、ミズキさんの迷いに簡単に答えを出した。

「あ、これはむしろこうやったほうがすっきりしますね」

テキパキと指示を出し、やっと『バラ三』は形になった。でも、あとまだ七曲もある。


結局、その日も明け方まで、次の日も明け方まで、ときどきディレクターがどこかに消えてしまう編集作業はつづき、それでも全体の半分までしか終わらなかったのだ。

「この仕事は、最低でもあと二日はかかる」と言ってくれたのは、エンジニアさんだった。指示を出してもらった箇所は、まだつないでいない。曲間も決めてない。

ガンコ君とエンジニアさんは顔をつきあわせてスケジュール表とにらめっこし、やっとのことで八月二十八日、二十九日と、追加の編集タイムを捻出してくれた。

CDの再編集初日の二十八日は、クリエーションのミーティングに当たっていた。エンジニアさんがこの間とり決めたところをつなぐというので、連絡があり次第スタジオに行くことにして、まず事務所に集まった。

コバちゃん、カオリン、クリエーション側の営業さん。

プロモーションは、船頭が多いとうまくいかない。みんな、誰かがやるだろう、と寄りかかってしまうからだ。

コバちゃんが、パソコンでプロモーションの一覧表をつくってきた。リサイタルのチラシ配布からして、問題があるらしい。コンサート・サービスという会社が一括して会場へのチラシまきを代行しているのだが、事務所によって値段が違う。クリエーションはマネジメント協会にはいっていないので、単価が一枚につき三・五円も高い。チラシは六万枚も刷ったので、これは大きいが、どうしようもない。なるべく、ホールに手持ちしてプログラムにはさんでもらうように交渉することにした。

音楽雑誌へのパブリシティは、カオリンが交渉済み。問題は一般誌や女性誌で、ほとんど望みがないのだが、コバちゃんのほうで選んだメディア三十一件にリリースを発送。クリエーション側の営業さんが当該出版社を訪問するときに、プッシュしてもらうことにした。しかし、クラシックを扱ったことがない営業さんは、全く情熱がなく、早くミーティングを切り上げて次の仕事にかかりたいという態度がミエミエ。

放送関係も、プロモーションが難航した。名前があがったのはNHK‐TVの「芸術劇場」、NHK「わが心の旅」、NHK「新真夜中の王国」……。このあたりは、クリエーションで交渉してくれたが、すべてボツった様子。レコード店のフリーペーパーも、山野楽器の『ヴァリエ』、タワーレコードの『ミュゼ』、新星堂『ミュージックタウン』など、一欄も取れなかった。

結局、プロモーションでうまくいったのは、音楽雑誌以外では、ミズキさんが個人的にパイプを持っているところだけだったのだ。『週刊B』の「この人のスケジュール」と『月刊B』の巻頭随筆は、以前、ミステリーの文庫解説を書いたときの担当者から話をまわしてもらった。『週刊S』の「ウォッチ・アンド・トライ」欄も、知り合いの編集者経由で入れてもらった。T新聞では、インタビューのかわりに、ミズキさん自身の文章と

ＣＤの大きなジャケ写を載せてくれた。Ａ新聞の朝刊文化面も、以前記事を書いたときの担当さんに電話を入れたら、簡単に決まった。

ミーティングが終わっても、クイーンのスタジオからは一向に呼び出しがかからない。カオリンがスタジオに電話を入れると、編集作業が難航しているのだという。

「だって、大して残ってないはずだよ。ラヴェルの『オンディーヌ』とか」

「何をそんなに手間取ってるんでしょうねぇ」

「トツゲキしてみようか」

カオリンがふたたびガンコ君に電話を入れる。

「ダメですって。作業の邪魔になるから来ないで下さいって」

「ホントかね。エンジニアさん、かえって喜ぶと思うんだけどなぁ」

仕方なく、その日は家に帰った。

次の日の朝、スタジオに行ってみると、案の定、思った通りだったのだ。

「譜面は読めないことはないいんですがね。楽に読めるのはシューベルトぐらいまでで、ラヴェルとなるとチンプンカンプンで」

憔悴しきったエンジニアさん、さかんにブーブー言っている。

「一応、楽譜に指示されていた通りにつないだつもりなんですがね、何回聴きなおしても、楽譜に書いてある場所と実際の音が結びつかないんですよ。どういうことになってるか、見当もつきませんよ」

エンジニアさんは機械の専門家であってディレクターではない。誰か曲をよく知っている人がそばにいて、このタイミング、とキューを出してあげなきゃ、ラヴェルみたいな複雑なテキストはつなげないんだ。とりわけ『オンディーヌ』は、細密画のような微細な書き方だし、ミズキさんの好みがまた微細だし。

断られてもトツゲキすればよかった。これが、「オンディーヌの呪い」第二。

二十九日の夕方、ようやく編集がすべて終了した。

「曲順は、どうしましょうね?」

ガンコ君が言う。

「いろんな方法がありますよね。作曲家別、テーマ別。有名な曲順とか」

「最初の曲は、何がいいですか?」

「ぱっとさわやかに、『エステ荘』とか」

「いいですね。じゃ、次は同じリストの『ローレライ』にしましょうか?」

「いや、水の曲と水の精の曲は混ぜないほうがいい」

「じゃ、これはどうですか?　同じ水関係で、ラヴェルの『水の戯れ』とか」

「だったら、その次はドビュッシーの『水の反映』。違いがわかるから」

こんな感じで、曲順はすっと決まった。ドビュッシーとラヴェルの『オンディーヌ』を並べ、次にショパンの『バラ二』と『バラ三』をもってきて、リストの残り二曲を入れ、最後はラフマニノフとフォーレでさっと幕引きする。

曲間を決め終わったころ、「お疲れさまです」というあいさつもそこそこに、眼鏡をかけたテクノ坊やみたいな青年がスタジオにはいってきた。彼が、マスタリング係。白髪アタマのエンジニアさんは、ハイテク機器に弱い(!)んだそうな。

「オトには、三種類あります」

テクノ坊やは、言った。

さっきまで、ミクロのタッチがどうの、音色のかすかな濃淡がどうの、響きが混ざるの混ざらないの、とこだわりにこだわってつないでたのに、最後にきて三種類か、とちょっと思った。

「最初は、これです」

「オト」なるものを全体にふりかけて、各曲の頭だけ聞かせてくれる。

「次は、これです」

ガンコ君とエンジニアさんは、「うん、これだな」なんぞと言いながら、聴いている。ミズキさんには、サッパリわからない。

「これ、ちょっともやもやしません?」

一応意見を言ってみる。

「いや、CDに落とすと、上と下の周波数をカットするんでちょっと硬くなるんです。だから、このぐらいのほうがいいんです」

これで、マスタリング終了。

「お疲れさまでした」

ガンコ君は、スッキリした顔でスタジオを出ていく。

えっ？　これでいいの？　もう一回、聴きなおさなくて、いいの？

「あとは、これをダットに落とすだけですから」

ミズキさんは、後ろ髪をひかれる思いでスタジオをあとにした。

次の日、取材を頼まれているレコード専門誌から連絡がはいった。

「昨日、無事にダットをいただいてきました」

Tさんという編集の人が言う。

実は、この取材でもクイーン・レコードとの間にひと悶着あった。セルフ・プロデュース能力を遺憾なく発揮したミズキさんは、『水の幻想』プロジェクトのリリースを知りあいのTさんに送っていたのだ。Tさんは、同一テーマで本とCDを出すなんてとっても興味深い企画だと大乗り気になり、早速、なるべく早くオトがほしいんですが、と申し込んできた。

「まず第一弾として、CDが出る前に批評家の方にオトを聴いていただいて、九月号に紹介記事を書いていただきます。それで、十月号では、吉田さんのインタビューを掲載させていただきたいと思います。いかがでしょうか？」

いかがでしょうも何もない。大変ありがたいことだが、かんじんのオトなるものは、いつできるのか？

編集テープが出来た段階で、と思っていたのだが、何しろさっき書いたような顛末で、とても批評家さんに聴いてもらうような状態ではない。しかし、雑誌の締め切りは刻々と迫る。どんなに遅くても九月末日までに手に入れないと間に合わない。マスタリング完了と同時に、Tさんのほうでクイーンに出向いてダットを一本もらってくるという段取りになった。その報告の電話である。

「悪いけど、それ、一本ダビングして私にも送ってくれない?」

ミズキさんは頼んでみた。最後の最後を確認しないで帰ってきてしまったのが、どうも気になっていた。曲間は大丈夫だったろうか? 曲順は、本当にあれでよかったのだろうか。全体を聴いてみたら、また別の考えがあったのではないか。

「ひとつ、たいしたことではないんですが、ちょっと気になることがあります」

Tさんは言う。

曲目表をみると、十一曲って書いてありますよね。でも、インデックスが十本しかたってないんです。

「インデックスって、何?」

「ほら、CDを聴くとき、頭出しをする番号があるでしょう? あれです」

翌日、CD-Rの形でオトが届き、早速聴いてみた。

最初のリスト『エステ荘の噴水』。うん、なかなかさわやかでいいぞ。暑い夏の日に食べるレモン・シャーベットってとこかな。次、ラヴェル『水の戯れ』。ギャッ、つないだところにかすかな隙間があいてる。ドビュッシーの『オンディーヌ』。チキショー、機械の故障がなきゃ、もっといいテイクがあったのにな。

などと思いながら聴きすすみ、ついに、一番手こずったショパンの『バラード二番』。裏を知らない向きには、超絶技巧で弾いているように聞こえる。しめしめ。ゴキゲンのミズキさんは、次……と耳をすませた。リストの『ローレライ』。あれれ? 『バラード第三番』はどこ行っちゃったんだ! 何回聞き直しても、『バラ二』のあとは、『ローレライ』のレシタティーヴォが聞こえてくる。ウソ。

ショックはまだあった。最後のリスト『波を渡るパオラの聖フランチェスコ』。左右のオクターヴの交替がつづくところ、何だか、二重にかぶさったように聞こえる。楽譜を見ながら何回聴いても、やっぱりダブっている。

「うじゃー」

怒りでわなわなふるえたミズキさんは、ガンコ君のケータイに電話した。

「バラ三がないんですよ。それに、フランチェスコの最後がダブってて」

「何ですって？」

「だから……」

ミズキさんはもう一度説明した。キツネにつまれたみたいなガンコ君、それでも気をとりなおして、すぐに確認します、と言って電話を切った。

これが、「オンディーヌの呪い」第三、別名コンピューター・ミス。どうも、何かの手違いで、収録は十一曲なのに、インデックスを十本しか立てなかったらしい。それで、コンピューターのほうが勘違いして、CD-Rへのダビング中に一曲をとばしちゃったんだとか。

稀に起こることです、と言われた。

それはまだいいが、『聖フランチェスコ』のダブリは、マスター・テープそのものの問題。つなぎミスということだったが、ミズキさんがこの曲を最後に聴いたときは、断じて、断じてダブってなどいなかった。そのあとで、つまり、マスタリングをしている最中か、ダットに落としているときか、とにかく何かのときに文字化けに似た現象が起きてしまったのだ。これだから、コンピューターは信用ならない。

雑誌の批評家は、もう間に合わないので『バラ三』なしの批評を書き、無事記事は出来上がった。好意的に書いてあったが、大分苦労したらしい。

それでも、まだこの雑誌はよかったのだが、もう一冊のレコード専門誌は、オトが間に合わなかったので、結局紹介を載せてくれなかった。

間に合わないのはオトだけではなく、ジャケット写真のポジもあやうく間に合わないところだった。コンサートやCDのインタビューを掲載してくれる音楽雑誌が五誌、ギリギリまでスペースをあけて待っていてくれるのに、待てど暮らせど上がってこない。あなたの会社の商品のためにプロモートしているのに、オトとかジャケ写とか出したがらないって、いったいどういうこと？　ミズキさんサイドは大いに怒ったのだった。

6

「オンディーヌの呪い」第四弾と第五弾は、CDと本の発送のときに起きた。

普通、本やCDを出したときは、何冊、何枚かを事前に発送する。本やCDをつくるにあたってお世話になった方、書評家やレコード評論家、またそのメディア担当者、その他読んでいただきたい、あるいは聴いていただきたい識者の方々。

出版社やレコード会社の事情で、この冊数、枚数が変化するので、担当と相談の上、リストを作成する。著者や演奏家の知り合いが書評やレコ評の欄を持っている場合、個人的に頼んだほうが確率は高いから、そちらの名前で送ることもある。この場合は本やCDを会社持ちで出してもらえるが、そうではない場合、著者や演奏家が自腹を切る。CDは買い取り分があるから同じことだが、本の場合は、初版の印税がそのまま献本分に消えるときもある。

『水の幻想』は本とCDの同時発売だったたし、クイーン・レコードとM書房でそれぞれ出してもらえる見本の枚数、冊数、送付先が違ったので、このあたりが限りなく複雑だった。

本は九月二十五日発売だが、見本が上がるのは十八日。書評は競争だから、なるべく早く関係方面に発送したい。今回はCDと同時発売というところがウリなのだから、できたらオトもつけたい。M書房では、ブツさえあればこみで郵送しようと言ってくれた。クイーンにきいたところ、CDの見本盤は二十五日には上がるだろうとのこと。

ミーティングのとき、M書房がクイーンに次のような提案をした。十八日に三十セットの第一次発送を行う。これは出版社から出す形で、本も出版社持ち。このときは、CDはまだできていないから、CD-Rをつける。

二十五日に見本盤が来たら、やはり三十セットの第二弾発送を行う。こちらは、二十点が出版社持ち、残りはミズキさんの献呈本とする。

見本盤なら音はホンモノのCDと同じだが、C

D-Rはどうしても音質が落ちる。オーディオ・マニアに送ったら、モトが悪いと誤解されてしまうかもしれない。ミズキさんは、その点も考慮に入れて、十八日版と二十五日版の送付リストを作成した。

ところで、CDの見本盤の数について、ガンコ君と制作部長さんの言うことがくい違った。レコード会社がレコ評の評者や各担当記者に送る見本盤の数は、だいたい三十ぐらい。今回は、その他に本につける分があるから、倍の六十になる。

「大丈夫、少し余計につくらせましょう」

部長さんは、請け合ってくれた。しかしガンコ君は、「普通、見本盤はそんなにつくらないものですよ」と言う。とりあえず、「十八日発送分のCD-Rを三十枚焼いて下さい」と頼んだ。「わかりました」とガンコ君は言った。

十八日、ミズキさんがM書房に行くと、予定通り本の見本が出来上がっていた。表紙はウォーターハウスの『ヒュラスと水の精』。アルゴー船の乗組員だったヒュラスがとある島の泉に水を汲みに行くと、睡蓮の葉の間から水の精たちが次々に姿をあらわし、男を水の底にひきずりこんでしまうというエピソードを描いた絵だ。

CD-R三十枚も届いていた。ところが、ところが、おお、何ということ！　念のためにオトを聴いてみたら、相変わらず『聖フランチェスコ』の後半がダブっているではないか。

憤怒の形相ものすごく、クイーン・レコードに電話を入れると、ガンコ君、きょとんとしている。押し問答をくり返すうち、どうやら、何かの手違いで、前のマスター・テープをもとにCD-Rを発注してしまったらしいことが判明した。

「マスター・テープはちゃんとなおってます」

と言うが、とにかく、これでは使いモノにならない。ミズキさんは仕方なく、前にレコード専門誌の編集部で焼いたCD-Rをつけて発送してもらい、ひたすら二十五日を待った。

ところが……。その日になっても、クイーンからは何にも届かなかったのだ。

会社に電話すると、ガンコ君は出張で留守。発送を代行するはずだった女性は、何も知らされていない。見本盤は二十六日に届くとのことだったが、数が不明。

二十五日に発送予定だった書評家は、音にこだわる人が多い。だからコンピューター・ミスのCD－Rなどはとても聞かせられない。締め切りの関係で急ぐメディアだけ、一部に聴き苦しいところがあるとコメントをつけて発送する。どうしても見本盤を送りたい先には、保留の印をつける。こんなことなら、十八日に全部まとめてM書房で発送してもらえばよかった。

翌二十六日。見本盤はたしかにクィーンのほうに届いたが、その数はたったの三十枚だった。

カオリンからのメール。「今日届いた三十枚のうち、クィーンで使う二十五枚を差し引いた残りを、明日午前中必着でお送りするとのこと。依頼された三十枚はこれから発注をかけるそうです。早ければ二、三日、遅ければ一週間ぐらいかかるとのこと」

三十ひく二十五は……五。ガンコ君が言っていた通り、ハナから本と一緒に送る分の見本盤などなかったのだ。本とCDの同時プロモートなんて、クィーンは念頭に置いてなかったのだ。

あんまり腹を立てたので体中がガチガチになったミズキさん、翌朝届いた宅配便を受け取るために玄関に出ようとして、式台につまずいてころげ落ち、足首をねんざしてしまった。これが、「オンディーヌの呪い」第五。

それでも、正式のCDリリース日となる十月三日には、発注した三十枚の見本盤も、買い取り分の五百枚も到着するから、遅ればせながらすべての発送が済むはずだった。ところが……実際には、その日になっても、やっぱり何にも届かなかったのだ。

いや、CDはできたんだが、まず第一に、ミズキさんの買い取り分がなかった。「レコード店からの注文が予想以上に多く、それだけでプレスした分がはけてしまいました」とガンコ君は言う。そのころは千枚だと思い込んでいたのだが、実際には三百枚しか焼いていなかったのだから、当たり前だ。レコード専門誌では紹介記事を載せてくれたし、月刊誌や週刊誌はじめいろんなメディアでも宣伝していたから、普通より多く注文が来るはずなのに。

そして、見本盤三十枚は……届く以前の問題だった。

ふたたびカオリンからのメール。

「クイーン、やっぱり見本盤発注していなかった模様です。もう大分お送りしていますよね？とひとこと。見本盤をつくるには時間がかかります、とも。そちらの送付リストを見せてもらってから検討しましょう、というようなことを言われました」

ついに届かなかった見本盤。「オンディーヌの呪い」の中でも、これが一番こたえた。

次にミズキさんの頭を悩ませたのは、チラシの配布とコンサートのチケットやCD、本など個人用の注文の対応だった。

チラシは、刷り上がった時点で二十―三十枚ずつA4の封筒に入れ、挨拶状をつけて各音大や一般大学の知り合い、楽器店に送る。それぞれのチラシ・コーナーに置いてもらうためだ。

それでも、今回はポスターがないから、まだ楽だ。ポスターは、くるくる巻いて筒型にし、クラフト紙を巻いて小包にする。途中で折れたりしないように、できるだけ固く巻くのがむずかしかった。お相撲さんの下っぱが番付をひいき筋に送付している姿を見ると、ミズキさんはいつも親近感をおぼえるのだった。

買い取り分のCDも、できるだけ早く売ってしまわなければならぬ。同時に、コンサートの手売りのチケットも、なるべく早くさばきたい。

ミズキさんのコンサートの聴衆は、音楽雑誌を定期購読したり、頻繁にコンサートやレコード店に出かけたりする、いわゆるコアなクラシック・ファンではない。潜在的にクラシックは好きだが、わざわざお店に行ってCDを買ったり、プレイガイドでチケットを買ったりするのは面倒くさい、という人たちだった。ただコンサートのチラシを送ったり、CDを出しましたよ、本を書きましたよ、という案内をしただけでは、なかなかバックオーダーがない。

ミズキさんは、公演のたびに注文書をつくり、コンサートのチケットとともに、著者割引を利用してCDや本をダンピングした値段を書き、FAXとメール番号を記してファン・クラブの名簿宛てに送ることにしていた。

今回は東京・大阪の二公演あり、大阪は昼・夜の二ステージで、それぞれ指定席方式、学生券もあるから、メチャクチャややこしい。大阪の事務所から、招待客用に残しておくために真ん中の二列ほどを抜いたチケットが送られてくる。昼と夜の二種類の座席表もついている。

大阪分の注文書には、こんな葉書をつけた。

コンサート『水の幻想』

昼の部：一般券　　枚

学生券　　枚

夜の部：一般券　　枚

学生券　　枚

書籍『水の幻想』（割引価格二千五百円）　　冊

CD『水の幻想』（割引価格二千五百円）　　枚

ご住所・ご氏名

これで、二十三件の注文があった。

たとえば、Aさんは夜の部の一般券が四枚で本が一冊。Bさんは昼の部の一般券二枚に本が二冊、CDも二枚。Cさんは昼の部の一般券二枚、夜の部の学生券一枚、本が二冊にCDも二枚。Dさんは夜の部の一般券一枚に学生券二枚、本が一冊にCDが二枚。Eさんは夜の部の一般券が二枚に本が一冊、CDが四枚。Fさんは昼の部の一般券が一枚に学生券一枚とある。学生券は後方の席なんだが、たぶん親子だから隣にしてあげなきゃ。それと本が五冊、CDも五枚。Gさんは夜の部の一般券七枚だが、仲の悪い人がいるので、四人と三人というふうに席を分けてほしいとある。その後、再度連絡が来て、一枚追加、で五枚と三枚にしてくれないか、交友関係のためよろしくお願いしますとある。本とCDは二枚ずつ。Hさんは夜の部の一般券を六枚、本を四冊、CDは六枚。その他に前に出した本を二冊で、すべてにサインを入れてほしいとある。

ありがたい。本当にありがたい。しかし、実際問題として、発送は信じられないぐらい大変だった。音楽関係者には音のよい二階席を、一般のファンには弾く姿がよく見えるように、一階の前方席を選ぶ。ふりわけたら、座席表の選んだ席のところをぬりつぶす。ときどき、昼と夜を間違えたりする。そのうち、事務所から、プレイガイドで意外にチケットが出ているから、もう少し手持ちを送れ、と言ってくる。

東京公演の注文は、数が多いので葉書方式をとらずにFAXとメールで受け付けた。チケットとともに本とCDを注文してきた人が八十六件。コンサートには来られないが、本やCDはほしいという人が十七人。それぞれ分けて箱に入れ、コバちゃんとカオリンに家に来てもらって、一挙に発送することにした。

大阪と違って昼・夜、座席の問題はないが、何といっても件数が多い。本とCDの数がばらばらなのも、参った。数がそれぞれ違うということは、それを入れて送る袋の大きさも違ってくるということだ。ミズキさんは頭がくらくらした。

本の冊数、CDの枚数に応じて綿入りの封筒を三種類用意する。郵便振替用紙に口座番号と加入者名を記入し、注文の送り状を印刷したものも同封し、宛て名を書き、裏にミズキさんの住所のハンコを押して、ガムテープで封をする。

三人がかりで百二十六件を処理するのに、まる一日かかった。

CDがリリースされ、本が出版されると、コンサートのプロモートを兼ねて新聞や雑誌に取材を申し込む。ホンバンが十一月初旬ということは、少なくとも十月売りの雑誌に情報が載っていなければ間に合わない。ということは、仕込みは九月初め。

音楽雑誌のインタビューは、全部まとめて、ミズキさんの家の近くのサテンでやった。カオリンが各編集者に手配し、重ならないように一時間ずつ時間を指定する。吉田水城も偉くなったもんだ、とミズキさんは思うのだった。前は、自分から雑誌社に出向かなければならなかったのだから。

「ギオン」というその店は変なサテンで、普通のコーヒーとか紅茶のメニューに、クスリと新聞のコーナーもある。椅子も、変わっていた。ひとつは、ブランコになっている。坐ったままでこぐ、あのブランコだ。当然、坐っている間中ゆれて、非常に落ち着かない。でも、恋人同士は、公園のブランコでしゃべってるつもりになるんだろうか。もうひとつの椅子は、ベンチ式で、座布団が敷いてあるからわからないが、坐る部分がお尻の形にへこんでいる。これも、坐ってみて、「あ」と微妙なところに快感を感じたり……、なことはないが。

さて、最初の取材は『レッスンの友』だった。編集長みずからインタビュー。何しろ、編集部に三人しかいないのだから。

「今度のリサイタルは、CDと著作の両方の発売記念ということですが、両方並行してすすめられたというのは、スケジュールめちゃくちゃだったのでは?」

「もう、めちゃくちゃでした。五月の連休明けまでは本だったんです。で、八日に一応原稿渡して、あっ、四百字詰め四百五十枚分ですよ。それからえっこらさっとピアノ弾いて、六月十九日から三日間レコーディングで、それが終わったらすぐに本の初校ゲラが出てて」

「うわー」

編集長さんはいたましそうな声をあげる。いつもは、リサイタルの前は二ヶ月専念期間を設けて、連載があれば前だおしで書いておき、本があれば、校正を二ヶ月待ってもらって……と調整するんだが、今回は、同時発売だから、その裏ワザが使えない。

「CDの選曲を見ると、非常に珍しい、わざわざ集めないと、こういうふうにはならないですよね」

「完璧マニアックですよ。本がマニアックですもの」

「ショパンのバラードというのも、水に関係が？」

「そう。だからね、『レッスンの友』の「バラード特集号」を見て、必死で勉強しました。あったでしょう、ミツキェヴィッチのバラードとの関連をさぐった下田幸三さんの記事。あれがとても参考になって……」

「それは、嬉しい」

このあたりは、ちょっと雑誌にリップサービス。

「あとね、高橋多佳子さんの「バラードの弾き方」の記事。リズム練習の仕方とか具体的な練習方法を書き込んだ楽譜をね、ぱっちり譜面台の上に置いてね、その通りに練習したりして」

これは、本当。とりわけ『バラード二番』には、親指と人差し指の間をめいっぱい拡げて、ガタガタガタガタと上がっていくパッセージがある。親指の短いミズキさんは、ここがなかなかはまらない。和音をつかむだけで手が疲れ、途中ではたと止まってしまう。高橋さんの練習は、運動を分解したり、いろいろなリズムに移しかえたりして、なるべく無理がかからないで弾けるような工夫がされていた。

「ものすごく役に立ちましたよ。高橋多佳子さんは、とってもいい先生っぽかった。合理的で。『レッスンの友』さまさまですね」

「ありがとうございます」

編集長さんは、ニコニコ顔でお礼を言った。

「最近、文筆家の吉田さんとピアニストの吉田さんと、二人がひとつになってる感じですね。仕事の分量はどのぐらいの割合なんですか？」

「仕事は書くほうがずっと多いですよ。クラシックのピアノ弾きなんて、ほとんど商売になんないですから」

「書いていて、つまる、とかってことはないんですか？」

「ありますよ。そうするとピアノの部屋に行って、ピアノ弾くんです。で、弾くと、あらまぁ、私って何て下手なんでしょう、ってうんざりして、また書斎に戻るんですけどね。しばらくすると、いやぁ、まだピアノ弾くほうが楽だよなぁって、廊下をバタバタ走って、行ったり来たり。で、ある日、なぜかどっちかにいついちゃうんですね。書くほうが乗ってくると、行ったり来たりがなくなって、書斎ばっかり。ピアノが乗ってくると、全然書斎に行かなくなって、朝から晩までピアノに向かってて」

それで痣ができてしまったんだ。この件は『月刊B』に書いたら、えらく評判がよかった。楽器を弾く人間は、重さを支えるどこかに痣がある。ヴァイオリニストは、顎の下や首筋。キスマークと間違えられていやな思いをしたり、人によっては膿んで熱をもったり。ピアノ弾きは、それがお尻と腿の境目にできる。たぶん、固い椅子に尻っぺたをひっかけて何時間も練習するからだろう。

痣ができたところは、最初は少しざらざらして、次に固くなり、だんだんかさぶた化していって、かゆくなったり、ぴりぴり痛んだりする。お風呂にはいると、ずっと圧迫されていたお尻に血行が戻るのがよくわかる。正坐していたあとしびれが戻るのとおなじだ。

「さて、リサイタルはどんな構成なんでしょう？」

痣問題に思いをめぐらせていると、編集長が次の質問をしてきた。

「第一部は、〝音楽になった水の精たち〟と題して、私が自分で曲の解説をしながら弾きます。水の精にもいろいろあるんですよ。セイレーンやローレライは麗しい歌声で舟人を海にとび込ませてしまうし、ルサルカは水辺で待ちぶせして力ずくで水の底に引きずり込んじゃうし」

「えっ、水の精って、清らかでやさしい妖精じゃないんですか？」

編集長はカルチャー・ショックを起こしたらしい。

「もちろん、水は人類に恵みをもたらすすばらしいものですが、いっぽうで恐ろしい危害も加えますよね。水の精は、だいたい危険なほうの水の象徴なんです。漁師が人魚を見ると嵐が起きたり魚が捕れなくなると言われますし、湖や川の精も、人間を引きずり込んで溺れさせてしまうものが多いです。ルサルカっていうのはスラヴ民族の水の精で、溺れた若い女の魂がルサルカになるって信じられています。

日本にもいるじゃないですか。尻子玉をとってしまうカッパも水の精なんですよ。ほら、『古事記』に出てくるヤマタノオロチだって、水害の人格化でしょう？」

夢破れた編集長は、悄然と帰っていった。

レコード雑誌のインタビューは、もう少し専門的だった。

質問者は、高名な作曲家兼ピアニストの奥さまで、音楽学を専攻している。

「『水の幻想』という形で、CDも本もまとめられたのは、どのようなことがきっかけだったのでしょう？」

「本のほうは、博士課程にはいって最初に書いた『水の精と音楽』という原稿がもとです。私としては、とても好きな原稿だったんですが、どこにも採用されませんでした。いろいろな出版社のアンソロジーにかけてもらっても、全部落ちたし。それで、ある出版プロデューサーのすすめで二百五十枚に書きのばして、さる人の仲介でさる出版社の当時の出版部長のところに送ったんですが、ナシのつぶて。つい最近わかったんですけどね、全然封も切らないで机の抽斗にはいっていた。というわけで、最初に書いたものは全然本になってないんですよ。

音楽とか文学とか美術とか、話題が多岐にわたっているので、音楽系の出版社だと文学や美術のことが難しすぎるし、文学系の出版社だと今度は逆に音楽のことが専門的すぎるし、というわけで、ずっと出ないまま十二年ぐらいたっちゃいました」

「越境するって大変なんですねぇ」

インタビュアーさんはしきりに同情してくれる。

「最初に書かれた原稿ですが、そのときは「水の精」の曲が気に入ってお書きになったんでしょうか?」

「南フランスの音楽院に留学していたとき、クラス・レッスンでラヴェルの『オンディーヌ』を弾いたんです。そうしたら先生に、もっと色っぽく歌って弾けって言われて、何か知らないけどカチンときたんです。この曲は、色っぽく歌いたくないんだ、私は、という感じだったんです。

その、カチンがずっと残っていて、なぜだろうとずっと考えていたんですが、そのころは私はまだ音楽学の研究をしていなくて、普通のピアノの留学生だったので、全然わけがわからないんですね。調べ方とか。

で、その後、ドクター・コースにはいって、先生方から、いろいろな調べ物のノウハウを教わって、なぜカチンときたのかが、おぼろげながらわかるようになって、そのことを文章に書いたわけです」

「それで、なぜカチンときたのですか?」

「音楽雑誌の読者には、むずかしいかなあ。要するにラヴェルという作曲家が、当時はやりの人工楽園の美というか、何でもつくりものが好きだったんですよ。機械仕掛けのナイチンゲールとか、フェイクの絵、オルゴール。ラインの工業地帯を旅したときは、機械の音をすごく面白いと思って、これを素材にシンフォニーを書きたいと言ってます。本でも、リラダンの『未来のイヴ』というのがあって、発明王エジソンが、アンドロイド、つまり、ホンモノそっくりの人工美女をつくってしまう話なんですが、ラヴェルはこの話がすごく好きだった。そんなラヴェルがオンディーヌを音楽にするときに、マリリン・モンローみたいな生身の女性をイメージしたはずがない」

「つまり、文化的背景から割り出した解釈ということですか?」

「そっちが先じゃないんです。私の場合、先に直観がきます。それで、何だか知らないけど先生の言うことは違うんじゃないかと思って調べはじめたのがきっかけですね。

テキストをどう弾くかってことは、そのテキストの何に演奏家が反応したかってことなんです。

それが演奏家の自己主張なんですから。先生でも批評家でも、そこまで踏み込む権利はないはずだと思うのですけど。たとえて言うなら、クリムトみたいな女性の絵を描きたいと思っているのに、ルーベンスのようじゃないからダメと言われるようなものでね、こういうことは、多いですよ」

しゃべっているうちに、だんだんハラが立ってきた。

新聞のインタビューは、東京公演ではAとYの二紙だけだった。

Aは朝刊の文化欄で、記者は知り合い。本とCDが同時に出るときいたら、すぐにインタビューして記事を書いてくれた。

「ピアニストでエッセイストの吉田水城さんが、『水の幻想』と題した本とCDを同時出版した。「言葉と音楽」と「知性と感性」の融合を試みた企画だ。吉田さんは「BGMで音楽を聴きながら本を読んでもらえるようにしたかった」と話す」

記事が出たのはうれしかったのだが、A紙の朝刊文化欄は開設されて日が浅く、読者に認知されていない。コンサートの場合、夕刊にインタビューが載ったほうがまだ効果的だった。ミズキさんは、朝刊に出ても夕刊にも載るだろうとタカをくくっていたのだが、夕刊の担当記者から、朝刊と同じ内容のものを載せるわけにはいかない、と言われてしまった。

大阪公演のインタビューは、五紙全部で取れた。東京と違って手売りの見込めない大阪公演の集客は、新聞の地方版の記事だけが頼りだから、これは助かる。それにしても、東京ではとっくに集客に役立たなくなっている新聞記事や広告が、大阪ではまだ効くらしい。進んでいるというべきか、遅れているというべきか。

S新聞の文化部記者は、関西楽壇のヌシのような古株。のっけから、『水の幻想』を読んだけどさっぱりわからなかった、と言う。

「音楽畑の人には文学や美術のことがむずかしすぎるし、逆に文学畑の人には、演奏の専門的な記述が多すぎる、いったい誰が読むんですかね」

誰が読むかって言われても、最終的に三刷して、少なくとも五千部は出たんですけど。

記事のほうは、しかし手慣れたもので、ほとんどメモもとらずに聞いているのだが、ちゃんとツボを押さえている。

「ピアノも弾けるモノ書きなのか、モノも書けるピアノ弾きなのか、その両者を一体化しての見事な仕わざが時を同じくして成ったのを機に、コンサートは「どっちも売り」とばかりに周囲が組み立てた。〔……〕第一部「音楽になった水の精」ではトークも交え、第二部「きよらかな水、夢みる水、さかまく水」は練達のピアニズムがイメージをふくらませる。本のエッセンスを生の演奏で再構成する内容もユニーク」

N紙の記者さんは、若くてハンサムで、いかにもできそうな人。「自分で選んだ曲目なのに、コンセプトについて何も語れない演奏家が多すぎる」とか、もっぱら自説をしゃべって「インタビュー」が終了した。M紙の記者は、四月から新しく赴任してきた人。演奏家にインタビューするような部署に戻ってきたのは七年ぶりということで、緊張がみられた。

Y紙はクラシック担当が忙しく、同じ文化部なのだが、クラシックにうとい記者さんが出てきた。きっと基本的なことがわからなくて苦労すると思いますと事務所の人は言っていたが、これが意外によかった。つまり、記事を読むのは予備知識のない人がほとんどなのだから、素朴な疑問にミズキさんが答える形のインタビューは、きわめてわかりやすいものに仕上がった。

「水を映したクラシック」というタイトルも、いかにも読者数日本一を誇るY新聞らしい大衆性をねらったもの。

「「水は形や温度が変わっても、本質は変わらない。いろんな活動をしている私も水に似ていて、親近感を覚えます。〔……〕水をテーマにしたピアノ曲は少なく、ポピュラーなものを探すのは大変でした。クラシックは難しいと言われますが、身近な水をテーマにすれば、聴衆とのコミュニケーションがとれそう。水の情景が浮かびあがってくるような演奏をしたい」と話す。ラフマニノフの『バルカローレ』はロシアの暗い空が映った水、リストの『エステ荘の噴水』はイタリアの空を映した、きらめくような水を表している。ラベルの『水の戯れ』は夢にあらわれた神秘的な水、ドビュッシーの『水の反映』は水面に映った木々や空を表現。「変幻自在の水のイメージをどう弾き分けるか、楽しみにしてほしい」と抱負を語る」

等々、なかなかきれいにまとめている。これで、ずいぶんチケットが動いた。

最後にインタビューしてくれたA紙のクラシック担当のSさんは、前に東京でリサイタルを開いたときも話をきいてくれた人。アーティストと読者の仲立ちをするような記事を書く名人だ。

「吉田は、「ピアニストとして指で直観したことを実証したいという思いが、研究し、書くことの原点」と話す。ヨーロッパの文化史の中で「水の精」がどう表現されてきたかを追った研究書『水の幻想』を九月に、連動して同タイトルのCDを十月に出した。「書く私と弾く私を一つに結びつける試み」と吉田。今回のコンサートもその一環。〔……〕「音の粒がきらきら光る」と吉田が描写するリスト、その系譜を受け継ぐラベル。「ふわりと立ち上る霧のような」ショパンとドビュッシー。作曲家たちがどんな風にピアノを弾いたか、その技術がどんな風に作品に反映しているのか。書籍で分析したテーマを、トークもまじえ、ピアノで解き明かす」

大阪公演の二日前に出たこの記事で、チケットは大きく動き、やっと半分は埋まりそうな見通しがついた。

7

リハーサルに行くと、ピアノがやけにでっかくみえる。これは、いつもそうだ。

ミズキさんが家で弾いているピアノより大きいのは、当たり前だ。コンサート・グランドは、尻尾がずっと長い。大阪公演で使うベーゼンドルファーは、キーも九個ほど多い。しかし、そういう物理的なことではなく、何だか、いつも慣れ親しんでいるピアノ、四歳のころから弾いてきたピアノ、何がどこにあるかよく知っている楽器ではなく、何だかよそよそしい、未知の機械のようなとりつくしまのない感じがするのだ。

こんなもので、本当に音楽が奏でられるんだろうか？ それも、たった三時間後に。

そんな気おくれも、プレッシャーがさせることだ。

椅子に坐り、鍵盤に手を沈めてみると、安心する。

「あ、うん」

共通の言語をしゃべる、コミュニケーションをとれる楽器だ。

それが、普通だ。

ところがそのときは、「ん？」。

ミズキさんが選びに選び、こだわりにこだわって運ばせた楽器だったのだけれど。

演奏する楽器を持ち運べないピアニストは、あるホールで演奏するとき、あらかじめ試弾しておく。そのホールのリハーサル時間に、ステージにピアノを出してもらって、プログラムを弾いてみる。費用も、だいたい本公演の半分ぐらいにおさえられているのが普通だ。ところが、フェニックス・ホールはこの試弾ができない。使うなら、本公演なみの費用を払ってくれと言われる。

フェニックスで弾いたことがなかったミズキさんは、知り合いに電話してピアノの感触をきいた。東京と関西の調律の加減が微妙に違い、そのために楽器も荒くなっている。響くホールなので、スタインウェイだと鳴りすぎてしまい、何かとうるさくなるようだ。ヤマハで弾いたほうがいいのではないだろうか。

調律の問題もあった。ミズキさんは、コンサートやレコーディングのときはSピアノに依頼する。ところが、フェニックスのピアノはJ屋から購入したものなので、他の調律を頼む際は、J屋の調律師が形だけ立ち会うことになる。その費用が、ダブルでかかるという。

うーん、いろいろ考えた末、ミズキさんは、東京で弾くときよくレンタルするベーゼンドルファーのインペリアルという超特大のピアノを運ばせることにした。ところが、ホールに問い合わせると、エレベーターの関係で、インペリアルの下のフルコンサート・モデルしかはいらないという。ベーゼンに電話して、フルコンのレンタルはないかときいてみた。浜松に一台だけあるらしい。それを試してみよう。

ミズキさんは、大阪の音大に教えに行く途中で浜松、正確に言えば磐田のベーゼンの本社に立ち寄り、スタジオで二時間ほどそのピアノを弾かせてもらった。タッチの深さもころあいだし、音もきれいでよいピアノのように感じられた。

今、手の下にあるのはそのピアノのはずなのに、なぜかしっくりこない。とくに右手の親指を弾くとき、妙な違和感がある。まるで、豆腐の中に包丁がはいっているような。

たぶん、移動したためにピアノの機嫌が悪いのだろう。ホール備えつけのピアノは、いつもそこで使われているから状態が安定しているし、ホールの空気にもなじんでいるが、運ばせたピアノは、まず運ばれたことにハラを立てていて、なかなか本来の機能を発揮してくれないものである。

「吉田さん、マイクテストお願いします」

スタッフが声をかけた。

「ヘアバンド方式は結局なかったの？」

音響技師がアームつきのマイクスタンドを運んできたのを見て、ミズキさんは言った。

「すみません、ウチのホールでは備えつけてなくて」

年がいもなく松田聖子ファンのミズキさんは、彼女がいつもつけて舞台をとびまわっているようなヘアバンド方式のマイクがほしい、と、伝えておいたのだ。

「これしかないんですよ」

技師さんは、ピンマイクとワイヤレスのハンドマイクを見せて、言った。

ピアノを弾いてトークをする場合、いろんな問題がある。シンガー・ソングライターのようにピアノを弾きながら歌うときは、技師さんが運んできたようなスタンドにワイヤレスをとりつけて、アームを鍵盤上に斜めにのばす。でも、まじめにピアノを弾こうとすると、アームが邪魔になる。

朗読家やアナウンサーのようにずっと客席に向かってしゃべっているなら、ピン・マイクをドレスの襟にとめておけばよろしい。この場合、男性はズボンのベルトに発信機をとりつけるが、女性はスカートのウエスト部分とかワンピースのベルトとか、とにかく何かはさむものが必要だ。

ミズキさんは、ピアノを弾きながら話をするわけでも歌うわけでもない。弾いている途中で手を止め、要点を説明しながら弾く。あるいは、全部弾き終わってから客席に向かってしゃべる。姿勢が始終変わるので、マイクが音を拾いにくいときがある。おまけに、スイッチ・オンのままでピアノを弾くと妙な雑音がはいるから、スタッフがいちいち操作しなければならない。気まぐれなミズキさんは、しゃべっている途中で突然ピアノを弾きはじめたりするから、なかなかタイミングが合わない。

その点、ワイヤレスのハンドマイクは便利だ。その つどスイッチをオンにしたりオフにしたり、自分のペースでしゃべることができる。いつものトークコンサートではそうしているのだが、いくら軽くても、ずっと持ち上げていると、腕が重たーくなってくる。そして、マイクを譜面台に置き、ピアノを再開したときに、手指に違和感が残るのだった。

だからヘアバンド方式が一番いいわけだが、クラシックのドレスには合わないからといって、マネージャーは反対した。

「これでやるよりないですね」

ミズキさんは、シンガー・ソングライター式のスタンドマイクを選んだ。ピアノを弾きつつしゃべるときは、アームを鍵盤の上に持ってくる。全曲通して弾くときは、脇におしやる。ところが、このアームの具合が悪く、しゃべっている間にどんどん下がってきてしまう。おまけに、どんなに置く場所を工夫しても、ピアノを弾いている途中で、スタンドが視界にはいる。

ああでもない、こうでもない。寝坊で少し遅れて到着した上に、マイクテストに時間がかかったために、かんじんのプログラムを練習するひまがほとんどなかった。ミズキさんは、鍵盤の中に包丁がひそんでいそうなピアノと折り合いのつかないまま、リハを終えた。

本番のちょうど一時間前、ドレスを着はじめる。昔のミズキさんはけっこうおしゃれで、ステージ・ドレスも必ずあつらえさせていた。店で気に入った布地を買ってきては、自分で簡単なデザイン画を描き、知り合いの仕立屋さんに縫ってもらうのである。生地はシルクではなく、ポリエステルなど化繊のぺろんとした布のほうが発色が鮮やかでよろしい。花柄が好きなミズキさんは、紺地に大きなハイビスカスの花柄、うすいブルーに色とりどりの小さな花が飛んだものなど、数えきれないほどの花柄のドレスを仕立ててもらった。しかし、かんじんの仕立屋さんが仕事をやめてしまい、ついに既製服を着るようになる。

最初のうちは自宅近くのドレス専門店で買っていたが、その店もなくなってしまった。ちょうどうまい具合に、世の中の女性たちがみんなロングスカートをはくようになって、普通の洋品店でも十分にステージ衣装に使えるものが見つかった。

ミズキさんには、リサイタルのときのジンクスがある。ドレスを着てメイクをすませ、ライトをつけた大鏡の前に立ったとき、きれいに見えればその日の演奏は必ずうまくいく。対して、全体のイメージがなぜかまとまらない、髪がちょっとうまくいかないとか、ドレスの色あいがもうひとつとか、メイクののりが悪いとかいうときは、演奏もどこかピントはずれになってしまうものだ。

ジンクスは、もうひとつある。リハーサルがうまくいった日の演奏は今イチで、リハーサルが今イチとか、ボロボロのときの演奏は必ずうまくいく。『水の幻想』大阪公演は、立ち姿がまとまり、リハーサルがうまくいかなかったので、三段論法的にホンバンはうまくいくはずだった。

ホンバン前というのは不思議なもので、どんなに間際になっても、少なくとも今ではない、と自分に言い聞かせて気持ちを落ち着かせる。プレッシャーを感じているか感じていないかは、お腹の具合でわかる。出番十五分前にトイレに行く。トイレがついている楽屋は少なく、ドレスを着たまま廊下をうろうろするのは嫌なものだが、仕方がない。

お腹がゆるんでいるときは、整腸剤を飲む。黄色くて苦いのを、四錠。

腕は、たいていどこかは痛い。インドメタシン配合のジェルを塗る。これを塗ると、腕がてかてかして、乾くとのり状になるので、腕をむき出しにしたドレスの場合は、ちょっと困る。そういうときは、同じインドメタシン配合の湿布薬を貼る。出番ぎりぎりまで。

手が冷たいときは、洗面所にお湯を張り、手首から先を浸す。あったまったところで、手袋をはめる。肩にショールをはおる。

このあたりで、たいていマネージャーが、五分押しです、と伝えにくる。

欧米のコンサートは九時はじまりが普通だが、日本では七時。つとめ先から来る人は、どうしてもぎりぎりになってしまう。大都市でのコンサートは、客席の入りをみてだいたい五分押しにするのが普通だ。

そんなわけで、七時ちょっと前、ミズキさんは、もう一度鏡でドレスとメイクの確認をした。

マネージャーが呼びに来る。「はいっ」と元気よく返事をして、廊下に出る。

フェニックス・ホールの入口は、窓辺にあり、外の景色がよく見えた。いい天気だった。入口前には、調律師と舞台係の人、ステージ・マネージャーが待機している。

「明かり、お願いします」とマネージャーが言う。舞台係が電話で指示する。ドアがさっとあく。「お願いします」と声がかかる。ミズキさんは、舞台用の笑顔を浮かべて歩き出した。

プログラムの最初は、ラヴェルの『オンディーヌ』とドビュッシーの『オンディーヌ』をつづけて弾いた。トークを入れるコンサートの場合、しゃべっている間に集中力がとぎれたり、疲れてしまったりすることを計算に入れておかなければならない。とくに、ラヴェルのように書法が極度に精密な曲は、あんまり疲れていないうちに弾きたかった。

「オンディーヌといいますのは、もともとラテン語で波をあらわす「ウンダ」にもとづくウンディーネという水の妖精のフランス語読みで、命名者は十六世紀スイスの錬金術師パラケルススです。水の妖精ウンディーネは、人間のような姿をしていますが、キリスト教でいうところの永遠の魂をもたず、三百年ほどの寿命がつきると塵になってしまいます。ところが、人間の男と結婚すると、寿命はずっと短くなりますが、天国で永遠の生を生きることができるようになるのです」

これが、ドビュッシーのほうの『オンディーヌ』のルーツだ。直接のイメージ源は、ド・ラ・モット・フケーの『ウンディーネ』を絵本にしたアーサー・ラッカムのイラストだけどね。人間になる前の、おきゃんで気まぐれな水の精。ときどき、歯をむいてかみつきそうなところもあって。次は、ラヴェルの『オンディーヌ』のもとになったアロイジウス・ベルトランの散文詩。

「湖の底、水晶の宮殿に住む水王の娘オンディーヌは、うちふるえる雫となって男の部屋の窓にはりつき、ささやく声で、自分の指輪を受け取り、水界の王となって自分とともに水中の国をおさめようと誘います。そこで男が、自分は死すべき人間の女が好きだ、と答えると、ふられた水の精はたちまちひきつったような笑い声とともに水滴となって消え去ってしまいます。ラヴェルのピアノ曲は、本当にこのままの情景をあらわしていると思います」

それから、最初のトレモロの弾き方を解説する。ミケランジェリやポゴレリッチのように水の粒をキラキラさせたいときは、指の根元のバネを使う。アルゲリッチのように響きを混ぜたいときは、鍵盤の浮き沈みを利用して、ハーフタッチで弾く。ミズキさんはこれを、波乗り弾きと呼んでいる。

客席では、プログラムにペンを走らせてノートをとっている人もいる。

「水の擬人化である水の精には、いろんなタイプがいます。私は本の中で、彼女たちを、誘惑の方法別に四つに分類してみました。ベルトランの『オンディーヌ』は〝出かけていく女〟、フケーのウンディーネは妖精世界に〝網をはる女〟です。このあたりの読み方で男性と女性の反応が大きく違いました。女性のほうはご自分にひきつけて読んで下さったようですが、男性のほうは「ちょっと参ったな」という感じだったらしいです。実は、この分類を思いついたのは、テレビで女優の草笛光子さんが「私、自分から出かけていかないの。網をはる女なんです」っておっしゃっていたのが印象的だったからです。草笛さんは、一時期作曲家の芥川也寸志さんと結婚なさっていたことがおありですよね。そのときの草笛さんの目は遠くを見るようで、ああ、芥川さんも網にひっかかった一人だったんだな、と妙に納得したものです」

ここで、予定通り笑いが来た。

「女性なら誰でも、自分の網に男性がひっかかった瞬間を肌で感じたことがおありだと思います。でも稀に、とっても美人で性格もよいのに、全然気づかない方がいらっしゃるんですね。これが一番こわい。男性はどんどん深入りしてしまう。女性は、ある日突然気づいて、「あら、どうなさったの？」ということになる。男性のほうは、自分はこんなに燃え上がっているのに悪い女だ、となじる。でも女性のほうでは、「私、何も悪いことしていないのに」となる。これが、恐ろしい〝何もしない女〟です」

午後のお客さんは主婦層が中心なので、このあたりで客席は大いになごみ、ピアノが弾きやすい雰囲気になってきた。

リストの『ローレライ』を弾き、詩の内容を説明したあと、ショパンの二つのバラードに移る。これは、「ひきずり込む女」だ。

「前半の最後は、一説には水の精の物語と言われているショパンの『バラード第二番』と『第三番』です。もとになったとされている詩は、同郷の詩人ミツキェヴィッチの『バラードとロマンス』の二篇です。二番のほうは、リトアニアのシフィテジという湖にまつわる哀しい物語。あたり一帯をおさめていたトゥハン一族の城がロシアの軍隊に攻め落とされて湖になり、女たちは水辺の花に姿を変えます。ロシア軍の兵士がその花にさわると、恐ろしい疫病に冒されたといいます。

三番は、同じシフィテジの湖のほとりに出没する森の乙女の物語です。森の狩人はこの乙女に永遠の愛を誓うのですが、乙女と別れて湖畔を散歩するうち、湖上に白鳥のように輝く湖の精があらわれます。男はすっかり誓いを忘れ、湖の精の白い手を握ろうとした瞬間、さっきの乙女と同一人物だったことを知ります。たちまち水は二つに裂け、狩人は奈落の底に引きずり込まれてしまいます」

ショパンがミツキェヴィッチのバラードに曲をつけたという証拠は、実はない。しかしミズキさんは、初めて『バラード』を弾いた中学生のころから、ほとんど直感的にこのことを確信していた。

とくに、二番。揺れるようなリズムの牧歌的な主題と、滝のように激しく落ちてくる主題の対比は、水の二面性を象徴しているかのようだ。怒濤のようなクライマックスのあと、その余韻の中で、何ごともなかったようにまた牧歌的な主題が再現されて終わる。ちょうど、どんなに荒れ狂っても、また何ごともなかったように静まりかえる湖のように、ミズキさんには思われた。

後半は、リストの『エステ荘の噴水』から弾きはじめた。

「リストは、若いころはさんざん放蕩をしまくっておいて、晩年に剃髪してお坊さんになったのですね。まるで、瀬戸内寂聴さんみたいですね」と言ったら、午後ステージの客席には大受けした。

剃髪するとき司祭をつとめていた僧侶の配慮で、リストはエステ荘に滞在を許されていたのだ。ローマ郊外ティヴォリの丘の上の別荘。「百の噴水」や「水オルガンの大噴水」「龍の噴水」など、大小五百もの噴水が斜面を利用した庭園をいろどっている。

『エステ荘』が書かれたのが一八七七年。それから八年後の一八八五年、ドビュッシーはローマ賞を得てメディチ荘に留学します。リストが亡くなったのは八六年ですが、ドビュッシーはリストの演奏を聴いていて、「彼はまるで呼吸するようにペダルを使った」と語っています。リストというとオクターヴの連続とかトレモロとか、バリバリしたヴィルトゥオーゾの印象がありますが、ピアノの上の方の音をきらめかせたり、ペダルで音を混ぜたり、印象派ふうのピアニズムのルーツでもあるんですよね」

リストの『エステ荘』をひっくり返して属九を長七にしたのが、ラヴェルの『水の戯れ』だ。まず属九の和音を鳴らし、一番上の音を半音下げて鳴らしたまま、ベースの音を変えて長七の和音に変わったのを確認したところで、そのまま『水の戯れ』を弾いた。

『エステ荘』と『水の戯れ』は、フランス語で言うと『ジュー・ドー』でまるで同じです。でも、ひとつだけ違うところがあるんですね。リストの水は複数なんだけど、ラヴェルの水は単数なんですよ。リストの曲のように大音響、大量の水は必要なかったということでしょうね」

こんな話をすると、客席でうなずく人がたくさん見える。

「次はドビュッシーの『水の反映』です。『戯れ』は一九〇一年、『反映』は一九〇五年。ドビュッシーとラヴェルではドビュッシーのほうが十三歳も年上なんですが、革新的なピアノ技法という面では、ラヴェルが先んじていた時期がありました。両者の水の表現の違いと、それにともなうピアニズムの変化も面白いですね。ラヴェルは水を直接的に描写したのに対して、ドビュッシーのは間接的、象徴的なんですね。タイトルからして『水に映る影』ですから。水面に映る空の色、雲の流れ、木々の影。それを眺めている作曲家の心のうつろいなどが描写されます。たとえばラヴェルの水を弾くときは、指の根元の関節のバネをきかせて、水の粒ひとつひとつを表現したくなります。対してドビュッシーのときは、なるべく平たい指を使って、指の腹でじんわりタッチし、すべての音がきれいにハモるように工夫します。これをとりちがえると変なことになりますよ」

　実際に、ラヴェル風の『水の反映』、ドビュッシー風の『水の戯れ』をやってみせたら、もう客席は大爆笑。

「もうひとつ、ドビュッシーとラヴェルの水で違っているのは、全音音階の使い方です。全音音階とは、すべての音が全音関係にある音階で、こんなにたくさんの鍵盤がある中で二種類しかできません。ラヴェルは、『水の戯れ』の中で、ほんの一瞬しかこの音階を使っていません。対してドビュッシーは、色調を暗くしたいときはこの音階を使っています。たとえば、『水の反映』のクライマックスで、ベートーヴェンの『皇帝』協奏曲のように輝かしい変ホ長調のアルペジオのあとで、ふっとかげるところがあります。ここが、全音音階を使っている部分です」

　こんなふうに説明してから二曲をつづけて弾く。

「最後に三種類の水をお聞かせしましょう。ラフマニノフの『舟歌』は、ロシア風の暗い水の代表として入れました。スラヴ系の水の精ルサルカは、水を映す空の色によって姿かたちや性格を変えます。ドナウ地方のルサルカは、美しい姿をして、霧のような衣装をまとってあらわれ、人間の男をその魅力で誘惑します。でも、北部ロシア地方のルサルカは、溺れた若い娘の魂で、青ざめた顔に邪悪な緑の目を光らせ、髪はざんばらで、いつも裸です。こんな容姿ではとても男を誘惑できないため、水辺で待ちかまえていては、力ずくで水の底に引きずり込んでしまいます。

　フォーレの『シチリアーナ』は、ドビュッシーもオペラを書いているメーテルリンクの『ペレアスとメリザンド』にもとづく管弦楽組曲の一部です。フルートやチェロでもよく演奏されますし、CMにも使われていますね。ジャンケレヴィッチはフォーレの水を「眠る水」と表現しています。

　リストの『波を渡るパオラの聖フランチェスコ』はさかまく水です。この曲はキリスト教の聖人の伝説にもとづいています。シチリア島を隔てるメッシーナ海峡に立った聖人が荒れ狂う海の上にマントを投げかけると、たちまち波が静まって渡ることができたといいます。ところで、聖人の前にお弟子さんもマントを投げかけたのですが、お弟子さんのマントは新しくてバリッとしていたのに波はおさまらず、聖人のマントはよれよれだったのに波がぴったりおさまったということです。この話をきいた私は、どうしてお弟子さんのほうのマントが新品で、お師匠さんのマントがよれよれだったのか、とっても悩みました」

場内が笑いの渦につつまれたところで、ミズキさんは三曲をつづけて弾いた。しゃべったあとなのでスタミナ切れを起こし、『聖フランチェスコ』のクライマックス部分では、あやうくさかまく波にのみこまれてしまいそうになった。前半も後半も、最後になってちょっとミスが目立った。

大阪のホテルに着いたミズキさんは、ちょっと寂しくなってカオリンの部屋のドアを叩いた。応答がない。ケータイにかけてみた。

「もすもすー」

何か食べてるようなしゃべり方だ。周囲もざわざわとさわがしい。

「どこにいるの?」

「片づけ終わったあと、事務所の人たちに誘われて飲み屋に来てるんですよ」

「皆さん、一緒?」

「ええ、四ヶ所全部終わって」

「あっ、行きたい、行きたい」

場所は、ホテルを出て商店街を歩いてすぐだという。

ミズキさんは、いそいそと出かけて行った。のれんをくぐると、カウンターだけの小さな店にぎっしりお客さんがはいっている。

「どうぞ、どうぞ」

大阪の事務所の社長さんが、隣をあけてくれた。社長さんの横には、ちょっと上体がふらふらしたカオリンがいる。ミズキさんの隣は、これも出来上がったお姉ちゃんだ。

ヒヤ酒を頼んで、乾杯した。

「お疲れさま」

「お世話になりました」

一応、あいさつする。

「センセ、私らずいぶん勉強になりましたよ」

隣のお姉ちゃんが言う。

「普通のコンサートじゃ考えられん人が来てはりましたわ」

「そうですか？　どんなふうに？」

「いやぁ、おじいちゃんが、電話してくるんですわ。新聞見た言うて。でも、コンサートのチケットなんて買うたことないから、どうしたらいいねんて」

「まるで、いつもと客層違う？」

「そうなんですよ。センセのこと、本書く人や思うてはって、ピアノ弾くいうんでびっくりしてはったわ」

「あっ、そっちからはいったお客さんね」

「だから、フェニックスもわからん、何もわからん。えらい、手間かかりましたわ。そんな人、ようけいはりましたわ」

「それは、どうもご苦労さま」

「このへんで、前売り当日合わせて二百枚近くもチケット売れる人、誰もおらへんもの」

「でも、ほら、音大はひと月に一度来てるだけだから、手売りのチケットが全然出なくて」

「関西はとくにそうですわ。知り合いしか買うてくれはらへん」

お姉ちゃんは、言う。

「だから、地盤沈下するんやわ」

「でも、私は関西のピアノのほうが好きだな。たとえばパーマ屋さん行くとするでしょ。シャンプーのとき、「かいいとこありませんか？」ってきかれるじゃないですか。それで、東京の人は見栄っ張りだから、「どこもありません」て答える。関西人は実際的だから、かゆいところがあったらどんどん言う。その違いが、ピアノにも出てるような気がする」

「関西のほうが、心やすいでっしゃろ。気持ちが開いてるいうか」

「そう。でも、音楽ってコミュニケーションだもの。たてまえばっかりだったら、何のために弾いてるのかわからない」

「昼と夜のお客さんて、どうでした?」

「うーん。昼のほうがノリはよかったかな。草笛光子さんとこで笑いが出て」

「夜は、真面目な感じでしたよね」

「そう。前半はどうなることか、って感じだった。ノートはよくとってくれるんだけどね。でも、後半、リストが瀬戸内寂聴さんに似ているってとこで、昼より夜のお客さんのほうがうんと笑ってくれて、あれでやっと楽になった」

何のことはない、ピアニストではなくお笑い芸人である。

「音はね、やっぱり夜のほうがよく鳴ってましたよ」

「だんだん楽器が慣れてくるのね、ホールの空気に。あと、昼が終わったあと、友人のピアニストに、ピアノ弾くときは譜面台をおろしたほうがいいってアドバイスされて」

「やっぱり違いまっか?」

「そう。蓋されちゃって音が十分出きらないみたい」

「サイン会もようけいはったそうやねぇ」

社長さんが言った。

「なんかねぇ。昼休みの銀行のATMの前みたいでしたよ。渦巻いてて」

「どのぐらい出ました?」

カオリンが「えっとね」と言って、メモを出した。

「『水』の本が五十五冊、ほかの四冊が計四十一冊、CDのほうは『水』が五十四枚、他の三枚は二十五枚です」

パチパチパチ、とスタッフの間で拍手が起きた。

「お客さんは昼・夜合わせて三百人ぐらいかなぁ」

「そうですね、だから、半分以上の人が何か買って下さったことになりますね」

「ピアニストの友達にね、そんなにサインしたら腕が疲れて次が弾けないんじゃないかって言われた」

「実際、どうなんですか？」

「反対ね。ピアノ弾いたあとって、手がふるえてうまくサインできない。だから、みんなぐちょぐちょのサインで、喜んでいただいて申し訳ないような感じ」

「センセみたいな活動て、ほんま新鮮でしたわ。これかもどんどんどんやらはって」

どんどんねぇ。ミズキさんは、この騒動がもう一度くり返されるのかと思うとうんざりした。

8

「十一月になった日の夜にしてはあたたかかった。ロビーには、サインをもらおうとピアニストのCDや著書を手にした人たちがたくさん並んでいる。わたしはホールを出て、御堂筋を梅田に向かって歩きだした。交差点まで来て歩道橋を上がろうとしたとき、すぐ後ろで「やっぱり、ゲンガクテキよね」という若い女の声がした。「ゲンガクテキ」はたぶん「衒学的」だろう。教養をひけらかしている？　それは、音楽を聴いたあとの感想にしてはとても変だ。でも、今夜ばかりはよくわかる。ピアニストは呆気にとられるくらい、曲目の合間にぺらぺらとしゃべりまくっていた。

〔……〕でも、わたしはピアノを聴きにきたのだ。演奏はすっかりおしゃべりに埋もれていた。

「あほかいな」と夜の御堂筋を歩きながら思った。高い評価を得るだけの演奏活動をしていても、彼女は鍵盤だけでは足りないのだ。「ナントカ一筋」の人が持たれる好感をソデにして、ペンをとって本も書き、しゃべりまくる。数曲のアンコールのあとで、サイン会のPRまで自分の口からしてしまった。「衒学的」と若い女は言っていたけれど、違うな。そんなもったいぶった、お高い感じとは違う」

大阪のコンサートから三ヶ月ぐらいたったころ、ある同人誌が送られてきた。送り主は同人の一人で、筆名はミス・マープル。この記事を書いたのも、マープルさんだった。

マープルさんは、わざわざレコード店に行って『水の幻想』のCDを買い、アルゲリッチやミケランジェリのCDと聴き比べている。「二人のピアノは、才気煥発で個性が勝っていて一音一音がビンビンこちらに主張してくる感じ。吉田水城のピアノはそれにくらべると、ずっとニュートラルでおとなしやかに聞こえるけれど、音色の透明度がすばらしく、曲の盛り上がりや緩急のコントラストを無理なくしかも鮮明に手渡してくれる演奏である」。

マープルさんはミズキさんの本もたくさん読んでいて、読み方もかなり好意的だ。要するに、コンサート・ホールではゆっくり音楽を聴き、理屈は家に帰ってゆっくり本を読めばいい、という意見らしい。

「流麗でノーブルな清冽さを印象づける演奏。多方面への関心と教養、思いきりのよさと大胆な発想の展開が評価される著作。そして、時にお上品とは言い難いへらずロが飛び出すおしゃべり。これらをひとつの舞台に乗せれば、互いが互いの持ち味を打ち消すことだってある」

もちろん、その通りだ。マープルさんのように、放っておいても本を読んだりCDを買ったり、新聞記事を見ただけでコンサートに来てくれたりするお客さんが六百人いれば、ミズキさんだって、好き好んで演奏のクオリティを落としてまでステージでしゃべりはしない。問題はそういところにはないのだ。「高い評価を得るだけの演奏活動をしていても、彼女は鍵盤だけでは足りないのだ」というマープルさんの言葉を、「それだけではホールを埋める聴衆を獲得するには至らないのだ」に変える必要がある。

クラシックのマネージャーが集客で真っ先に考えるのは、クラシック音楽は「わかりにくい」から、「親しみやすく」するためにトークを入れる、つまり、音を言葉で補足するというものだ。たとえば、ミズキさんが地方のさるホールでドビュッシーのバレエ音楽『おもちゃ箱』を弾くことになったとき、ホール側から出された条件が、ナレーターに誰か「有名人」を連れてくること、というものだった。ミズキさんは、知り合いの文化人を何人か推薦したが、みんなはねられてしまった。専門の領域だけではなく、新聞や雑誌でも大活躍している人たちだったが、クラシック関係者には知名度がないらしい。ホールの事務局が出してくる名前は、テレビで顔を知られているタレントやアナウンサーばかりだった。

今回は、自主公演だったから、ミズキさんがしゃべるだけでこと足りたのだ。クリエーションからは、商売にならない公演のマネジメントは引き受けない、と言われている。それまでの経緯から、他の音楽事務所でミズキさんの公演をマネージしてくれそうなところがないのはわかっている。今回のプロジェクトでは、どうしても赤字を出せなかった。お客さんを集めるにはどうするか？　しゃべるに限る。トークがはいると、「親しみやすい」イメージが高まり、手売りのチケットも売れ行きがよくなる。

プレスへの売り込みも、ただのピアノ・リサイタルでは反応がにぶく、新聞記事になりにくい。新聞記事にならなければ、プレイガイドのチケットも売れない。

加えて、今回は、五百枚のＣＤを売らなければならないという使命もあった。コンサートにトークを入れたときと入れなかったときでは、物販の数字が三倍ぐらい違う。

つまり、ミズキさんがしゃべらなければ、コンサートそのものが成立しなかったのであり、ミス・マープルさんも聴きにこられなかったというわけだ。こういう悲惨な状況というのは、そもそも、日本にクラシック音楽が根づいていなくて、演奏家たちが社会から締め出されていることから起こるのだ。ミズキさんに「あほかいな」と言われても困る。ミズキさんはアホではない。アホではないから生き残っているのだ。

大阪のアンケートも少し紹介しておこう。アンケートを書く人は、だいたい好感を持ったから書くので、ここに出てくる意見がすべてだと思ったら大間違いだけれど。

「解説して下さって演奏もして下さるのが興味深く楽しかったです。「水」にちなむ曲ばかりでよかった。『水の反映』に感動して涙が出そうになりました」(昼・二十八歳、会社員。A新聞を見て)

「ピアノの音に透明感があってきれいでした。タッチの説明などもすごくタメになりました」(昼・二十三歳、ピアノ講師。知人からの紹介で)

「生ラヴェル・ドビュッシーが聴けて最高でした。アンコールの『月の光』ではもう泣きそうでした。音がやさしすぎ。お金がなくて本やCDが買えなかったけど、今度ぜったい買います!」(夜・二十歳、学生。M新聞を見て)

「演奏つきの講義のようでとても興味深かったです。ドビュッシーとラヴェルの違い、ミケランジェリの話など知りたいと思っていた話を聞くことができました。ドビュッシーの水はたしかに濁りがあるのを感じて、さらに好きになりました」(夜・二十三歳、学生。A新聞を見て)

「お話と音楽でとてもよかったです。ショパン『バラード』など目からウロコでした。テクニックの解説など大学時代にもどったようで楽しかったです。又、このような音楽会をひらいて下さい!」(夜・四十七歳、ピアノ教師。M新聞を見て)

「良い時間をすごすことができました。歴史の話もあっておもしろかったです。ひとつだけ、ピアノが(特に側面)もう少しきれいに拭かれているとよかった(指紋が沢山ついていたので)。」(昼・三十八歳、会社員の女性。チラシを見て)

もちろん、否定的なアンケートもあった。

「新聞で宣伝していたので期待していたのですが、「音楽面」ではハズレです。知識としては参考になったけど、やはり演奏に魅力がほしいし、あまりにもミスが多い。聴く気持ちがそがれてしまいます」(昼・五十歳、女性。ピアノ教師)

「一日二回公演はハードすぎるのではないかと思います。ショパンの音はちょっとキンキンしていました。[……]今後も弾くだけでない、こうした形態でのリサイタルを期待します」(夜・四十六歳、主婦)

アンケート総数は、大阪の昼が十八枚、夜が十七枚。東京は五十一枚だった。

最後に、コンサートの収支報告。総入場者数は、大阪三百、内招待二十八人。東京四百八十二人、内招待八十人。大阪の前売り合計は百七十四枚、当日が二十六枚で、計二百枚。東京の前売りは四十八枚、当日は五十一枚で、計九十九枚。東京の手売りは三百三枚、大阪は七十二枚。大阪は外でチケットが売れ、東京は中、つまり個人的にしか売れなかった状況がはっきりわかる。

大阪公演の支出は百十三万六千百二十六円で、八千八百七十四円の黒字。東京公演の支出は二百八万九千五十一円で、十四万五千二百二十五円の赤字。大阪の黒字分を引いて総収支決算は十三万六千三百五十一円の赤字。

本とCDの総売り上げ。大阪は、『水の幻想』の本が五十五冊、他の四冊の本の合計が三十五冊。『水の幻想』のCDは五十四枚。他の三枚のCDの合計は二十二枚。東京は、『水』の本が五十六冊。他の本は三十三冊。『水』のCDが五十九枚。他のCDは十七枚。東京・大阪合わせて約八百人の聴衆で、本が百七十九冊、CDは百五十二枚売れたことになる。つまり、二・四人に一人は何かを買った勘定。たしかにすごい数字だが、本は売り上げが出版社にはいるし、CDはすでに買い取っている中から出すわけだから、いくら売れても、赤字がちょっぴり減ったことにしかならない。

数字だけ見ると、なんだかなーのコンサートだった。

大阪公演も終わり、東京公演も終わった十一月十三日の夜、ミズキさんは、赤坂のTBSスタジオに出かけていった。

出版社経由で、「E‐nite」というラジオのディスクジョッキー番組への出演を依頼された。ミズキさんのコンサートを報じる新聞の記事を読んだらしい。

「どうせなら、コンサートの前にしてくれませんか？」

ミズキさんは頼んだ。

「宣伝になるし」

「申し訳ありません。そのあたりはもう全部埋まってしまってるんですよ」

結局、東京公演から五日もすぎたマヌケな日になったというわけだ。

事前に、スタジオへの地図と、簡単な台本が送られてきた。

午後八時四十五分スタジオ入り、九時五分出演。生放送で、放送時間は約五分だという。

「お話しいただく時間が短く限られていますので、事前に話題を決めて、本題を簡潔に進行させたいと考えています」

ナンダソレ。ミズキさんはほとんどヤケッパチで放送局に出かけていった。

放送局というとNHKしか知らないミズキさんは、いろいろ勝手が違ってまごついた。

NHKの放送ブースのようにきちんとスタジオが並んでいない。何だか、出版社の編集部のように雑然とした机が並ぶ中を歩いていくと、突然スタジオの前に出る。スピーカーからは、放送中の当該番組が流れている。

パーソナリティは大槻りこちゃんという女性だ。

「ハーイ、皆さん、元気い?」

こんな感じでしゃべる。

「群馬県のSさんからのお便り。カレシにふられちゃいました。私のわがままなのかなぁ、りこさん、どうしたらいいでしょう?」

「そうだねぇ、私だったらこうするな」

こんな感じでトークがつづいたあと、じゃ、音楽かけましょう、とくる。もちろん、ポップス、はやり歌。クラシックのクの字もない。

ここで、カクチョー高い『水の幻想』? ウソでしょ。ミズキさんは思った。

ディレクターの女性が近づいてくる。

「お早うございます」

名刺を渡したあと、ご本、いつも拝読してます、と言う。

「それで、何かの形でご紹介したいと思ってきたんですが、新聞記事を見て。こんな形ですが、お仕事のことをお伝えしようと思っていますので」

ディレクターさんは言って、『水の幻想』のCDを出した。

「この中で、どの曲をおかけしたらいいでしょうね？」

「だって、番組全体が五分なんでしょう？」

「ええ、でも、ゲストの方をご紹介するには、オトが一番ですから。最後には、パーソナリティのほうから情報もご紹介しますし、そのままインターネットでも流れますから」

ディレクターさんは言って、デジカメでインターネット用の写真を撮った。

「パーソナリティの方は、本とか読んで下さっているんでしょうか？」

「ええ、事前に渡していますから、目を通しているはずです」

CMの間にスタジオにはいり、大槻りこちゃんの目の前に坐った。

ゲイノー人って、どうしてこう顔が小さいんだろう、といつも思う。卵型のうりざね顔に目がぱっちりして、眉毛がつったたっている。

りこちゃんは、さっきのディスクジョッキー口調とは全然違うしゃべり方で、「ご本、とっても面白かったです」と言った。

「短い時間なんですけどね、ドビュッシーのオンディーヌとラヴェルのオンディーヌの違いとか、ご紹介しようと思います」

打ち合わせをしている間にも、スタッフさんからどんどん紙が差し入れられる。次のゲスト、その次のゲスト、そのまた次のゲストの資料。それにさっと目を通しながら、ミズキさんと細かい打ち合わせをする。何だか、聖徳太子みたいだった。

CMが終わり、ミズキさんの出番になると、りこちゃんは金魚鉢の向こうにキューを出し、ラヴェルの『オンディーヌ』の最初をオト出しさせた。

うちふるえる細かいトレモロ。下にはいってくる煽情的なメロディ。

三秒、四秒……。りこちゃんは大きな目をさらに見開き、そのまま聞き入ってしまっている。

ダメだよ、そうじゃなくても時間がないのに。

「すごい、きれい」

りこちゃんが、ようやく口をきいた。

「なんか、吸い込まれちゃいそう」

「だって、誘ってるんですもん。湖の底から出てきて、男の窓辺にはりついて、自分と結婚して、いっしょに水の王国をおさめましょうって」

「今度は、ドビュッシーのほうのオンディーヌですね」

りこちゃんは、ラヴェルを途中で止めて、またキューを出した。

ひっかけるような装飾音、ちょっとグロテスクでおしゃまな水の精。

「こっちは、民間伝承のままの気まぐれな水の精なんです」

「ホント、同じタイトルなのに、全然性格違いますねぇ」

りこちゃんは、感心している。

「具体的に、どうやって弾き分けるんですか?」

「ラヴェルのときは指をこう立てて、カチカチカチって。ドビュッシーのときは指を寝かせて、やわやわやわって」

「演奏してるときって、どんな感じですか?」

りこちゃんは、全然打ち合わせにないことをきいてきた。

「うまくいくときは、何か自分は透明になって、自分の身体を通して音楽が直接言葉をもちはじめるって感じですね。私、巫女体質かもしれない」

五分間はあっという間にすぎ、というより、たぶんかなりのびてしまったのではないかと思うが、りこちゃんが本とCDのデータを紹介したあと、目で合図されたミズキさんはスタジオを出た。

とっても、さわやかな気分だった。


「ミズキさん、ごめん」

キダさんから電話だ。

「いつまでたっても台本送ってこないよ」

「そう、私も待ってたんですけどね。大阪とやり方が違うみたいなの」

キダさんは、「この人に電話して、担当のディレクターだっていうから」と言って、ある電話番号を言った。

キダさんから、NHK－FMへの出演の話があったのは、ずいぶん前のことだ。最初は、浜離宮朝日ホールに録音に来ると言っていた。

「だって、その番組って、バリバリの外タレさんのリサイタルの中継でしょう？　今度のコンサートは普通のリサイタルじゃなくて、トークがはいってるんだよ」

ミズキさんは言った。

「えっ？　トークがあるの？」

これが、キダさんだ。売り込むものの内容も把握しないで売り込んでいる。それで話がまとまっちゃうあたりが、キダさん。

今度は三十分のインタビュー番組で、話もし、ピアノも弾くという。

インタビュアーは若手の落語家さん。とてもよく勉強して、評判もいいという。

「台本送ってくるから、それからいろいろ作戦練ればいいから」

キダさんは言った。

しかし、いくら待っても台本は来ないし、何を弾くのかきいても返事が来ないまま、ついに収録の前の日になってしまった。

準備に困ったミズキさんは、キダさんから渡された電話番号に電話を入れてみた。

「吉田ですけど」

「お世話になってます」

ディレタクーさんは、言った。

「あのー、番組の台本ですか？　待ってるんですけど」

「今日の深夜ぐらいに出来ます。出来次第、FAXでお送りしますから」

「でも、収録って明日ですよね。何弾いたらいいんですか？」

「ええっと、最近コンサートか何か開かれましたか？」

「そりゃ、開きましたけど」

「じゃ、そのプログラムでいいんじゃないですか？」

「じゃ、台本を見ていただいて」というのを無

理にひきとめて、

「今回のお話は、私が本とCDを同時に出したので声をかけていただいたんだと思います。だから、少なくともディレクターさんやインタビュアーさんにその内容を理解していただかないと、妙なことになると思いますが」

「本をお出しになったのなら、それをインタビュアーに読ませましょう」

ディレクターさんは言った。でも、専門の書評家ですら手こずった回路のいりくんだ本なのだから一日ではとても無理だ。

「じゃ、とにかく本の内容をわかりやすく紹介した記事とか、書評の一部とかをFAXしますか、せめてそれだけでも」

「わかりました。またご連絡します」

ミズキさんは、急いで新聞記事と雑誌記事をコピーし、NHKにFAXした。

夜遅くなって、キダさんから電話があった。

ディレクターさんから、連絡は来なかった。

「ミズキさん、私、怒ってるのよ」

「何が?」

「NHK。あのね、ミズキさんの電話切ってすぐ、ディレクターさんは別のアーティストに電話して、出演の交渉をしたらしいの。それで、OKだったのでもういいですって」

「だって……」

ミズキさんは絶句した。

「大阪はね、台本があったの。たった三十分の番組でも、いろいろアプローチを考えたり、質問を手なおししたりすると、すごくアーティストが生きるのよね。それで、私のプロデュースした番組は、年間の視聴率ベストテンに二回もはいったのよ。でも、東京では全然事情が違ってて」

キダさんは、一生懸命弁解する。

「本数が多いから、そこまでやってられないって。だから、吉田さんには楽しんで出ていただけないんじゃないかと思ったって」

「突然言われたピアニストは、OKしたの?」

「憧れの番組だって、すごく喜んでたみたい」

「もう、いいよ。ピアニストはたくさんいるから、いくら首をすげかえても同じだもの。そう考えてるんだよ」

「だって、ミズキさんはただのピアニストじゃないもの」

「あの人たちにとっちゃ、ただのピアニスト以下なんだよ。本を書くなんて、ピアノが下手だからだと思ってんだよ。もういい」

自分のことをわかってもらいたい、そう思って必死で努力してきたこの半年が、いや、デビュー以来、創意工夫を重ねて自家発電してきた年月が、何だかバカバカしく思えてきた。

もう、いい。

ちらっと、TBSのスタジオで見た、大槻りこちゃんの真剣なまなざしを思い出した。あの目は、とにかく真剣勝負してる目だった。短い間に膨大な情報を見て、そのエッセンスを瞬時につかみ、それを伝達しようとする仕事に命を賭けている目だった。NHK‐FMの人が読もうともしなかったクソムズカシイ本を、りこちゃんはひと晩かけて読んでくれた。内容をしっかりとらえていることは、質問のはしばしにききとれた。そして、たった五分のためにそんなに準備したのに、『オンディーヌ』が流れた瞬間、言葉を失ってしまったりこちゃんの気持ちを、ミズキさんは尊いと思った。民間のディスクジョッキー番組なのに、専門のクラシック番組の人より、クラシックを大切に考えてくれた。

もう、このギョーカイにいるのが嫌だ、と思った。

音楽事務所がどこも「所属」を引き受けてくれなかったこと。

せっかく、本とCDの同時発売なのに、最後までタイアップに協力してくれなかったクイーン・レコード。ついに届かなかった見本盤。

「こんな本、誰が読むんですか？」といったクラシック担当の新聞記者。水の精はやさしくて清らかな存在だと思い込んでいたピアノ専門誌の編集長。

チケットの手売り、本とCDの発送が大変だったこと。

本の印税がそっくりＣＤの買い取り分に消えてしまったこと。

いろんなシーンが頭を駆けめぐった。

決心は固かった。


それから半年。

ミズキさんは、ピアノを弾かないですごした。ちょうど、ある新聞社から書評委員の仕事を依頼され、たくさんの本を読まなければならなくなったミズキさんは、一日の大部分の時間をもっぱらベッドですごすことにした。本を読んでは書評を書き、気が向くと買い物に出かけたり、ちょっと小説のまねごとを試みたりする。大阪の音大に教えに行くのは月に一度。フランス音楽のセミナーは一年休みにした。プライベートのお弟子さんはすべて断った。

とっても幸せだった。それから何かのことで、ピアノの部屋にはいる機会があった。昔は、ここと書斎を往復して廊下をバタバタ走ってた時期があったっけ。


ちょっと懐かしかった。

何気なくピアノの方に顔を向けると、蓋をしめ忘れた鍵盤が目にはいった。白い歯をむき出し、ニヤリと笑っているように見える。

「どうだ、弾きたいだろう。弾きたくて弾きたくてたまらないだろう。四つの年からオレを弾きつづけてきたお前は、立派なピアノ中毒患者なんだ。オレなしでは過ごせるわけないさ」

そう言いながら、おいで、おいでしているようにも見える。

ミズキさんは、フラフラと吸いよせられるようにピアノの前に行き、椅子に腰をおろした。

鍵盤に手を沈める。

かすかに抵抗感のあるタッチ。

深みのある、いい音。

ちょっと、ほんのちょっとのつもりで、『バラ二』の問題のところを弾いてみる。

ガラガラガラガラガラガラ、ドシャドシャドシャドシャドシャドシャ。

ん？

ドシャドシャではなく、ザクザクザクザクザク……と鳴るではないか。

バラバラバラバラバラバラバラ、ザクザクザクザクザクザクザク。

弾けるじゃん、とミズキさんは思った。半年前、お尻に痣までつくって練習したときは、テコでも弾けなかったのに。

ちょっと、ほんのちょっと、親指がのびたのかなぁ。

スポーツでもクールダウンというのがある。熱心に練習しているときは、筋肉が緊張しているから、おぼえられることには限界がある。毎日練習しているより、かえっていくらか休みをとったほうが、筋肉がたくさんのことを学習するという。

そりゃ、二、三日だったらそうだろうけど、もう半年もたっているのに。

でも、本当にそうだった。弾けなかったところは弾けるようになっていたし、何だか気のせいか、表現力まで増して、音も豊かになっているような気がした。

久しぶりに弾いたので、新鮮だったんだろう。いつの間にか、『水の幻想』のプログラムを全部弾いてしまった。

それからミズキさんは、楽譜戸棚をひっくりかえして、いろんな譜面を出してきた。次のCDは何がいいかなぁ。

ワルツ。

ショパンのワルツ、これはお約束。ショパンがウィーンに滞在していたころは、ヨハン・シュトラウスやランナーたちのワルツが大流行していて、ショパンは、こんなのだけは書きたくない、と言ったんだ。一定方向にぐるぐるまわるので、風紀を乱すとして禁止されたこともある下品なワルツ。

そのウィンナ・ワルツが大好きだったラヴェルの『高雅で感傷的なワルツ』。そのもとになったシューベルトの『高雅なワルツ』と、ラヴェルのパロディのつもりで書いたサティの『嫌らしい気取り屋の高雅なワルツ』。

フォーレの『ヴァルス・カプリス第一番』は、華やかな曲。ドビュッシーの物憂い『レントよりなお遅く』と皮肉っぽい『ロマンティックなワルツ』。そして、リストの悪魔的なワルツたち、『メフィスト・ワルツ』や『忘れられたワルツ』。

日本人は農耕民族だから、三拍子は苦手。でも、ミズキさんは、小さいころからなぜかとびはね系がトクイだった。それも、農民臭いマズルカより、貴族っぽいワルツがいい。洗練されたグロテスク、無為のメランコリー、無駄にくり返されるリフレーン。いつまでたっても終わらないのに、突然、ねじの切れたオルゴールみたいに唐突に打ち切られるところが好きだ。

待てよ、CDだけじゃ勿体ない。何か、本もつけよう。そのほうが売れるぞ。宣伝にもなるし、メディアもとびつく。

でも、ワルツの研究書なんてイヤだな。そういえば、シュニッツラーに『輪舞』という艶っぽい小説があったなぁ。ひとつ、連作短篇でも書いてみるか。

キャッチは？　プレス・リリースは？

ライナーはアイツに頼んで、ジャケはあの絵。

ミズキさんの頭は、めまぐるしく動く。

そして、おお、何ということだろう、またはじまるのだ。あのさわぎが。

その晩、ミズキさんのピアノの部屋の電気は深夜まで消えなかった。

平凡社ライブラリー版 あとがき

『水の音楽』を上梓したのは、ちょうど十五年前の秋だった。同タイトルのCDもリリースし、記念コンサートを開いたとき、大阪公演を聴いた方が感想ふうのエッセイを同人雑誌に書き、掲載誌を送ってくださった。

本とCDの同時刊行と所属事務所の倒産に派生するさまざまなことに疲れた私は、演奏活動を休止し、しばらくたって再開したが、そのころ執筆していた「さらば、ピアノよ!」にエッセイの一部を引用させていただいたものの、結局発表しなかった。

それから長い年月がたち、同人雑誌は失われ、送られてきた封筒だけが残っていた。

今は便利な時代である。封筒の裏書きにあったお名前をネットで検索したところ、当該雑誌とおぼしきものがヒットした。編集長の Facebook をたどり、メッセンジャー経由で著者の方のご連絡先を教えていただいた。

文中ではミス・マープルさんとして登場するその方は、十五年前、私の本やCDを好意的に受け止めてくださったが、私がへらず口を叩きながらピアノを弾くスタイルは好ましくないと思われたようだ。きっと、本書の付録も同じような感想をもってごらんになるにちがいない。

「さらば、ピアノよ！」は『水の音楽』とはまったく異なるタッチで、当時のてんまつを虚実ないまぜに書いたものである。収録にあたって少し手を入れたが、大筋は変わっていない。吉田水城（よしだみずき）というピアニストは、たしかに私の一部かもしれないが、かなり違うとも言える（少なくとも、私はこんなにテンネンではない）。あらゆるシーンで無駄に怒ったりかみついたりへこんだり舞い上がったりする彼女のへらず口を、笑って読み流していただけたら幸いである。

「チャーミングだから付録に入れましょう！」と言ってくださった平凡社編集部の松井純さんに厚く御礼申しあげる。

二〇一六年九月　マスネの「眠る水」「流れる水」を聴きながら

青柳いづみこ

［著者］
青柳いづみこ（あおやぎ・いづみこ）
ピアニスト、文筆家。大阪音楽大学教授、神戸女学院大学講師。フランス国立マルセイユ音楽院首席卒業。東京藝術大学大学院博士課程修了。安川加壽子、ピエール・バルビゼ両氏に師事。著書に『翼のはえた指』（吉田秀和賞）、『青柳瑞穂の生涯』（日本エッセイスト・クラブ賞）、『六本指のゴルトベルク』（講談社エッセイ賞）、『ドビュッシー――想念のエクトプラズム』など多数。

平凡社ライブラリー 847
水の音楽 オンディーヌとメリザンド

発行日…………2016年10月7日 初版第1刷

著者……………青柳いづみこ
発行者…………西田裕一
発行所…………株式会社平凡社
〒101-0051 東京都千代田区神田神保町3-29
電話 (03)3230-6579［編集］
(03)3230-6573［営業］
振替 00180-0-29639

印刷・製本……藤原印刷株式会社
DTP…………大連拓思科技有限公司＋平凡社制作
装幀……………中垣信夫

ISBN978-4-582-76847-3
NDC分類番号762.35 B6変型判(16.0cm) 総ページ374

平凡社ホームページ http://www.heibonsha.co.jp/

平凡社ライブラリー　既刊より

秋山　清……ニヒルとテロル
菊地信義……わがまま骨董
藤田嗣治……随筆集　地を泳ぐ
G・フローベール ほか……愛書狂
白川　静……文字答問
榎本好宏……季語成り立ち辞典
宮沢賢治……可愛い黒い幽霊——宮沢賢治怪異小品集
ヴァージニア・ウルフ……自分ひとりの部屋
ヴァージニア・ウルフ ほか……［新装版］レズビアン短編小説集——女たちの時間
ピエール＝フランソワ・ラスネール……ラスネール回想録——十九世紀フランス詩人＝犯罪者の手記
アロイズィ・トヴァルデツキ……ぼくはナチにさらわれた
グレゴリー・ガリー……宮澤賢治とディープエコロジー——見えないもののリアリズム
近藤信行……小島烏水　上・下——山の風流使者伝
ピエール＝ジョゼフ・プルードン……貧困の哲学　上・下
ルイス・キャロル……少女への手紙
梶村秀樹……排外主義克服のための朝鮮史
ジョナサン・スウィフト……召使心得 他四篇——スウィフト諷刺論集
カレル・チャペック……園芸家の一年